Quando o anjo mora ao lado
Izabel Gomes
Copyright by © Petit Editora e Distribuidora Ltda., 2020

2ª edição - Novembro de 2020

Coordenação editorial: Ronaldo A. Sperdutti
Projeto gráfico e editoração: Juliana Mollinari
Capa: Juliana Mollinari
Imagem da capa: Istockphoto
Assistentes editoriais: Ana Maria Rael Gambarini
Revisão: Alessandra Miranda de Sá
Impressão: Gráfica Loyola

Dados Internacionais de Catalogação na Publicação (CIP)
(Câmara Brasileira do Livro, SP, Brasil)

```
Gomes, Izabel
   Quando o anjo mora ao lado / Izabel Gomes. --
1. ed. -- Catanduva, SP : Petit Editora, 2020.

   ISBN 978-85-7253-362-1

   1. Espiritismo 2. Romance espírita I. Título.
```

20-38094   CDD-133.9

Índices para catálogo sistemático:

1. Romance espírita : Espiritismo   133.9

Maria Alice Ferreira - Bibliotecária - CRB-8/7964

Direitos autorais reservados. É proibida a reprodução total ou parcial,
de qualquer forma ou por qualquer meio, salvo com autorização da Editora.
(Lei nº 9.610, de 19 de fevereiro de 1998)
Traduções somente com autorização por escrito da Editora.
Impresso no Brasil

2-11-20-3.000-6.000

Prezado(a) leitor(a),
Caso encontre neste livro alguma parte que acredita que vai interessar ou mesmo ajudar
outras pessoas e decida distribuí-la por meio da internet ou outro meio, nunca deixe de
mencionar a fonte, pois assim estará preservando os direitos do autor e, consequentemente,
contribuindo para uma ótima divulgação do livro.

QUANDO O ANJO MORA AO LADO

IZABEL GOMES

Av. Porto Ferreira, 1.031 | Parque Iracema
Catanduva/SP | CEP 15809-020
Fone: 17 3531.4444
www.petit.com.br | petit@petit.com.br
www.boanova.net | boanova@boanova.net

Prólogo 7

Capítulo 1 – Um célebre convidado..11

Capítulo 2 – Na natureza nada se cria, nada se destrói, tudo se transforma..18

Capítulo 3 – Um açoite inesperado 27

Capítulo 4 – Minha estimada desgrenhada 38

Capítulo 5 – Mediunidade infantil 49

Capítulo 6 – Lágrimas em Paris 58

Capítulo 7 – Visita surpresa 66

Capítulo 8 – Apenas lágrimas 73

Capítulo 9 – Mudança de planos 80

Capítulo 10 – O retorno 87

Capítulo 11 – Um casal das trevas 99

Capítulo 12 – A negociação 110

Capítulo 13 – O acidente 122

Capítulo 14 – O motoqueiro 131

Capítulo 15 – Ameaças de morte 140

Capítulo 16 – Grandes mudanças 144

Capítulo 17 – Uma nova amiga muito especial 157

Capítulo 18 – Os anjos moram ao lado.....................165

Capítulo 19 – Reflexão sobre espiritismo à beira do mar 178

Capítulo 20 – Mensagem inusitada 191

Capítulo 21 – Uma excelente notícia........................199

Capítulo 22 – O reencontro 210

Capítulo 23 – A hora da verdade 219

Capítulo 24 – A visita dos meus sonhos 227

Capítulo 25 – A maior de todas as surpresas 234

Capítulo 26 – Momentos de desespero.....................246

Capítulo 27 – A revelação 256

Capítulo 28 – Banquete de comemoração 266

Capítulo 29 – Psicografias...278

Capítulo 30 – E o tempo passou... 290

Prólogo

Com os olhos brilhando e o coração exultante de felicidade, adentrei a minha sala em um dia especial. Era o mesmo cantinho de sempre, agradável e decorado com simplicidade: com duas cadeiras, uma escrivaninha e uma estante repleta de estimados livros. Porém, naquele dia, o lugar me parecia diferente.

Fitei o porta-retratos sobre a mesa, depois desviei o olhar para contemplar os campos floridos através da janela, enquanto rememorava o vasto aprendizado que havia sorvido naquele lugar singular.

Tomado de emoção e contentamento, soltei um forte suspiro, tentando evitar que lágrimas escorressem de meus olhos marejados. Puxei a cadeira e sentei à escrivaninha. Fiz uma breve oração, agradecendo – mais uma vez – a Deus pela fascinante experiência que me fora permitida vivenciar ali e por tudo o que ainda estaria por vir.

QUANDO O ANJO MORA AO LADO

Eu estava morando na colônia *A Casa do Escritor*[1] há mais de dois anos e, finalmente, fora considerado apto a fazer parte de sua equipe literária.

Rodeada de pátios com pequenas árvores e muitos canteiros floridos, predominando as flores brancas, a tranquilidade se faz presente em toda a casa, que fora originalmente criada com o propósito maior de formar bons escritores por meio de criteriosos cursos e palestras, que continuam sendo oferecidos até hoje. No entanto, com a ampliação dos trabalhos aqui desenvolvidos ao longo de anos, atualmente, nossa colônia presta serviços de proporções ainda maiores.

Além de incentivar, apoiar e instruir os desencarnados que desejam enveredar no ramo da literatura edificante, como o fizeram comigo quando aqui cheguei, A Casa do Escritor também presta assistência aos seus discípulos quando encarnados, orientando todos aqueles que desejam educar e informar sobre o cristianismo e a boa moral. Além disso, também assiste as editoras que trabalham com bons livros e aqueles que se empenham na divulgação e venda destes, destinando especial atenção a todos os que se dedicam à literatura espírita.

Durante os dois anos que, ao lado de minha companheira, aqui realizei o curso para escritores, dediquei-me ao estudo sobre como escrever, o que escrever e para quem escrever. Somos preparados para atuarmos ditando nossas obras a encarnados, por meio da psicografia, ou inspirando-os em seus trabalhos sem sermos notados. Também há a possibilidade de optarmos por sermos médiuns psicógrafos ao reencarnarmos.

Ao longo de todo o curso, além das aulas enriquecedoras ministradas por professores simpáticos e eficientes, também assistimos a diversas palestras edificantes, visitamos com frequência a biblioteca da casa, usufruindo de seu vasto e rico

---

1 Para maiores esclarecimentos sobre A Casa do Escritor, sugerimos uma consulta à obra *A Casa do Escritor*, de autoria da escritora Vera Lúcia Marinzeck de Carvalho, ditada pelo espírito Patrícia (Editora Petit).

arsenal bibliográfico, bem como participamos de excursões de estudo e auxílio a outras colônias e à Terra como um todo. Aprendemos que, para ditarmos ou inspirarmos textos permitidos aos encarnados, precisamos, antes de tudo, escrevê-los. Fomos esclarecidos de que nossos escritos precisam obedecer a determinados critérios, sobretudo, devem estar pautados na doutrina e Codificação de Allan Kardec e conter ensinamentos cristãos, que visam motivar nossos irmãos a tentarem utilizar os preceitos de Jesus em suas práticas diárias.

Assim, em muitas de nossas excursões, coletamos várias histórias interessantes que nos subsidiam na confecção dos textos. Contudo, para a construção de minha primeira obra literária, eu optei por narrar uma história de vida em especial: a de minha própria existência em duas encarnações subsequentes.

CAPÍTULO 1

Um célebre convidado

25 de agosto de 1791, Orleans, França

Meu fascínio pela química remonta à minha penúltima encarnação terrena, quando, ainda na infância, presenciei um pouco da "magia" dessa grandiosa ciência.

Eu era um garoto muito esperto e sagaz, com inteligência acima da média das crianças de minha idade, sempre atento a tudo e a todos ao meu entorno. Naquele dia, não seria diferente, especialmente naquele dia...

Eu trajava a minha melhor roupa: uma camisa de manga longa e uma calça comprida, ambas de algodão, de cor branca. Era assim que a sra. Desiré Lamartine gostava que os empregados se apresentassem durante as festas e reuniões no casarão.

Estava com nove anos de idade e costumava ser escolhido para servir naquelas ocasiões especiais, pois possuía notável destreza com bandejas, copos, taças e afins, superando até mesmo a minha mãe, que tinha três vezes a minha idade e trabalhava na casa há muitos anos.

Participar daqueles eventos era sempre uma grande satisfação para mim, que enxergava naqueles momentos uma valiosa oportunidade de observar com olhares atentos e curiosos pessoas tão diferentes entre si. Gostava de perscrutar seus trajes peculiares e comportamentos extravagantes. Porém, era no conteúdo das conversas que eu mais me concentrava. Ouvia de tudo, desde histórias curiosas, duvidosas e engraçadas àquelas interessantes e instrutivas.

Por outro lado, sentia-me um tanto desconfortável com a reação dos demais empregados da propriedade, que enciumavam com os escolhidos para servirem durante os eventos, sobretudo comigo e com a minha mãe, que já éramos vistos como privilegiados. Claro que eu percebia que tínhamos mesmo certos privilégios com relação aos demais empregados, mas realmente acreditava que isso ocorria porque eu era um menino diferente, acometido por uma "desconhecida alteração genética", afinal, eu não conhecia nenhum outro negrinho de olhos verdes. Com o passar dos anos, eu viria a descobrir que não possuía alteração alguma e que o fenômeno era mais comum do que eu imaginava, facilmente explicável pela minha herança genética paterna.

Bem, o fato é que, naquele dia, eu aguardava uma pessoa em especial surgir entre os convidados, e ela logo apareceu. Atento como eu era, percebi o exato momento em que ele adentrou o salão sozinho, desacompanhado de sua esposa, e foi imediatamente recepcionado de forma calorosa pelos meus patrões e anfitriões da festa: o sr. Armand Lamartine e a sra. Desiré Lamartine. O ilustre convidado estava vestido com elegância e simplicidade, o que eu imaginava ser coerente com a sua grandeza intelectual.

Permaneci na espreita, apenas aguardando o momento exato pelo qual eu tanto ansiava. Então, poucos minutos depois, quando ele, finalmente, foi conduzido a uma das mesas e nela acomodou-se ao lado de meus patrões, eu resolvi agir. Aproximei-me da mesa equilibrando com maestria a bandeja carregada com uma garrafa de vinho e algumas taças translúcidas de cristal fino, e a posicionei ao alcance dos três. Sorrindo descontraídos enquanto conversavam, meus patrões se serviram da bebida com satisfação, porém, o convidado a recusou de pronto.

Desapontado, mordisquei o canto da boca e pensei rápido. Aproximei-me ainda mais do homem e tentei uma nova investida.

– O senhor está certo de que não deseja mesmo uma bebida? – indaguei, fitando-o com os olhos bem abertos, na esperança de que ele percebesse que eram verdes e puxasse assunto.

– Estou certo de que não. Obrigado! – respondeu o convidado educadamente, sem nada comentar sobre os meus olhos.

Posteriormente, eu também viria a compreender que ele não o tinha feito por se tratar de um cavalheiro, educado e sensato, pois o tom esverdeado de meus olhos era o mesmo do sr. Armand.

E, fitando-me com o cenho franzido, a sra. Desiré indagou:

– Estás a sentir-te bem, negrinho?

– Isso mesmo. Tens algo nos olhos, para estar assim a abri-los com tanto vigor? – ajuntou o sr. Armand.

– Estou bem, sim, senhora. Não tenho nada, não, senhor. Obrigado! – respondi, meio sem jeito.

– Sendo assim – retomou a anfitriã –, já podes retirar-te. Outros convidados te aguardam com a bebida.

Relanceei um tanto apreensivo para o convidado, e ele me sorriu afável. Depois voltei a fitar os meus patrões, enquanto tentava pensar rápido mais uma vez. Então, aproximei-me da mesa e disse:

– Perdoem-me o incômodo, mas peço permissão para deixar esta bandeja aqui apenas por um instante. Preciso verificar o que está a me incomodar dentro do sapato.

E, sem aguardar resposta, depositei a bandeja sobre a mesa, curvando-me sobre o meu sapato direito.

Meus patrões se entreolharam intrigados.

– O que deu nesse negrinho? – sussurrou o sr. Armand para a esposa, ao que eu fingi não escutar.

Então, enquanto dissimulava verificar algo dentro do calçado, movi a cabeça na direção do convidado, que me observava atento, e sussurrei pelo canto da boca:

– O senhor sabe mesmo fazer água em laboratório?

O homem me olhou surpreso, esboçando um sorriso discreto e afetuoso. E, meneando a cabeça positivamente, respondeu:

– Sim, eu sei.

Recompus-me e continuei:

– Felizmente, já resolvi. Era apenas uma pequena pedra a incomodar-me os dedos.

Mais uma vez, girei a cabeça com rapidez na direção do convidado e sussurrei-lhe novamente:

– E vento? Sabe fazer vento também?

O cientista lançou-me um largo sorriso desta vez, enquanto o casal me fitava com olhar reprovador.

– Mas o que pensas que estás a fazer, incomodando nossa visita com indagações descabidas? – repreendeu-me a sra. Desiré.

– Se já resolveste o teu problema, acaba com essa petulância e volta ao trabalho! – imperou o sr. Armand. E, voltando-se para o convidado, desculpou-se: – Perdoe o garoto, meu caro amigo; sua meninice ainda não lhe permite usar sempre de bom senso, apesar da educação que recebe conosco.

Sorrindo gentilmente, o homem considerou:

— Mas não há do que perdoá-lo, meu caro colega. Percebo que se trata de um menino deveras esperto e astuto, apesar de sua tenra idade, e que parece interessar-se pela química. Creio que ele esteja apenas tentando travar um diálogo comigo, porque deve saber quem sou.

Diante da resposta, sorri satisfeito, percebendo que o elegante cientista, além de genial, era também um homem generoso. O sr. e a sra. Lamartine sorriram-lhe forçosamente, enquanto gesticulavam indicando que eu me retirasse.

Então, pedi licença e afastei-me, mas apenas o suficiente para ainda conseguir ouvir o que eles conversavam. Fiquei espreitando o trio um pouco de longe, enquanto servia a outros convidados, mas permaneci com os ouvidos bem atentos.

Enquanto ouvia desinteressada a conversa do esposo com o amigo, a sra. Desiré abanava-se freneticamente com um leque.

— Diga-me, meu caro Antoine, qual foi a magia que usaste para conseguir duplicar a produtividade de tua lavoura? – indagou o sr. Armand.

Sorrindo serenamente, o outro respondeu:

— Não se trata de nenhuma magia, meu caro colega, pois os resultados que obtive não foram além de consequências de minhas observações e pesquisas.

— Pesquisas? – inquiriu o anfitrião, com surpresa. – Pensei que tuas pesquisas se limitassem à área das ciências.

Antoine rebateu:

— Ah, meu amigo, pois não sabes tu que a alma de um cientista o acompanha aonde quer que vá, sempre o instigando a investigar?

O sr. Armand deu um sorrisinho sem graça, e Antoine continuou:

— Não sabes que atuo também no campo econômico e que, portanto, minhas pesquisas também se estendem a essa área?

– É verdade. Mas, então, conte-me como tuas pesquisas no campo o ajudaram tanto, pois a minha produção não anda muito boa nos últimos meses.

Meus ouvidos ficaram ainda mais atentos a esse ponto da conversa, para não perder nenhum detalhe da resposta do cientista.

– A questão foi de simples resolução – começou Antoine. – Como há muito se sabe, os dejetos bovinos são ricos em nutrientes, por isso, contribuem bastante para a melhoria do solo e, consequentemente, para o aumento da produtividade do cultivo...

– Sim, sim. Mas eu também utilizo esterco como adubo e, no entanto, nunca consegui o resultado que conseguiste – rebateu o outro.

Antoine prosseguiu:

– Entretanto, meu amigo, o segredo está na maneira de usá-lo. Realizei alguns testes para averiguar a qualidade dos dejetos produzidos pelos meus animais e constatei que estava boa. Depois disso, calculei a produção diária de esterco por cada animal. Por fim, calculei a proporção adequada de cabeças de gado para a minha área de pastagem e de lavoura. Apenas isso!

– Hum... – respondeu o sr. Armand, permanecendo absorto por alguns instantes, refletindo sobre a solução do outro.

"Genial!", pensei, e quase deixei cair uma taça da bandeja com a distração.

Então, continuei atento, desejando que meus patrões se afastassem do cientista ao menos por um instante, para que eu pudesse abordá-lo e talvez conversar um pouco com ele. Para o meu contentamento, isso logo aconteceu, quando os anfitriões precisaram receber outro ilustre convidado. Porém, não seria por muito tempo, pois três homens caminhavam na direção do cientista. Por isso, agi rápido.

– O senhor aceita uma bebida agora? – indaguei novamente, já à frente de Antoine.

– Eu já lhe disse que não, não foi mesmo? – respondeu-me sorrindo.

– Sim, já, mas esse é meu único pretexto para abordar o senhor. Ele sorriu de novo.

– É verdade que o senhor possui um laboratório de pesquisas também aqui em sua fazenda? – indaguei tentando ser rápido, enquanto observava os homens se aproximando ainda mais.

– Sim, é – ele confirmou.

– Sabia que eu também já fiz uma experiência química? – Mais do que rápido, eu precisava ser objetivo. Então, tentei ir direto ao ponto: – Gostaria de lhe perguntar se...

Ele foi mais rápido e objetivo do que eu, interrompendo-me:

– Como percebi que te interessas muito pelos meus experimentos na área das ciências, pequenino, gostaria de convidar-te a ir visitar-me amanhã em minha propriedade. Estarei em casa o dia todo realizando pesquisas em meu laboratório.

Meus lábios se abriram em um largo sorriso e eu meneei a cabeça afirmativamente.

– Sim, sim, irei com certeza! Com todo o prazer! – respondi eufórico.

Aquilo era mais do que eu ansiava em minhas melhores expectativas.

– Então, estamos combinados – disse ele, estendendo uma das mãos para cumprimentar-me; eu o cumprimentei com a mão que estava livre. – Ah, minha fazenda fica próximo à...

– Eu sei onde fica – interrompi-o instintivamente, pois sabia bem onde ficava a fazenda dele em Orleans.

Trabalhei o restante da festa ainda mais satisfeito, regozijado por ter atingido o meu intento maior. Finalmente, eu iria conhecer a tão admirada química e um mestre nessa arte.

CAPÍTULO 2

Na natureza nada se cria, nada se destrói, tudo se transforma

No dia seguinte, ansioso, acordei ainda mais cedo do que de costume. Saltei da cama como um guepardo em caça e comecei minha habitual rotina laboral, auxiliando minha mãe nas suas diversas tarefas como empregada da fazenda. Normalmente, eu a ajudava até as três da tarde, tinha aulas de francês e de etiqueta duas vezes por semana, e usava o restante do tempo livre para brincar e explorar os quatro cantos de Orleans, embora minha mãe não apreciasse muito minhas expedições.

Às quatro da tarde, estava de frente para o pomposo portão de ferro da fazenda de meu novo futuro amigo. Fui recebido com muita cordialidade por uma de suas funcionárias, que conduziu-me cortesmente pelo interior da casa.

Após atravessarmos algumas salas e corredores, paramos de frente a uma porta de madeira na qual a empregada, usando os nós dos dedos, bateu três vezes consecutivas. Então, anunciou-me:

– Senhor Antoine, sua visita já chegou e está aqui ao meu lado.

A porta se abriu, expondo a figura simpática de Antoine, sorrindo discretamente.

– Obrigado, Janine! – agradeceu ele. E, voltando-se para mim, solicitou: – Entre, pequenino! Sejas muito bem-vindo! – e indicou-me o interior de seu laboratório.

Após adentrar o recinto, meus olhos curiosos e atentos observaram tudo com surpresa, admiração e êxtase. Sim, eu estava dentro do laboratório de Antoine Laurent Lavoisier, um famoso cientista da época! Naquele dia, iniciávamos uma bonita e sincera amizade...

Lavoisier havia nascido em uma família rica de Paris, em agosto de 1743, e por isso tivera a oportunidade de estudar em bons colégios e conhecer diversas ciências. Quase todos na França tinham conhecimento desse fato, inclusive eu, que desejava ter tido a mesma sorte que ele, não pelo berço de ouro, mas pela oportunidade que tivera para o estudo.

Embora eu não pudesse reclamar da minha sorte – um menino negro, filho de uma negra livre com um pai que eu julgava ter nos abandonado sem sequer conhecer-me, mas que recebia uma boa educação dos patrões –, eu realmente gostaria de ir além nos estudos. Sonhava explorar novos horizontes, conhecer mais, saber mais...

Mesmo que Lavoisier houvesse se formado em advocacia – para satisfazer o desejo do pai, que era advogado e procurador do Parlamento –, após a graduação, ele passou a dedicar-se com afinco às ciências, de modo que foi eleito membro da prestigiosa Academia Real de Ciências de Paris com apenas 25 anos de idade. No entanto, ele conciliava a vida de cientista com uma carreira política ligada à administração do reino, sendo membro da Ferme Générale, uma organização de financistas incumbida pelo rei de cobrar impostos da população por todo o país. Como as cidades do interior também possuíam suas pequenas academias científicas, Lavoisier aproveitava a estada das viagens políticas para realizar palestras científicas nas pequenas academias de cada localidade, o que corroborou para difundir sua fama de cientista por toda a França.

— Muito obrigado pelo convite! — respondi com satisfação.

— Não há de quê! — ele disse com simpatia.

— Não atrapalho? — indaguei preocupado. — O senhor não pretendia descansar ao lado da senhora sua esposa?

— Não, não. Quanto a isto, não te preocupes. Marie Anne não veio desta vez. Tinha um compromisso em Paris.

— Hum, entendo.

— Então, como te chamas? — ele quis saber.

— Meu nome é Gianz, mas o senhor pode chamar-me de Negrinho mesmo. É assim que todos falam lá na fazenda.

— Gianz é um nome muito bonito!

— Obrigado!

— Então, Gianz, quer dizer que, assim como eu, tu também és um apreciador das ciências?

Respondi animado:

— Sim, muito! Por isso que sempre quis conversar com o senhor. Ouvi dizer que é praticamente um mágico, de tantas coisas que sabe fazer nesses vidrinhos aí. — Apontei para os tubos de ensaio, balões volumétricos e demais vidrarias e equipamentos que estavam dispostos sobre uma mesa ao centro do laboratório.

Sorrindo, ele retrucou:

— Não faço mágica, pequenino, mas confesso que às vezes até parece mesmo que as realizo. Venha, vamos conhecer um pouco do que tenho aqui.

Ele mostrou-me seus equipamentos com entusiasmo, falando o nome e um pouco da utilidade de cada um deles. E, quando chegou nas balanças, seus olhos reluziram com um brilho especial.

– Aqui estão os instrumentos mágicos de meus laboratórios, tanto deste aqui quanto do de Paris.

– As balanças? – indaguei um tanto surpreso, sem compreender.

– Elas são mesmo mágicas? – Desejei que a resposta fosse afirmativa, embora ele já tivesse negado que fazia magia.

– Não exatamente – respondeu, inclinando levemente a cabeça para o lado. – Trata-se apenas de uma maneira de falar. Digo-te isto porque são estas balanças de alta precisão que me permitem obter resultados tão satisfatórios em minhas pesquisas, pois não poderia haver progresso na ciência sem a possibilidade de medir exatamente todos os elementos químicos envolvidos nos experimentos.

– Hum, acho que consigo entender – considerei, coçando a cabeça. – Para ser tão conhecido como o senhor é, deve ser capaz de pesar até vento.

Ele sorriu, animado.

– Exato, Gianz! Até mesmo os gases que formam o ar e que interagem com muitas substâncias em diversas reações químicas podem ser pesados com estas balanças...

Naquele momento, eu não imaginaria que o meu amigo revolucionaria o mundo da química científica sem tê-lo fundado nem descoberto qualquer nova substância ou procedimento experimental. Munido de sua genialidade e muita dedicação, ele simplesmente replicou experiências anteriores aplicando--lhes o rigor do método científico e da observação criteriosa, dando-lhes novas interpretações e significados, que viriam a se constituir as bases da química moderna e internacional.

Então, após Lavoisier explicar-me um pouco sobre as pesquisas que desenvolvia na fazenda, repeti a mesma pergunta que havia lhe feito durante a festa do dia anterior:

– É verdade que o senhor sabe fazer água?

– Hum, a água... Lembro-me bem que me fizeste esta mesma pergunta ontem à noite.

– Fiz, sim, senhor. É que desde que ouvi uns empregados falarem sobre isso, fiquei impressionado. Na verdade... – Fiz uma ligeira pausa.

– Pode falar, pequenino – encorajou-me ele.

E eu continuei:

– Bem... Na verdade, fiquei imaginando que, se isso fosse mesmo verdade, o senhor poderia ajudar nestes casos de seca[1], como aconteceu há alguns anos, quando eu ainda nem era nascido, mas minha mãe me contou.

– Muito bem pensado, Gianz! Além de muito coerente, teu raciocínio também mostra uma preocupação com a coletividade.

– Coletividade? – indaguei sem compreender o termo.

– Sim, *coletividade*. Significa a população, as pessoas com as quais convivemos; o povo de modo geral. Demonstras nobreza de caráter quando te importas com outros além de ti mesmo. Parabéns!

– Obrigado, senhor! Mas o senhor sabe mesmo fazer água, não sabe?

– Infelizmente, pequena criança, as coisas não são tão simples assim.

– Mas por aqui todo mundo sabe que foi o senhor quem descobriu de quais substâncias a água era formada. Não daria para juntar essas substâncias e fazer água aqui no seu laboratório?

Ele segurou meu braço e me conduziu até algumas cadeiras do outro lado da mesa. Sentamos um de frente para o outro, e ele prosseguiu:

– Vê bem, Gianz. Uma única molécula de água possui uma estrutura até simples: dois átomos de *hidrogênio* ligados a um átomo de *oxigênio*, como se fossem duas bolinhas azuis ligadas a uma bolinha vermelha. Sendo assim, na teoria, tudo seria muito fácil, mas na prática não o é.

---

1 Na década de 1780, uma severa seca ocorrida na França havia acabado com o rebanho bovino e dizimado as safras agrícolas, elevando de forma assombrosa os preços dos gêneros agrícolas.

– E por que não? – questionei, e ele prosseguiu:

– Porque, para fazermos os elementos que compõem a água se unirem quimicamente e formarem uma única molécula de água, é necessário aplicarmos uma fonte de energia a essa reação "mágica". Em outras palavras, meu amigo: para conseguirmos formar água em grande quantidade, seria necessária a energia de uma explosão gigantesca! Isso quer dizer que eu consigo formar água em meus laboratórios, e até já o fiz, mas em uma quantidade muito, mas muito pequena. Compreendes?

– Acho que sim. Não tudo. Mas, no geral, sim.

– Porque tu és um garoto muito esperto!

Percebendo-me um tanto decepcionado com a notícia, Lavoisier repousou a mão sobre o meu ombro direito e tentou animar-me.

– Não fiques triste assim, amigo. Se não podemos usar a ciência para ajudar nosso povo fabricando-lhe água em tempos de seca, estejas certo de que poderemos usá-la de diversas outras maneiras, com o mesmo propósito de servirmos ao nosso próximo.

Mesmo sendo ainda criança, não tive dificuldades para compreender aquelas sábias palavras proferidas pelo meu amigo, pois eu conhecia ao menos uma pessoa que usava a ciência para fazer o bem: o dr. Gregory, que cuidava da saúde dos empregados da fazenda.

Refletindo hoje sobre aquela afirmativa de Lavoisier, percebo que, embora muitos cientistas empreguem seus conhecimentos para fins malévolos e destrutivos – como para o desenvolvimento de armamentos, poluentes, agrotóxicos, micro-organismos mortais e tantos outros –, muitos se dedicam à boa produção científica, desenvolvendo medicamentos, vacinas, tecnologias que aumentam a produção alimentícia, que melhoram o dia a dia das pessoas, dentre diversos feitos que visam beneficiar a humanidade em sua coletividade.

Hoje eu compreendo que, embora Deus tenha nos criado simples e ignorantes, a todos nós foram dadas as mesmas essência e aptidão para progredirmos, conforme o nosso livre-arbítrio. Por meio de uma série de existências sucessivas, cada um de nós vai progredir sem cessar até atingir o grau de perfeição que nos aproximará Dele. Contudo, esse objetivo será alcançado mais rapidamente conforme maior for a nossa inclinação às boas escolhas, às boas ações e ao bom trabalho, pautados na resignação, na boa vontade e no amor ao próximo.

Naquela tarde, realizamos um experimento que me deixou ainda mais fascinado com a química e com os conhecimentos de meu novo amigo. Aquecemos um pouco de água e passamos seu vapor por um cano de ferro levado à incandescência, decompondo-a em hidrogênio e oxigênio. Em seguida, partimos para "fazermos" água. Coletamos os dois gases – hidrogênio e oxigênio – em um gasômetro e os misturamos em um balão de vidro inflamado por uma fagulha elétrica. Que resultado fascinante e inesquecível! A água havia sido reconstituída!

– Senhor, isso parece mesmo mágica – exclamei entusiasmado.

– Isso é ciência, pequenino, unindo a química com a física.

– Muito interessante mesmo! – Parei um instante, absorto, mas logo continuei: – Senhor, tem certeza de que não podemos mesmo fazer uma explosão gigante para conseguirmos uma grande quantidade de água? – insisti, com a pureza, a ingenuidade e a sabedoria peculiares às crianças.

– Lamento dizer que não, meu amigo... – respondeu-me Lavoisier, com um breve sorriso acolhedor.

Depois daquele dia, eu passei a visitá-lo com frequência, sempre que ele estava em Orleans – algumas vezes sozinho, outras, acompanhado de sua linda e inteligente esposa. Marie Anne o auxiliava nos experimentos e os representava em desenhos bem esquematizados. Além de desenhar com esmero, a jovem senhora também pintava muito bem. A amizade com o casal me rendeu momentos inesquecíveis de lazer e aprendizado.

Dois meses depois, eu já conhecia os principais feitos de meu amigo até aquela data. Em um de seus estudos mais notáveis, Lavoisier havia mostrado que, em uma reação química ocorrida em sistema fechado, a massa dos reagentes é igual à massa dos produtos, postulando a Lei de Conservação das Massas, ou Lei de Lavoisier – uma das mais conhecidas na história da química, lembrada nos dias atuais pela célebre frase: "Na natureza nada se cria, nada se destrói, tudo se transforma".

Claro que meu amigo não enunciou tal frase, exatamente, como ela tem sido maciçamente replicada pelo mundo, mas o princípio de seu postulado transformou-se em um legado à ciência, perpetuado aos dias atuais.

Àquela época, explanando-me sobre os princípios dessa lei, Lavoisier esclareceu-me que os primeiros filósofos gregos questionavam como as transformações testemunhadas de forma constante na natureza poderiam ser possíveis. Como algo poderia se transformar em alguma coisa totalmente nova e diferente, ou mesmo em alguma forma de vida? Por exemplo: como a água poderia se transformar em gelo ou em vapor; uma borboleta surgir de um casulo; ou um bebê de um ventre materno? O pensamento de que as coisas surgiam do nada e ao nada voltariam não lhes era comum.

De fato, tudo o que compõe o universo físico – sejam os humanos, os animais, vegetais, minerais, os líquidos, gases e outros – possui origem divina, enquanto sua destruição dá-se pela transformação dos elementos que o compõem. De forma pontual, a morte do homem, seu desaparecimento físico ou transformação, jamais resulta na extinção do princípio inteligente, entendido como essência espiritual. Este apenas se reveste com outro "corpo", um envoltório menos denso e semimaterial chamado de perispírito, e transporta-se, ou é transportado, para o

QUANDO O ANJO MORA AO LADO

ambiente espiritual que lhe é próprio, conforme suas afinidades do ser. Em outras palavras, com o fenômeno da morte, não desaparecemos; o nosso corpo físico apenas se transforma nos elementos que o compõem, enquanto nosso espírito ressurge em um mundo novo, onde experiências novas nos aguardam, como uma borboleta que surge do casulo em uma nova forma e fase de vida.

Bem, o fato é que, em função de uma postura investigativa, a ciência progredia registrando descobertas em todos os campos do saber humano, mas que continuavam dissociadas do âmbito religioso. O mundo afastava-se cada vez mais de valores éticos e morais e da fé religiosa. Seria nesse contexto que, algumas décadas depois, em abril de 1857, exatamente em Paris, Allan Kardec publicaria *O Livro dos Espíritos*, causando agitação entre cientistas, teólogos, filósofos e outros estudiosos, com a premissa revolucionária de uma doutrina fundamentada na razão e nos fatos, que reuniria pilares filosóficos, científicos e religiosos, e que viria a preencher o vazio existencial da humanidade. Nessa obra, os espíritos superiores da Codificação revelariam verdades que chocariam a humanidade mergulhada em hábitos, costumes e estruturas sociais impregnados pelas chagas do orgulho e do egoísmo. Por tudo isso, o despontar do espiritismo ocorreria no momento em que a humanidade estaria preparada para compreender as leis naturais que regem o universo e o caminho de sua evolução espiritual, ao mesmo tempo que seria reconduzida às suas profundas bases religiosas, pautadas no Evangelho de Cristo.

Retornando às recordações de minha bela e profícua amizade com Lavoisier, posso dizer que, depois dali, muitas aventuras e desventuras estariam por vir.

CAPÍTULO 3

Um açoite inesperado

Seis meses haviam se passado e eu continuava frequentando a fazenda de Lavoisier, geralmente aos finais de semana. Porém, naquela tarde de sábado, aconteceria algo diferente do habitual.

Após terminar os afazeres corriqueiros na fazenda, comuniquei à minha mãe que iria passear: exploraria os campos da cidade e encontraria alguns amigos – a desculpa que costumava dar sempre que visitava meu amigo e a esposa. Embora não costumasse esconder nada de minha mãe, preferi omitir a amizade que possuía com o casal, pois, se ela soubesse a verdade, certamente tentaria intervir, alegando que uma criança como eu jamais poderia ser amiga de pessoas como Lavoisier e Marie Anne. Beijei minha mãezinha na face e deixei o casarão, rumo ao jardim.

Quando estava prestes a atravessar o largo portão de ferro da propriedade, a sra. Lamartine surgiu do nada, trajando um suntuoso vestido extravagante, ao estilo da rainha Maria Antonieta, que apreciava ditar moda àquela época. Portando um leque em uma das mãos e um guarda-sol na outra, ela abordou-me com olhar inquisidor.

— Aonde pensas que vais?

Eu a fitei assustado, mas tentei disfarçar.

— Já acabei todo o meu serviço, senhora. Estava indo passear um pouco, nadar com alguns amigos lá no lago da estrada do Sul.

Ela semicerrou os olhos.

— Por que estás a mentir para mim, Negrinho? Achas que apenas a tua mãe pode punir-te?

— Não penso isso, senhora – respondi, apreensivo. – Sei bem que, se fizer coisa errada, a senhora também me bate, mas não estou mentindo.

— Muito bem! É bom que não te esqueças disso, mesmo. Então, farei a pergunta novamente. Aonde vais?

— Já disse, senhora. Vou encontrar-me com alguns amigos.

— Negrinho! Não mintas para mim! – esbravejou ela. – Vais continuar a tentar fazer-me de boba? Sei muito bem onde estás a ir! Já sei de tudo!

Enquanto falava, ela aproximou-se de mim, ameaçadora, com o tom da voz e o brilho no olhar visivelmente alterados.

Tentei pensar rápido em uma boa resposta para a situação, que me pareceu estarrecedora.

Pigarreei, depois respondi:

— Ah, por acaso a senhora está achando que eu vou à fazenda do senhor Lavoisier e da dona Marie Anne, como tenho feito algumas vezes? Não, não, senhora. Hoje não irei visitá-los.

Ela sobressaltou-se, surpresa; provavelmente, não esperava a resposta que dei. Na verdade, eu repugnava castigos físicos e costumava usar de toda a minha astúcia para tentar evitá-los, sobretudo quando acreditava que não havia motivos para eles.

Claro que já havia sido açoitado antes, mas apenas por três vezes em toda a minha tenra idade, sendo duas delas pela sra. Desiré. Porém, eu conhecia a triste história de minha mãe e de vários ex-escravos, e sabia como os castigos físicos machucavam ainda mais a alma do que o corpo.

Havia nascido livre na fazenda, mas minha mãe tinha sido mais uma dentre tantos negros escravos arrancados de seu país de origem e separados coercitivamente de seus familiares. Além de terem suportado fome, frio, doenças, maus-tratos, tristeza e saudades durante o transporte nos navios negreiros até seu destino, tinham que se subjugar à arrogância, covardia, humilhação e aos castigos severos de seus senhores e capatazes nas senzalas onde viviam, coagidos pelo chicote e por correntes. Foi nesse cenário que minha mãe sofreu durante vários anos na colônia francesa de São Domingos, até ser comprada pelo sr. Armand e sua esposa, quando passou a ser tratada com um pouco mais de humanidade. Após mudarem-se para Orleans, ela conseguiu a liberdade e continuou a servi-los como empregada, mediante remuneração. Como era muito ágil, eficiente e inteligente, a única dos empregados que sabia ler, seus patrões tinham-lhe um apreço especial, que se estendeu a mim quando nasci, o que despertava o ciúme dos demais empregados da fazenda.

Por tudo isso, eu sabia que era um negrinho de sorte; mesmo assim, não suportava a ideia de sofrer agressões físicas.

A sra. Desiré indagou:

— Então, quer dizer que confessas que vinhas visitando nosso amigo Lavoisier com certa frequência?

— Sim, senhora. Eu já o visito há algum tempo. Faço mal?

— Depende — respondeu ela, já serenando os ânimos, mas com certa malícia na voz e no olhar.

— E depende de quê? — questionei.

— Depende do que fazes por lá em tuas visitas. Soube que andas a contar a Lavoisier que estamos... Bem, você sabe...

Eu franzi o cenho, sem entender as palavras dela.

— Desculpe, senhora, mas não compreendo do que está falando — respondi, já começando a ficar aflito com o teor da conversa.

— Ora, Negrinho, não te faças de tolo! Tua mãe deve ter-lhe contado tudo! Ela sabe. E agora eu quero saber o que falaste sobre nós ao cientista.

— Juro que não sei de nada, senhora!

— E o que fazes por lá, então? Por que tens visitado Lavoisier se não para agires como espião dele, a nos trair?

— Espião?! Eu?! Do senhor Lavoisier? Senhora, nós apenas falamos sobre ciência! Eu gosto muito de química, sabe, e ele tem me mostrado suas experiências. Por isso ficamos amigos. É só isso.

— Não acredito — insistiu ela.

— Eu juro, senhora! — eu também insisti, unindo as palmas das mãos à sua frente.

— Não vais me contar por bem?

— Mas, contar o quê?

Em frações de segundo, ela fechou o leque e o pôs debaixo do braço. Avançou na minha direção, segurou fortemente meu braço e, entredentes, rosnou:

— Então, vais falar por mal!

E saiu arrastando-me pela propriedade de volta ao casarão, ignorando meus apelos para que acreditasse em mim.

Quando chegamos à cozinha, minha mãe guardava alguns pratos em um armário. Vendo-nos entrar, ela sobressaltou-se.

— O que foi que aconteceu? — indagou, fitando-me aflita.

— Foi o teu filho! Soube que tem nos traído! — e jogou-me no chão, aos pés de minha mãe. — Faça-o falar, ou terei que usar modos não muito aprazíveis para isto.

Minha mãe largou a louça sobre o armário e abaixou-se à minha frente. Aflita, porém com a doçura habitual na voz, implorou:

– Gianz, meu querido, o que tu fizeste de errado? Conte para nós, por favor!

– Mas eu não fiz nada, mãe! – rebati.

– Este negrinho está mentindo! – esbravejou Desiré. – Contaram-me que ele estava a nos trair.

Minha mãe passou sua mão áspera, porém suave, sobre meu rosto, enxugando as lágrimas que começavam a molhar-me a face. Em seguida, voltou-se para a patroa e retrucou:

– Senhora, meu Gianz não é menino de mentiras, a senhora bem sabe disso. Se ele diz que não fez nada, é porque não fez.

– Não te atrevas a contestar-me dessa maneira, sua desaforada! Principalmente na frente dele! Está mentindo, sim, com medo de que eu o castigue. Já contaram-me toda a verdade.

– Quem contou? – indagou minha mãe.

– Não importa! Trata-se de alguém de minha confiança e isso basta!

Já de pé, agarrei-me às pernas de minha mãe, que continuou tentando defender-me.

– Desculpe a impertinência, senhora, mas nesta fazenda temos alguns desafetos. Tem algumas pessoas aqui que não nos querem bem. Sentem despeito de nós porque acham que somos protegidos. Pode ser que algum deles tenha feito fofoca mentirosa sobre meu menino, apenas para nos ver sofrer.

A sra. Desiré apertou os olhos, fitando minha mãe com fúria.

– Acreditas mesmo que algum dos meus serviçais iria arriscar a própria pele, mentindo para mim sobre o teu filho, apenas por ciumeira boba? Ah, não me faças perder a paciência de uma vez!

Ela aproximou-se de nós dois, fitou-me com indiferença e, com a voz controlada, sentenciou:

– Dar-te-ei a última chance, Negrinho. O que contaste a Lavoisier sobre mim e meu marido? Preciso saber para poder nos defender, ou para desmentir-te. Ou contas ou serás castigado.

Com os olhos mergulhados em medo e tristeza, eu a fitei com desgosto e respondi:

– Senhora, acredite em mim, por favor. Eu nunca falei nada sobre a senhora ao meu amigo Lavoisier, nem sobre o senhor Armand, até porque não sei de nada sobre os senhores que pudesse falar para alguém.

– Basta! – Ela agarrou meu braço de novo e puxou-me bruscamente, afastando-me de minha mãe.

– Não, pelo amor de Deus, senhora! – implorou minha mãe. – A senhora está fora de si! Não castigue o meu filho! Ele fala a verdade! Nunca contei nada a ele sobre... Não vou mais permitir que o machuque!

– Este negrinho vai aprender a não mais sair por aí nos caluniando e também a não mentir para mim! – e continuou arrastando-me pelo casarão, enquanto minha mãe, no nosso encalço, suplicava para que ela me largasse.

Paramos à frente de um luxuoso aparador que adornava uma das paredes da sala de estar principal. Com a mão livre, a sra. Desiré abriu uma gaveta do móvel e retirou de dentro dela um chicote de tira única. Em seguida, arrancou-me a blusa com violência e jogou-me a um canto da sala, fazendo-me cair de joelhos, de costas para ela. Então, ergueu a mão armada para o alto e vergou o chicote sobre mim. Cerrei os olhos com força e tentei rememorar momentos bons vividos até ali, na tentativa de dissipar a dor quando o açoite me atingisse.

Um segundo depois, eu não havia sentido nada sobre a pele, mas uma dor esmagadora, aguda e impiedosa tinha-me atingido os ouvidos: o urro de minha mãe. Ela havia se lançado sobre mim, interceptando o chicote com o próprio dorso.

– Por que fizeste isso, Adele? O castigo não era para ti! – esbravejou Desiré à minha mãe, que ainda se contorcia de dor ajoelhada ao meu lado, enquanto eu afagava-lhe os cabelos, tentando acalentá-la.

– É meu filho! Não posso permitir que bata nele! – respondeu minha mãe, com os dentes cerrados.

– Ora, deixa de bobagem! Que criança pode crescer bem-educada sem sofrer corretivos quando merece? – retrucou a nossa patroa. – Se tens coração mole para isto, então me agradeça por esse favor e saia daqui!

– Mas ele disse que não fez nada e... – minha mãe continuava tentando argumentar.

Nesse mesmo instante, o capataz da fazenda adentrou a sala.

– Liberato! Corre aqui – vociferou a sra. Desiré. – Leva Adele daqui. Está tentando impedir que castigue o Negrinho, quando ele fez por merecer. Sou quase uma tia para este menino! Tenho o direito de aplicar-lhe um corretivo quando ele precisar, já que a mãe não o faz. Estarei a fazer um bem para ele. Precisa aprender a ter limites.

O capataz abaixou-se e arrancou minha mãe de mim, enquanto eu tentava impedir a coerção, puxando-a inutilmente na minha direção.

– Por favor, não faça isso! – implorou minha mãe, aos prantos, sob o cárcere dos braços do capataz.

– Leva-a, Liberato – ordenou a sra. Lamartine com arrogância, enquanto erguia novamente o braço, empunhando o chicote ameaçador.

Fechei os olhos mais uma vez e então pude sentir o ardor da tira de couro ao chocar-se contra a pele de meu dorso. Teria soltado um forte urro de dor, como o fez minha doce mãe. Porém, apenas exalei um gemido surdo e abafado, pois meu pensamento vagava concentrado nas pessoas que mais amava: minha mãe, meu amigo Lavoisier e sua esposa, e minha amiga Dornela, amenizando-me a dor.

Então, nesse mesmo instante, o sr. Armand adentrou a sala com passos firmes. Fitando a esposa, pronta a estalar o chicote mais uma vez, vociferou:

– O que estás a fazer, mulher?

Ela freou o braço no ar, voltando-se para o esposo, e respondeu:

– Estava a castigar o Negrinho. E nem penses em interromper-me. Ele o fez por merecer.

O capataz também parou onde estava, ainda mantendo minha mãe enlaçada, debatendo-se sob seus braços.

– Não! Meu filho não fez nada! – bradou minha mãe.

– Explique-se, Desiré – ordenou o sr. Armand, visivelmente desconfortável com a cena diante dos olhos.

A esposa esclareceu:

– Ele andou a fofocar com o senhor Lavoisier sobre nossa traiç... – Olhou em volta e percebeu que algum outro empregado poderia ouvi-la. Então, ponderou: – Ele andou a falar sobre os nossos planos...

– Quem te contou uma bobagem dessas? – indagou o sr. Lamartine, aproximando-se da esposa com animosidade.

– Uma pessoa de minha confiança. Claro que o Negrinho está a negar, mas não sou boba. Ele mente por certo.

– Estás louca, mulher? – rebateu o sr. Lamartine com veemência. – O menino não é de mentiras, nós bem sabemos! Além do mais, saibas que acabei de ter com Lavoisier e ele não me pareceu saber de nada do que... – O patrão também ponderou: – Bem, conversamos normalmente. Não achas que se ele soubesse de algo teria agido diferente? Dê-me isto aqui, já! – e arrancou o chicote das mãos da esposa.

Ela mordiscou o canto da boca e aquiesceu:

– Bem, se for mesmo assim... É possível que ele não saiba de nada, então.

– Certamente, não sabe – repetiu o esposo. – Lavoisier é homem pacífico, mas não costuma levar desaforo para casa. Se soubesse de algo, teria conversado abertamente comigo.

– Obrigada, senhor! – agradeceu minha mãe.

– Tudo bem, Adele – disse o nosso patrão. – Ninguém vai tocar no teu filho sem que ele dê motivos para isto. E tu, Liberato, o que ainda fazes segurando-a? Solta-a já, homem!

Logo que o capataz a liberou, minha mãe correu para abraçar-me.

Depois disso, fomos ao nosso quartinho, que ficava no fundo da casa, próximo à cozinha. Então, passamos um no outro um líquido calmante e cicatrizante feito com plantas medicinais, que minha mãe mantinha guardado para os momentos de "emergência".

Enquanto minha mãe terminava de fechar o frasco do sanativo, eu indaguei:

– Mãe, a senhora está bem?

– Sim, meu querido. Está tudo bem – ela respondeu, com a ternura costumeira na voz e no olhar, enquanto acariciava meus cabelos crespos. – A dor já passou. Não me preocupo comigo, mas com você, que é o meu tesouro.

– Eu também estou bem, mamãe, não se preocupe. Só estou muito triste porque a senhora apanhou no meu lugar. Logo a senhora, que tanto já sofreu quando era escrava.

– Não pense nisso, filho. Já faz muito tempo.

– Mas, mãe, por que os negros têm de ser escravos? – eu quis saber.

Com a docilidade que lhe era peculiar, ela respondeu:

– Eu não sei, meu filho. Alguns dizem que é assim que tem que ser. Mas sua mãe, sinceramente, não sabe te responder essa pergunta.

Àquela época, eu era apenas um garoto dotado de conhecimentos bastante restritos sobre a vida. Porém, logo viria a saber que a escravidão não se limita à pele negra, pois seu princípio repousa na imposição do mais forte sobre o mais fraco, não do branco sobre o negro. Por isso que, ao longo da História, houve escravos de diversas etnias em todo o mundo. Hoje, também sei que a escravidão trata-se, portanto, de um abuso da força; que desaparece com o progresso dos povos, assim como desaparecerão gradativamente todos os abusos, como nos ensina *O Livro dos Espíritos*, do codificador Allan Kardec.

Os homens possuem responsabilidade pessoal nos feitos que, pelo livre-arbítrio, realizam em suas existências, isolados ou coletivos. Deste modo, pela justiça divina, cada qual receberá em conformidade com seus atos, seguindo-se a Lei da Causa e Efeito. Neste sentido, o espiritismo ensina-nos que, na Terra, o pequeno pode ter sido grande e o grande pode vir a ser pequeno; o orgulhoso poderá experimentar de humilhação em uma existência como subalterno; o mau filho, a ingratidão da prole; o mau rico, a miséria; assim como um senhor tirano pode tornar-se escravo e experimentar de semelhantes maus-tratos e humilhação que em outrora infligira a seus escravos.

Entretanto, movimentos como o da escravidão, assim como as guerras, não obedecem aos sagrados determinismos das leis de Deus, pois o mal conduz o barco da vida humana a um mar de sofrimentos de dores expiatórias. Os homens que por esse caminho enveredam ainda não perceberam que a evolução deve ser processada pela prática do bem e do amor ao próximo, e que, dentro do plano divino, o progresso da humanidade ocorreria sem o curso desses movimentos lamentáveis, que apenas atestam a pobreza moral da consciência do mundo.

Contudo, devemos sempre lembrar que uma encarnação pautada no sofrimento, seja ele de ordem física ou moral, consiste em uma contingência evolutiva a ser superada, que, para alguns, pode tratar-se de expiação e, para outros, de uma missão. No meu caso em particular, reencarnei como escravo por expiação, embora também tenha programado muitos eventos de provação.

Durante o século XVI, eu fora um português que chefiava um dos diversos fortes do litoral atlântico-africano destinados

à negociação, com os povos locais, de escravos e outras merca-
dorias que eram levados para a Europa, América e Ásia. Embora procurasse usar de humanidade no trato com os escravos,
sobretudo em comparação a muitos de meus companheiros
portugueses, eu os privava do direito à liberdade, e isso não
poderia passar impune às leis divinas.

Retornando às memórias do século XVII, agora na pele do
Negrinho, após acalentarmos um ao outro da chicotada sofrida,
minha mãe deixou-me sozinho em nosso quartinho e voltou ao
trabalho.

Naquele dia, eu não pretendia mais visitar meu amigo Lavoisier,
não depois do que acontecera. Deitei-me sobre o leito e tentei
dormir um pouco, ainda triste e cheio de rancor.

E, como que adivinhando a dor que inundava minha alma,
do nada, como há dias não acontecia, *ela* apareceu...

CAPÍTULO 4

Minha estimada desgrenhada

Dornela tinha a mesma idade e estatura que eu, e era igualmente esperta. Diferenciava-se de mim por possuir o pai no seio familiar – enquanto eu acreditava que o meu havia sumido no mundo – e também por não ter os olhos verdes como os meus. Era filha de um casal de ex-escravos também vindos de São Domingos, que trabalhavam na propriedade do sr. Jean Burnier e da esposa Micheline Burnier, donos de terras vizinhas às do sr. Armand Lamartine. Também diferente de mim, ela havia sido liberta apenas quando chegara às terras francesas, três anos antes, e, portanto, havia experimentado os maus-tratos da escravidão.

Antes de Lavoisier, e excetuando-se minha mãe, Dornela era a única amiga em quem eu confiava de verdade. Sentia-me completamente confortável ao lado dela, pois as demais crianças da fazenda, contaminadas pelo despeito e pela inveja de seus pais, não nutriam muita afeição por mim.

Embora Dornela não me visitasse com a frequência que eu gostaria, tampouco eu pudesse visitá-la nas terras onde morava e trabalhava ajudando os pais,   nossa amizade era realmente sólida. Conquanto fôssemos apenas duas crianças, construímos ao longo de dois anos uma relação de amizade sincera, pautada no respeito e no amor. Dentro dessa concepção, gostávamo-nos exatamente como éramos, com nossos defeitos e qualidades, mas sempre tentando potenciar o que havia de melhor um no outro. Quando estávamos juntos, duplicávamos nossas alegrias e conquistas e dividíamos nossas dores e adversidades, sempre com a ajuda de largos sorrisos, que fazíamos ser uma constante nos momentos juntos.

Após dormir um pouco e rapidamente serenar a angústia que havia tomado meu coração, levantei da cama com o mesmo sorriso nos lábios de sempre. Era final de tarde, e os raios de sol sob nuvens iluminavam fracamente o céu, quando corri para o pomar, indo ajudar minha mãe na colheita de frutas.

De repente, ouvi aquela voz alta e aguda, que tanto me era familiar, gritando aos portões da fazenda:

— Negrinho! Negrinho! Olha eu aqui!

Sem perder tempo, corri na direção dela, temendo que meus patrões a ouvissem. E, fitando seus olhos negros amendoados por entre as grades de ferro, eu a repreendi:

— Estás louca, desgrenhada? Se te pegam aqui gritando assim, não vai dar coisa boa!

Eu costumava chamá-la de *desgrenhada*, carinhosamente, pois achava seus cabelos crespos longos e esvoaçantes um encanto, sobretudo quando os cachos teimavam em cair-lhe sobre a face e ela os jogava enérgica e distraidamente para trás.

— Cadê o Rodolfo? — indagou-me.

— Estou bem aqui — respondeu a voz grave do porteiro da fazenda, que nos dava "cobertura" sempre que Dornela ia-me visitar.

— Abre aqui para mim, Rodolfinho, por favor — pediu carinhosamente a minha amiga.

Rodolfo abriu.

— Vamos, pequena, entre logo! — advertiu ele, checando o nosso entorno para certificar-se de que nossos patrões não estavam por perto.

Rodolfo era um homem de confiança da família Lamartine. Além de porteiro, cuidava também da estimada criação de cavalos do sr. Lamartine.

— Vocês dois, saiam já daí desse portão! Venham para cá! Cheguem! — pediu minha mãe, logo atrás de Rodolfo.

— Era o que eu estava dizendo agorinha mesmo, Adele — explicou o porteiro à minha mãe.

Pelo brilho que seus olhos adquiriam sempre que dirigia a palavra à minha mãe, eu poderia jurar que ele nutria uma paixão platônica por ela. Mas minha doce mãe parecia não se interessar por homem nenhum, e eu, de certa forma, gostava disso.

Então, após Dornela atravessar os portões da fazenda, adentramos as terras do sr. Armand, onde costumávamos correr e brincar livremente.

Sentamos sob a copa de uma frondosa árvore e eu considerei:

— Que bom que vieste me visitar hoje! Vamos brincar de quê?

Com os olhos brilhando de animação, ela respondeu-me com outra pergunta:

— Por que não vamos à casa do senhor Lavoisier? Soube que ele está na cidade.

Por três vezes eu já havia levado minha querida desgrenhada à fazenda de meu amigo, cuja experiência ela tinha apreciado bastante, tanto pela boa companhia que o casal costumava nos proporcionar como pelo encantamento que seu laboratório nos gerava, imprimindo em nosso imaginário uma realidade, de fato, quase "mágica".

Então, baixei a cabeça e respondi:

– Eu até que planejava visitar ele hoje, sabe, mas não deu certo. Também, agora não devo mais ir lá, pelo menos por alguns dias.

– E por que não? O que houve?

– "Envenenaram" a senhora Desiré com uma mentira sobre mim, e ela pensou que eu estava a visitar Lavoisier para fazer-lhe fofoca. Então, hoje ela não apenas me impediu de ir vê-lo como também chegou a me açoitar. E o pior: minha mãe acabou levando uma chicotada também. Por isso, não devo ir lá tão cedo!

– Hum... Então é por isso que estás com essa cara de triste? – ela deduziu.

– É sim. Fui humilhado e injustiçado... Fomos, na verdade, eu e minha mãe. Mas já estou bem melhor.

– Ora, mas você está muito sentido, meu Negrinho! – disse, soltando gostosa gargalhada. – Veja isto. – Ela virou-se de costas para mim e levantou a blusa.

– Minha nossa! – falei surpreso. Havia marcas de, pelo menos, umas três chicotadas no seu dorso. – Foi hoje mesmo, não foi? Está doendo muito?

– Que nada! A dor já passou. Estou prontinha para outra.

Não pude deixar de sorrir.

– Você não existe mesmo, sua desgrenhada! Só você para fazer-me rir de uma situação como esta. O que andou aprontando?

– Que eu saiba, nada. Pelo menos, nada que fosse culpa minha.

– Eu imagino. Assim como aconteceu comigo...

– Pois foi isso mesmo. Escorreguei lavando o chão e acabei quebrando um vaso caro da "bruxa" da minha patroa. Mas a dor já passou e nem ligo com isso. Minha mãe me disse que, por sermos católicos e batizados, teremos um lugarzinho certo lá no céu quando morrermos, porque Deus é bom e há de nos compensar depois que partirmos deste mundo. Pelo menos, é assim que eu acredito e assim vivo melhor.

QUANDO O ANJO MORA AO LADO

Sim, Dornela e seus pais eram católicos, assim como eu e minha mãe. Embora àquela época estivéssemos em meio à Revolução Francesa, que marcou um dos períodos mais difíceis da história da Igreja Católica, por ter propagado os ideais iluministas[1] anticlerical e antirreligioso, o catolicismo sempre exercera uma posição de destaque na França. Era papel do clero paroquial cuidar da vida religiosa da sociedade, presidindo as atividades civis, como os registros de nascimento, batismo, casamento e óbito.

Eu e Dornela gostávamos de ser cristãos. Embora não compreendêssemos muitos dos dogmas religiosos da Igreja, o cristianismo, que a nós havia sido imposto, era na verdade por nós bastante apreciado.

Parei um instante, absorto, refletindo sobre as palavras dela. Então, considerei:

– É, tu estás certa. Deus deve mesmo saber de tudo o que faz.

– Claro que estou, garoto! – enfatizou sorrindo. – Além do mais, não tenho mesmo do que reclamar. Já não sabes que meus senhores me amavam quando eu era escrava lá em São Domingos? – e soltou outra gargalhada.

– Ah, sim. A sua marquinha de amor... – Sorri discretamente de sua espirituosidade, pois sabia bem que ela estava sendo sarcástica.

Dornela se referira a uma cicatriz que possuía nas costas. Seus pais possuíam marcas de ferro em brasa nos braços, que haviam sido feitas antes de serem vendidos aos europeus. Porém, Dornela havia nascido em São Domingos e sua marca possuía

---

1 O Iluminismo, também conhecido como Época das Luzes, foi um movimento intelectual ocorrido na Europa do século XVIII, com maior expressão na França, palco de profundo desenvolvimento científico e filosófico, que gerou transformações na estrutura social, cultural, política e espiritual, em torno da liberdade, do progresso e do homem. Potenciado pela Revolução Francesa, os ideais iluministas foram aqueles de conhecimento crítico e pensamento racional, visando corrigir as desigualdades da sociedade e garantir os direitos naturais do indivíduo, como a liberdade e a livre posse de bens. Os iluministas acreditavam que Deus estava presente na natureza e também no próprio indivíduo, sendo possível descobri-lo por meio da razão.

outra origem. Em um de seus castigos, ela havia sido queimada com ferro e a cicatriz formada lembrava, *grosso modo*, um coração.

Contudo, se agora ela falava sobre a marca daquela maneira descontraída, quando tudo acontecera, minha amiga havia sofrido bastante. O trauma experimentado fora além do físico em muito, pois ela havia entrado em um estado de choque tão profundo que a fizera parar de falar por quase seis meses. Continuara trabalhando apenas por temer uma nova represália como aquela, que, felizmente, não se repetira.

Porém, embora Dornela reagisse muito bem aos castigos que recebia, a queimadura a marcara profundamente. Por mais que ela tentasse esconder, todos que a conheciam bem, assim como eu, sabiam disso. E, na tentativa de dissipar o rancor escondido no íntimo, ela costumava se referir à cicatriz em tom sarcástico, como sendo uma marca de "amor" impressa nas costas pelos seus antigos senhores.

Ela voltou a falar de seu intento para aquela tarde, mudando o rumo da conversa:

— Bem, Negrinho, na verdade, eu gostaria muito que fôssemos visitar o nosso amigo cientista. Tem certeza de que não podemos mesmo?

— Melhor não. Melhor eu não afrontar mais a senhora Desiré — argumentei.

— Que pena! — ela lamentou.

No entanto, nesse mesmo instante, nós desviamos o olhar para uma charrete trafegando veloz pela estrada que circundava parte da propriedade.

— Aquela não era a charrete de seus patrões, Negrinho? — indagou-me Dornela.

— Sim, era — confirmei. — Será que eles estavam lá dentro?

— Hum. Por que não perguntamos isso à sua mãe? — sugeriu ela.

Assim o fizemos. Corremos até a cozinha e descobrimos que o sr. e a sra. Lamartine haviam se ausentado de casa.

Dornela fitou-me com olhar astuto e indagou:
— Então, será que podemos ir agora?

Quinze minutos depois, estávamos no laboratório de nosso amigo, onde ele e a esposa, Marie Anne, tinham acabado de finalizar um experimento.

— Chegamos atrasados. Que pena! — lamentou Dornela, desapontada.

Marie Anne a consolou:

— Ah, mas não fiques triste, Dornela, pois acabamos apenas este experimento, o que não nos impede de começarmos outro.

Ante a promessa da jovem senhora, abrimos um largo e espontâneo sorriso.

Então, Lavoisier indagou à esposa:

— Marie Anne, o que achas de fazermos aquela experiência com um ovo para mostrarmos aos nossos amigos? — e lançou-lhe uma piscadela.

— Com um ovo? — indagamos eu e Dornela em uníssono, enquanto nossos olhinhos brilhavam de animação e curiosidade.

— Sim, um ovo de galinha! — confirmou Marie Anne, sorrindo.

— Esperem um pouco aqui, que eu volto já — disse Lavoisier.

Ele saiu do laboratório e rapidamente voltou segurando um ovo à mão, que entregou nas mãos da esposa. Usando um béquer[2] de vidro, Marie Anne o cozinhou e o descascou, enquanto nós observávamos com atenção, tentando imaginar o que o casal iria aprontar.

Em seguida, Marie Anne depositou o ovo cozido sobre a boca

---

2 Recipiente utilizado em laboratórios para dissolver substâncias, efetuar reações e preparar soluções simples. Possui formato cilíndrico, fundo plano e um bico na borda superior, utilizado para despejar os líquidos. Geralmente, é de vidro ou de plástico.

de uma garrafa de vidro que estava em cima da mesa.

– Percebem que o ovo é mais largo e não entra na garrafa? – observou Lavoisier.

Nós assentimos com a cabeça, e Marie Anne continuou:

– Pois nós iremos fazê-lo entrar neste recipiente sem empurrá-lo com as nossas mãos.

– Então será uma mágica! – exclamou Dornela.

O casal sorriu.

– Agora vamos ao experimento – convocou Lavoisier.

Então, ele entregou o ovo nas minhas mãos, enquanto Marie Anne acendeu um chumaço de algodão e o jogou no interior da garrafa. Por fim, pediram que eu e Dornela colocássemos o ovo sobre a entrada da garrafa de novo. Imediatamente depois, como mágica, o alimento foi sugado para o interior do recipiente.

Arregalamos os olhos, surpresos, e sorrimos encantados, enquanto aplaudíamos o que para nós parecia mágica, mas se tratava apenas de mais um evento explicado de maneira simples pela química e pela física.

Depois do experimento, permanecemos no laboratório por mais alguns poucos minutos, quando então seguimos para a cozinha.

Enquanto saboreávamos um delicioso lanche, conversávamos os quatro, animadamente.

A um dado momento, o casal precisou ausentar-se por alguns instantes, deixando-nos a sós na cozinha, quando uma das empregadas da fazenda adentrou o recinto. Cibelle era jovem, branca, esguia e tinha o "nariz em pé", no sentido pejorativo da expressão.

– Dona Marie Anne mandou perguntar se vocês ainda vão querer mais alguma coisa – disse ela, com certo desdém.

– Eu quero! – antecipou-se Dornela, levantando a mão. – Quero um pouco mais de bolo e também de pão.

QUANDO O ANJO MORA AO LADO

– Eu aceito um pouco mais de pão – acrescentei.

Ela franziu o nariz, fitando-nos com arrogância.

– O que há com o teu nariz? – indagou Dornela. – É meleca incomodando? Deverias tirá-la.

Nós dois sorrimos, pois conhecíamos bem a antipatia de Cibelle.

– Hum! – rosnou a jovem. – Vocês parecem filhotes de ratos esfomeados, de tanto que comem – e se dirigiu ao armário, onde estava o bolo.

Dornela rebateu:

– Se for para fazer comparação com bichos, tu pareces uma égua, nos dando patadas assim.

Cibelle se virou em nossa direção com os olhos flamejantes de raiva, focou em Dornela e indagou:

– O que foi que disseste, menina atrevida?

– Atrevida és tu! – eu intervim. – Por que gostas de nos tratar mal?

Cibelle deu de ombros e nos serviu do bolo, depois também do pão, com fisionomia ainda mais antipática. Porém, não conseguiu se conter por muito tempo, de modo que logo voltou a nos provocar.

– Ah, mas é claro que eu entendo vocês. São negrinhos maltratados, que nunca provam comidas tão gostosas como as que comem aqui, não é mesmo?

– É sim – respondi de pronto. – Não temos comida saborosa, nem brinquedos caros, nem roupas boas, como os meninos ricos; mas tudo isso também não nos faz falta, pois temos o mais importante para nós, que é o amor de nossos pais. Entendeu?

– É isso mesmo, Negrinho! – corroborou Dornela.

Cibelle baixou a cabeça, então compreendemos que sua amargura deveria estar relacionada à falta de amor.

– Ah, não fiques triste, sua boba – disse Dornela, ao perceber os olhos da empregada marejarem. – Quer ser nossa amiga?

— Venha, coma bolo conosco — convidei.

Com a voz embargada, Cibelle rebateu:

— Vocês não sabem de nada! São crianças ainda, não sabem o que já passei nesta vida!

— Nem sei, nem quero saber — considerou Dornela. — Mas posso te dar um abraço, contanto que me prometas que não vais me morder com essa cara de bicho bravo.

Cibelle e eu sorrimos da espirituosidade de Dornela, mas a jovem tentou disfarçar. E Dornela continuou:

— Também não podes nos apertar demais, pois tanto eu quanto o Negrinho fomos açoitados hoje.

Cibelle arregalou os olhos, surpresa, admirando a naturalidade com que as crianças conseguiam relevar suas adversidades. Por um instante, considerou-se sortuda, pois sua condição naquela casa era bem confortável, sempre tratada com respeito e humanidade. Mesmo assim, ela resmungou:

— Não quero abraço nenhum, não. Estou bem assim.

— Tu que sabes, Cibelle — ponderou Dornela. — Mas posso te garantir que um abraço e muita conversa boba com os amigos fazem bem para a saúde, para você que não sabe.

— Hum! Tudo bobagem! — resmungou Cibelle novamente, enquanto devolvia o bolo ao armário após nos servir.

— Bobagem nada! — acrescentei. — É muito importante termos amigos, sabias? Assim como a nossa família, eles também nos dão amor. Além do mais, todo mundo precisa de amor. O nosso Senhor Jesus Cristo nos ensinou que, assim como Ele nos amava, Ele queria que nos amássemos uns aos outros também.

Cibelle fingia que não nos dava atenção, mas estava com os ouvidos bem atentos enquanto lavava algumas louças.

— É isso mesmo! — ajuntou Dornela. — Se estamos querendo te dar um abraço e conversar contigo, estamos tentando fazer o que Ele ensinou. Estamos tentando te dar um pouquinho do nosso amor. E tu ainda não queres, sua boba?

A jovem continuou em silêncio. Embora fingisse o contrário, apreciava nossas palavras, simples e claras, como as crianças costumam se expressar.

Neste instante, Lavoisier e Marie Anne retornaram à cozinha, e nossa conversa com Cibelle foi cessada. Ela havia terminado o serviço com a louça e se retirado em seguida, levando em seu íntimo algumas sábias palavras de duas crianças, que fizeram-na refletir um pouco sobre a própria vida.

CAPÍTULO 5

Mediunidade infantil

Satisfeita em nos encontrar sentados e comendo animados, Marie Anne parou por trás de nossas cadeiras. Acariciando nossos cabelos, indagou:

– Então, estão gostando do lanche?

Além do bolo e dos pães, havíamos comido também uma espécie de biscoito recheado com doce de frutas.

– Muito! – respondemos em uníssono.

O casal sorriu feliz e satisfeito. Embora não tivessem filhos, era notório que eles apreciavam a companhia de crianças, embora lhes restasse pouco tempo para isto no dia a dia.

Então, quando Marie Anne saiu de trás de nós, indo em direção a uma cadeira ao lado, sua mão deslizou pelas costas de Dornela.

– Ai!! – gemeu minha amiga.

– O que houve, querida? – indagou Marie Anne, um tanto assustada.

— Estás machucada? – preocupou-se Lavoisier.

— Foram apenas algumas açoitadas.

O olhar do casal entristeceu-se visivelmente, enquanto sentavam-se à mesa conosco.

— Perdoe-me a distração, pequena menina – desculpou-se a jovem senhora.

— Bobagem, já passou – rebateu Dornela. – O Negrinho também apanhou hoje, mas foi apenas uma açoitada, e ele também está ótimo.

Nossos amigos nos fitavam com pesar.

— Lamentamos muito, crianças! – solidarizou-se Lavoisier.

— Não se preocupem com isso. Estamos bem – eu os tranquilizei.

Então, como eu costumava fazer sempre que estava na companhia de adultos interessantes e acessíveis, aproveitei a ocasião para me instruir. Desta vez, tratava-se de um assunto que me interessava em particular. Então, fitando meu amigo, indaguei:

— Lavoisier, como andam as coisas por São Domingos?

Estávamos agora em fevereiro de 1792, em meio à Revolução Francesa, que havia estourado em 1789 e perduraria até 1799. Era um período de intenso movimento político e social na França, com diversas causas e impacto duradouro na história do país, do continente europeu e do mundo.

A sociedade francesa, então uma das mais importantes no mundo, era dividida em três Ordens ou Estados: o clero, a nobreza e o povo. A relação entre essas três ordens era desproporcional, em que o primeiro e o segundo Estados (clero e nobreza) oprimiam e exploravam o terceiro Estado (o povo), que sustentava economicamente o país. O nível de insatisfação popular com o cenário caótico de fome e miséria que assolou o país era tão grande que, influenciado pelos ideais do Iluminismo e pela alta burguesia, também insatisfeita, o povo começou a se revoltar e a combater o absolutismo monárquico e os privilégios da nobreza e do clero, em uma luta que objetivava a igualdade de todos perante a lei. Tal luta era alicerçada nos princípios de *Liberté*, *Égalité* e *Fraternité* (Liberdade, Igualdade e Fraternidade).

Assim, os efeitos da Revolução Francesa haviam abalado também os alicerces das sociedades coloniais, o que culminou em confrontos abertos entre os diferentes grupos sociais que as compunham, por exemplo, aquele que ocorria do outro lado do oceano Atlântico, em São Domingos (atual Haiti). A região consistia na mais rica colônia de exploração francesa das Antilhas, na qual acontecia aquela que viria a ser a maior revolta de escravos da era moderna: a Revolta de São Domingos, ou São Domingues, iniciada em 1791.

Então, após repousar a xícara de chá sobre o pires, Lavoisier respondeu:

— Bem, pequeno amigo, a situação não mudou muito nos últimos meses. Infelizmente, já sabemos que a rebelião transformou-se em uma revolução de grandes proporções, que está abrasando em chamas a rica e próspera São Domingos e manchando-a de sangue.

— Lamentável! — comentou Marie Anne com pesar.

— Muitas pessoas já morreram? — indagou Dornela.

— Sim, Dornela. Infelizmente, muitas mesmo! — confirmou Lavoisier.

Eu fiquei em silêncio por alguns instantes, imerso em meus pensamentos. Pouco depois, indaguei:

— Mas está tudo igual mesmo? Não há nada que indique que estão próximos de um final feliz nessa história?

— Não, Gianz — afirmou Lavoisier. — Mais uma vez, lamento em dizer que a guerra continua sem previsão de término.

Marie Anne lamentou:

— Embora a causa seja justa, é muito triste que esteja ocorrendo tanta violência desnecessária. Soube que os manifestantes estão a cometer barbaridades com os oponentes de guerra.

— Não há guerras sem barbáries, minha querida – comentou Lavoisier.

Eu a fitei com os olhos bem abertos e acabei comentando o que ia no meu íntimo:

— Bem, embora eu também ache errado tanta violência, eu sei que tudo isso é consequência de uma vida de repressão, humilhação e maus-tratos. Sei também que tudo isso vai valer a pena, pois eles vão conseguir a tão sonhada liberdade mais rápido do que imaginam. Só não entendo a razão de tanta demora. Por isso perguntei sobre a situação de São Domingos.

O casal olhou-me surpreso, como se estivesse diante de um urso falante.

— Por que estás a dizer isto, Gianz? – indagou Marie Anne, franzindo o cenho. – Quero dizer, quem te disse isto?

— Com quem andaste a prosear? – indagou Lavoisier. – Certamente, ainda que sejas um garoto muito esperto, acho que ouviste este discurso de algum adulto, não foi, meu amigo?

— Ah, mas não foi ninguém vivo, não. Podem ficar tranquilos – antecipou-se Dornela, e finalizou um pedaço de pão doce.

O casal nos fitou com estranheza.

— Como assim, querida? – indagou Marie Anne.

— É que o Negrinho vê gente que já morreu – explicou minha amiga com tranquilidade.

— Verdade, Gianz? – perguntou Lavoisier, surpreso.

Permaneci em silêncio durante alguns instantes, envergonhado, imaginando que meus amigos poderiam zombar de mim ou, no mínimo, acreditar que eu fosse louco ou portador de algum outro distúrbio mental.

— Pode falar, não vamos recriminá-lo – tranquilizou-me Lavoisier.

Então, acabei contando o que ocorria comigo em determinadas ocasiões, ainda que fossem esporádicas.

— Sim, já vi o meu avô, pai de minha mãe, algumas vezes. Eu não o conheci pessoalmente, mas disse para a minha mãe como ele era, e ela falou que eu tinha acertado todas as coisas sobre ele, sabem? Por isso, acreditou em mim, mas pediu-me que não contasse a ninguém sobre as minhas visões. E eu cumpri a promessa, com exceção de Dornela e agora de vocês.

Lavoisier e Marie Anne se entreolharam. Em seguida, me fitaram com ternura.

– Fizeste muito bem obedecendo à tua mãe, pequeno – disse Marie Anne, afável. – Nem todos conseguem compreender que algumas crianças possuem esses amiguinhos imaginários e acabam achando que elas estão a querer chamar atenção.

– Mas não foi imaginação minha – refutei. – Eu vi mesmo o meu avô! E, realmente... também já vi o fantasma de uma criança brincando sozinha nos arredores da fazenda. Ela me chamou e acabamos brincando juntos. Mas não foi imaginação minha, juro!

– Eu também acho que não foi imaginação, não – opinou Dornela –, porque minha mãe também me contou que já viu gente morta.

Marie Anne esticou o braço sobre a mesa e afagou-me os cabelos, enquanto argumentava:

– Ah, Gianz, querido... Para tudo isso há uma explicação racional e lógica. Tu não conheceste teu pai nem teu avô, e essa situação torna qualquer criança carente de uma figura masculina. Como já sabias que teu avô era falecido e, provavelmente, tua mãe falava dele com frequência, teu cérebro criativo e carente o criou na imaginação, de modo que pensaste tê-lo visto e falado com ele. Tudo não passou de uma ilusão criada a partir do teu desejo inconsciente de conhecê-lo. Simples assim de se explicar.

E eu rebati:

– Mas como eu pude imaginar o meu avô exatamente como ele era, se nunca vi ele?

– Provavelmente, não o imaginaste tão exatamente igual assim – opinou Lavoisier.

— Exato — corroborou Marie Anne. — Além disso, senhores idosos acabam sendo muito parecidos de alguma forma. E, quanto aos amiguinhos com quem imaginaste ter brincado, também fica fácil de explicar. Como não tens irmãos e as demais crianças da fazenda não são tão amáveis contigo como deveriam ser — pois és um amor de menino —, tua imaginação atuou novamente para sanar esse teu vazio íntimo, meu querido. Ou seja, quando brincas com um amiguinho imaginário, tu negas a solidão e crias uma situação onde ela não existe.

Quase convencido ante os argumentos de nossa amiga, que pareciam tão lógicos, respondi:

— É. Acho que eu posso mesmo estar enganado.

Marie Anne acrescentou:

— Mas não te preocupes com isso, pequeno, pois se trata de algo muito normal e comum entre as crianças. Quando acontecer novamente, podes aproveitar teu momento de magia, mas não penses que se trata de mortos que voltaram, porque os mortos não voltam.

E Lavoisier aconselhou-me:

— Contudo, continua sem comentar nada sobre isso por aí afora, pois corres o risco de seres julgado de forma errada.

— O que pode ser perigoso para tua segurança — completou Marie Anne.

Eu assenti com a cabeça.

Embora os fenômenos mediúnicos ocorram desde os primórdios da humanidade, àquela época, pouco se sabia sobre eles de forma mais criteriosa, uma vez que o trabalho de Codificação do espiritismo realizado por Allan Kardec só ocorreria no século seguinte. Entretanto, mesmo nos dias atuais, quando dispomos das obras clássicas da Codificação e de diversas outras fontes espíritas idôneas, os fenômenos mediúnicos, como aquele que relatei aos meus amigos, ainda são pouco conhecidos, negligenciados ou mal interpretados por muitos em todo o mundo.

A mediunidade é o sentido que faculta ao indivíduo entrar em contato com os espíritos e com o mundo espiritual. Ao contrário do que muitos imaginam, todo ser humano é dotado de mediunidade, em maior ou menor grau, pois, ainda que pela faculdade da intuição, todos nos colocamos em contato com o mundo espiritual.

No entanto, de maneira geral, são designados como médiuns aqueles que apresentam a mediunidade de forma ostensiva, ou mais aflorada, passível de ser analisada. Contudo, ela não está relacionada nem às condições morais nem evolutivas do indivíduo, podendo se manifestar tanto em pessoas de conduta ilibada como também naquelas de moral duvidosa. De uma maneira ou de outra, deve ser encarada como uma bênção divina, pois confere ao médium uma oportunidade de trabalho na seara do bem.

Em *O Livro dos Médiuns*, Allan Kardec apresenta de modo detalhado o conceito de mediunidade, como ela se manifesta, suas características fundamentais, os cuidados e as responsabilidades para com ela e as consequências de seu uso, assim como aborda também a mediunidade da criança.

Experiências mediúnicas durante a infância, como aquelas que relatei aos meus amigos, são bastante comuns, pois, antes que se complete o processo reencarnatório, o espírito conserva algumas percepções espirituais sem que seja necessariamente um médium ostensivo. Com o passar dos anos, essa sensibilidade tende a desaparecer e, se a criança for realmente dotada de mediunidade aflorada, ela ressurgirá na adolescência.

Segundo André Luiz, na obra *Missionários da Luz,* psicografada por Francisco (Chico) Xavier, isto ocorre porque a epífise cerebral (glândula pineal) consiste no órgão sede da mediunidade no corpo fisiológico e possui sua função despertada durante a puberdade. Desta forma, como recomenda Allan Kardec em *O Livro dos Médiuns*, a mediunidade infantil deve ocorrer de maneira espontânea. Portanto, não deve ser estimulada, o que seria precipitado e poderia causar estímulos na criança que não poderiam ser assimilados de modo saudável, uma vez que seus órgãos nesta fase ainda se encontram em formação.

Diante de relatos infantis de experiências mediúnicas, muitos adultos, sobretudo pais e educadores, reagem de forma semelhante aos meus amigos Marie Anne e Lavoisier, acreditando que a criança estaria apenas vivenciando momentos de fantasia. Porém, o despreparo e a incompreensão podem levar a interpretações muito mais danosas, quando a criança é considerada louca, perturbada ou mesmo vítima de demônios, o que pode acarretar profundos desequilíbrios psicológicos e emocionais. Além disso, nem sempre os contatos mediúnicos são com um amigo espiritual ou um ente querido, podendo ser também de antigos desafetos, de encarnações anteriores, que objetivam prejudicar a criança como vingança.

Por tudo isso, o assunto deve ser tratado com seriedade e responsabilidade. Neste sentido, o apoio familiar é de vital importância para que a criança consiga lidar naturalmente com sua sensibilidade até que ela possa, futuramente, caso a mediunidade continue a se manifestar, receber o conhecimento doutrinário e esclarecedor necessário ao desenvolvimento dessa faculdade.

Inicialmente, devem-se analisar criteriosamente os relatos, de modo a tentar discernir se eles são reais ou se apenas integram o mundo imaginário de fantasias da criança. Uma vez que tais relatos sejam considerados reais, alguns cuidados devem ser tomados nesse sentido, como não valorizar excessivamente o fenômeno, ao mesmo tempo em que não se deve ignorá-lo por completo, tampouco ridicularizá-lo, o que poderia gerar outros problemas psicossociais e emocionais na criança. Também não se deve demonstrar medo nem descrença nela, o que poderia suscitar sua insegurança e uma falsa e perturbadora sensação de estar mentindo.

Contudo, quando os pais desconhecem o assunto, é recomendável que busquem ajuda nos centros espíritas, onde encontrarão pessoas capacitadas para a devida orientação e acompanhamento de seus filhos.

Voltando ao nosso apetitoso lanche, após finalizá-lo, usufruímos um pouco mais da companhia dos nossos amigos, que nos contaram algumas de suas histórias interessantes. Depois disso, visitamos o sótão do casarão da fazenda, e a desgrenhada nos fez rir, e também espirrar bastante, provando algumas roupas antigas de um baú velho deixado ali pelos antigos proprietários.

CAPÍTULO 6

Lágrimas em Paris

Os meses se passaram e, com eles, meus laços de amizade com Dornela, Lavoisier e Marie Anne se estreitavam ainda mais, embora estivéssemos nos vendo com frequência cada vez menor, devido às atuais circunstâncias em que se encontrava o país.

Embora eu tivesse passado a acreditar que os contatos com o meu avô ocorridos meses antes dali seriam, na verdade, fruto de minha imaginação, assim como me fizeram crer meus amigos cientistas, curiosamente, as previsões dele haviam se concretizado. A guerra civil escrava de São Domingos culminou com a proclamação da emancipação dos escravos da colônia, em agosto de 1793.

A essa época, lamentavelmente, as coisas não iam nada bem para o meu amigo Lavoisier. O grupo de manifestantes intitulado

IZABEL GOMES

jacobinos liderava a revolução sob o comando de Robespierre[1], um advogado e político adepto de violência como forma de defender a revolução. Embora Lavoisier estivesse apoiando a revolução na criação de uma monarquia constitucional, ele não apoiava os métodos violentos da fase do terror. Além disso, sua vinculação às velhas instituições monarquistas ligava o meu amigo a um passado que os revolucionários radicais desejavam apagar. Mesmo reconhecido como um importante cientista, os jacobinos enxergavam sua participação política como sendo contrarrevolucionária, sobretudo por ter atuado na Ferme Générale, em que cobrava impostos da população.

Assim, foi com pesar e indignação que eu e Dornela recebemos a triste notícia de que o nosso estimado amigo havia sido preso em novembro de 1793. Desde então, Marie Anne iniciara uma luta desesperada para tentar salvá-lo. Em Orleans, eu e Dornela torcíamos e orávamos para que ela fosse bem-sucedida. Porém, em tempos de tamanha turbulência, nossa amiga não conseguiu aliados que se arriscassem a interceder pelo marido, de modo que seu julgamento fora marcado para o dia 7 de maio de 1794.

No dia anterior, logo bem cedo, Dornela fora me visitar na fazenda.

— E se ele for condenado? Isso não pode acontecer! – dizia eu, andando de um lado para o outro, nervoso, com um saco de milho à mão.

— Não pode mesmo! – ajuntou Dornela. – Precisamos fazer alguma coisa! Mas, antes disso, dá logo essa comida às galinhas, menino!

Joguei o milho às galinhas, depois alimentamos os porcos juntos.

---

1 Maximilien François de Robespierre liderou um período da Revolução Francesa que se tornou conhecido como Era do Terror, durante o qual centenas de indivíduos foram assassinados na guilhotina, uma terrível máquina de execuções sumárias, erguida na então Praça da Revolução, que acabou sendo vulgarizada de modo assustador e sanguinário.

Após os primeiros afazeres do dia, fizemos uma pequena pausa para conversarmos melhor. Sentamos em um banquinho de pedra sob a sombra de um caramanchão próximo ao casarão, onde o plano foi traçado.

– Então, estamos combinados – disse eu.

– Certo – Dornela assentiu.

– Não esqueças de preparar uma pequena trouxa com comida e água. Vou fazer o mesmo.

– Vai dar tudo certo – exclamou Dornela, animada.

A noite se aproximava serena, mas um imprevisto aconteceu: Rodolfo tinha se recusado a nos ajudar, com o argumento de que não poderia compactuar com a fuga de duas crianças para uma capital em guerra. E ele estava certo. Porém, éramos crianças, e, como tais, pensávamos de forma impulsiva, destemida, lúdica e inconsequente. Assim, eu consegui confiscar de dentro dos pertences dele uma chave reserva do portão.

Então, a um dado momento da noite, quando Rodolfo acomodava os cavalos no estábulo, eu agi rápido e saí da propriedade, fechando o portão logo em seguida, sem que ele tivesse percebido nada. Sentei-me recostado em um tronco de árvore do lado de fora da propriedade e aguardei Dornela aparecer.

Às três da madrugada, após eu ter cochilado e acordado por várias vezes, avistei ao longe a cabeleira esvoaçante e majestosa de minha pequena desgrenhada, que vinha a passos rápidos. Ao aproximar-se de mim, expliquei-lhe a situação.

Àquela altura, Rodolfo guardava o grande portão da fazenda, de modo que não tínhamos como adentrar a propriedade, já que esta era circundada por uma larga rede de fortes arames farpados entrelaçados. Então, corremos para o outro lado da fazenda e atiramos algumas pedras sobre o telhado do curral, com o intuito de chamar a atenção de Rodolfo, o que aconteceu após algumas tentativas.

Assim, enquanto ele inspecionava o local, para tentar descobrir de onde tinham vindo os barulhos sobre o telhado, nós corremos de volta, atravessamos o portão e o fechamos rapidamente. Em seguida, fomos direto para o local onde eram guardadas as carroças, tendo a adrenalina a orquestrar o descompasso de nossos coraçõezinhos infantis, por si sós já acelerados.

As frutas seriam levadas em uma charrete grande e coberta, que estava posicionada próximo à saída do recinto. Com cuidado para não fazermos barulho, subimos na carroceria, nos escondemos por entre os tonéis com frutas e aguardamos. Quase uma hora depois, o cocheiro aproximou-se bocejando, atrelou dois cavalos à charrete, montou em um deles e estalou o chicote, pondo os animais em trote.

A primeira parte de nosso plano havia dado certo.

Chegamos a Paris no final daquela manhã, no dia 7 de maio. Como temíamos, naquele dia nosso amigo fora julgado e condenado à morte na guilhotina, agendada já para o dia seguinte.

Descemos da charrete em meio a uma grande feira, com muito burburinho de pessoas e animais. Perguntamos a um feirante com quem poderíamos falar para pedir que não matassem nosso amigo. O homem sorriu de nossa inocente pretensão. Seguimos para outro, que agiu de forma semelhante.

Então, mudamos a pergunta. Indagamos ao próximo feirante onde os jacobinos costumavam se reunir. O homem nos fitou surpreso e curioso.

– Por que duas crianças como vocês querem saber isso?

– Porque viemos de longe para entregar um presente valioso ao líder deles – mentiu Dornela.

Imediatamente depois, eu senti que, tentando acertar, minha amiga acabou pondo nossas vidas em risco. O homem nos perscrutou da cabeça aos pés, dando especial atenção às nossas costas. Então, como uma cobra sorrateira, avançou sobre Dornela, tentando arrancar-lhe a trouxa de pano que trazia fixada ao dorso. Ela se esquivou, eu tentei puxá-la, mas o homem insistiu, puxando-a de volta pelo braço esquerdo.

Percebendo-me incapaz de livrar minha amiga das mãos daquele homem, olhei para baixo, apanhei uma pedra e atirei-a na direção da cabeça dele, que finalmente largou Dornela, ainda mais descabelada. Enquanto o feirante gemia massageando a própria testa ensanguentada, esbravejando contra nós, saímos dali correndo.

Perambulamos pelas ruas de Paris tentando encontrar alguém que pudesse nos ajudar de alguma forma em nosso intento. Lembramo-nos de Marie Anne, mas logo descobrimos que nossa amiga há muito andava se escondendo dos revolucionários. Não havia ajuda.

A noite caiu sombria, nossa comida estava quase acabando e a única coisa que conseguimos foi encontrar a Praça da Revolução, onde a guilhotina estava montada. Da rua, a fitamos no alto de seu pedestal, ameaçadora e impiedosa, como que a nos desafiar com sua lâmina afiada.

Saímos dali e caminhamos algumas ruas à frente, na tentativa de encontrarmos um lugar para nos acomodar durante aquela noite fria e sem cobertores. No momento em que íamos bater à porta de uma casa para pedir ajuda, ouvimos burburinhos. Um motim de revolucionários havia dobrado a rua e já se encontrava bem próximo de nós. Os manifestantes empunhavam armas cortantes e tochas de fogo, enquanto ecoavam gritos de guerra que reverberavam suas reivindicações.

Em um piscar de olhos, estávamos no meio daquela multidão ensandecida, sendo carreados a contragosto. Nesse momento, um pensamento invadiu-me a mente, inundando-me de medo: a nossa situação já estava difícil naquela cidade sombria, sozinhos, em meio a uma revolução violenta; porém, seria muito pior se nos perdêssemos um do outro. Segurei fortemente a mão de Dornela. Mesmo assim, a um dado momento, o medo se concretizou em realidade. Dornela desequilibrou-se e quase caiu, no mesmo instante em que soltamos as mãos e eu fui impulsionado para a frente pela multidão.

– Negrinho! – gritou ela, com o braço esticado em minha direção, enquanto eu me distanciava.

– Dornela! – também gritei, tentando em vão tomar o passo contrário ao da multidão.

De repente, a figura de Dornela desapareceu de meu campo de visão e a minha do dela. Sentimos muito medo naquele momento, e Dornela começou a chorar, enquanto continuava a chamar pelo meu nome e eu pelo dela, embora não estivéssemos mais ouvindo um ao outro.

Fomos carreados ao longo de vários quarteirões, separados um do outro, assustados e em prantos, temendo jamais voltar a nos ver.

A multidão parou de repente e começou a se agrupar em pequenos bandos. Logo em seguida, cada grupo invadiu uma residência naquela rua, para saqueá-la e violentar de diferentes modos os seus moradores. Nesse momento, conseguimos nos ver mutuamente, de longe. Corremos um ao encontro do outro e então nos abraçamos fortemente. Demos as mãos mais uma vez e saímos correndo dali.

Voltamos à Praça da Revolução, onde passamos aquela noite debaixo de um dos bancos de pedra, abraçados, aquecendo um ao outro sob pedaços de papelão.

No dia seguinte, acordamos com o burburinho das pessoas se aglomerando à praça. Logo descobrimos que os guilhotinamentos ocorridos ali, lamentavelmente, eram vistos como verdadeiros espetáculos populares a uma multidão desprovida de qualquer espécie de lazer. Mesmo sanguinária e horrenda, a ocasião das mortes tornara-se um programa patriota e familiar, onde o povo se reunia quase em festejo, exigindo justiça social. Tomamos conhecimento de que, naquele dia, além de Lavoisier, seriam executados outros trinta e sete arrendatários do estado.

Então, quando vimos alguns homens começarem a preparar o cenário daquele verdadeiro "palco" de horrores, corremos até eles e começamos a gritar juntos:

— Lavoisier é inocente! Lavoisier é inocente!

— Soltem ele! — gritou Dornela.

— Ele não fez nada! — eu gritei. — É um homem bom e inocente! Não merece ser morto nessa coisa!

— Inocente? Hum... — resmungou um dos homens, com um sorrisinho de canto de boca, enquanto o outro gritou:

— Alguém, por favor, tire estes negrinhos daí!

— Não! Não vamos sair daqui até vocês soltarem Lavoisier! — eu gritei, com a inocente esperança de sermos ouvidos e atendidos.

Nesse instante, vimos quando dois homens altos e fortes se aproximavam de nós.

— Nem pensem em nos tirar daqui! — vociferou Dornela.

Mas os homens nos alcançaram e nos envolveram em seus braços fortes.

— Soltem-na! Soltem-me! — eu gritei, debatendo meu corpo franzino. — Estamos aqui para evitar que uma injustiça seja feita!

Sem dizer nenhuma palavra, carregando-nos nos braços, os grandalhões atravessaram a multidão até tomarem certa distância da praça. Então, nos jogaram no chão.

— Agora, sumam daqui, ou botamos vocês na guilhotina também!

Choramos abraçados diante de nossa impotência para tentar salvar o nosso amigo.

Após serenarmos o pranto, voltamos à feira, onde encontramos um dos funcionários de outra fazenda de Orleans, que costumava negociar produtos agrícolas ali. Pedimos carona e retornamos com ele à nossa cidade.

Além dos olhos, o coração e a alma também choraram o desencarne de nosso inesquecível amigo, sobretudo da maneira como tudo se sucedeu.

O mundo havia perdido um nobre cidadão e um genial cientista, tanto que Joseph Louis Lagrange, um ilustre matemático e também ex-integrante da Academia de Ciências, quando soube de sua morte, proferiu a célebre frase, lembrada ainda nos dias atuais: "Só um minuto para cortarem aquela cabeça, e talvez cem anos não nos deem outra igual".

CAPÍTULO 7

Visita surpresa

Alguns meses se passaram e a ausência dele em nossas vidas ainda doía, embora já não chorássemos a sua partida como antes.

– Vamos combinar uma coisa, Negrinho – dizia Dornela. – Toda vez que nos lembrarmos daquele dia e do que aconteceu ao nosso amigo, vamos empurrar da mente esses pensamentos ruins...

Eu completei seu raciocínio:

– E vamos substituí-los pelas lembranças de nossos momentos bons, que foram muitos!

– Isso mesmo!

Os primeiros meses foram os mais difíceis para nós, pois também fomos privados da amizade com Marie Anne, que havia sido presa em 14 de junho daquele ano. Porém, com o guilhotinamento do líder dos jacobinos, Robespierre, ocorrido no mês de julho, ela fora solta em agosto, e o Período do Terror foi finalizado. No entanto, a revolução continuava em sua nova fase.

Um ano depois do desencarne de Lavoisier, Dornela e eu estávamos com treze anos de idade e mais unidos do que nunca, pelo amor e pela dor. As coisas não haviam mudado muito.

Enquanto bebíamos água e descansávamos do pega-pega sob o caramanchão, eu fitei minha amiga com atenção. Ainda ofegante, indaguei:

– Então, quer dizer que estás a cuidar melhor de tua aparência? – Estava me referindo aos seus cabelos, que ela passara a arrumar com certa frequência.

– Ah, Negrinho! Estou gostando de ficar mais bonita. Qual o problema? – ela rebateu.

– Não há problema algum – respondi. – Só não acho que tu ficas mais bonita quando arruma os cabelos.

– Não?! – indagou-me com os olhos arregalados.

– Não, sua boba! Não ficas porque és linda de todo modo, e mais ainda com os cabelos desarrumados, como sempre foram.

Ela sorriu satisfeita. Estava mesmo mais vaidosa. Além dos cabelos penteados, passara a usar alguns enfeites, como colares e brincos.

– Essas coisas não ficam muito bem em crianças – confessei-lhe, agora me referindo aos enfeites. – Ou estás achando que não somos mais crianças?

– Ah, quanta bobagem, seu chato! Claro que somos crianças! Só que agora eu sou uma menina maiorzinha e estou gostando de me arrumar mais. Só isso.

– Tudo bem – assenti. – Só espero que não estejas começando a ter certas ideias, igual a algumas meninas por aí...

– Que ideias? – ela indagou curiosa.

– Ah, essas coisas de... – fiz uma pausa. – Você sabe... Essas coisas de namoro.

Ela soltou uma sonora gargalhada, ainda mais alta do que aquelas de anos atrás.

QUANDO O ANJO MORA AO LADO

– Tu és mesmo engraçado, Negrinho!

– Eu? Por quê?

– Ora, porque sabes que não penso nessas coisas de namoro, como já pensam muitas meninas de nossa idade.

– Ah, que bom! – suspirei aliviado.

– Estás com ciúmes de mim, é? Tens medo de que eu queira namorar algum menino de minha fazenda?

– Ah, então estás mesmo interessada nessas coisas? – questionei novamente.

Ela sorriu mais uma vez.

– Estou apenas brincando, seu bobo! Já disse que ainda não tenho idade para isto.

– Tá. Tudo bem.

Fizemos um breve silêncio. Então, logo voltei a falar:

– Mas quando tiveres idade... – fiz outra pausa.

– Qual será o problema de namorar quando eu estiver na idade?

– Ah, não tem problema algum, mas...

– Mas o que, Negrinho? Desembucha, menino!

Mesmo nervoso, acabei falando o que já vinha pensando há alguns dias:

– Então, eu acho que tu deverias namorar comigo... Quando chegarmos na idade certa para isto, claro!

Mais uma gargalhada dela.

– Sabes que tens razão? – considerou, fitando-me com olhar arteiro, pois sabia que estaria me surpreendendo com sua reação.

– Tenho?

– Tens sim.

– E por que tenho?

– Podes ficar tranquilo, Negrinho, porque, quando eu estiver na idade para namorar... digo, quando nós dois estivermos, vamos namorar um com o outro. Combinado?

– Combinado! – respondi sorrindo, satisfeito e aliviado.

E voltamos a correr.

Mais tarde, quando já havíamos nos recolhido, eu não conseguia conciliar o sono. Ouvia os ruídos da respiração profunda de minha mãe na cama ao lado e virava de um lado para o outro, irrequieto. Levantei, fui até a penteadeira, onde havia uma garrafa com água e um copo. Bebi um pouco da água e voltei à cama. Cobri-me com o lençol e fiquei rememorando os acontecimentos do dia. A imagem do sorriso espontâneo e alegre de Dornela formou-se em minha mente, e eu sorri discretamente. Então, adormeci.

Pouco depois, eu o vi. Estava de pé, na outra extremidade da minha cama, me fitando com uma fisionomia serena e afável.

— Lavoisier! – sussurrei.

— Olá, pequeno amigo! – ele cumprimentou-me com um sorriso acolhedor.

— Que bom sonhar com você!

Ele retrucou:

— Ah, mas este não se trata de um sonho comum, meu amigo, e sim de uma visita especial. Eu estou aqui de fato, porém, não fisicamente, mas em espírito. Você e Dornela estavam certos, pequenino. Apenas o nosso corpo físico morre, pois nossa essência, que é espiritual, continua sua trajetória em planos espirituais.

— Fico tão feliz em saber disso! Mas por que não vieste antes? Sofri tanto tua falta!

— Desculpe-me amigo. Eu realmente não pude vir antes. Quando encarnado, ou seja, quando vivia no corpo de carne aí na terra, eu acreditava que a morte era o fim de tudo. Então, após desencarnar, precisei entender o que se passava comigo, adaptar-me. Assim, muitas coisas aconteceram e eu só pude vir visitar-te agora. Porém, não tenho muito tempo.

Àquela época, eu não tinha conhecimentos suficientes para compreender o que havia acontecido ao meu amigo após sua partida deste mundo, e ele sabia disso, tanto que não se delongou em tentativas de explicações. Hoje eu compreendo que, imediatamente após o desencarne, o espírito encontra-se confuso, aturdido, como se despertasse de um sono profundo, e, portanto, necessita de algum tempo para tomar conhecimento de si mesmo. Contudo, esse tempo pode variar de algumas horas, meses, até anos. A perturbação experimentada também varia de acordo com as características do indivíduo quando vivia na Terra e, sobretudo, com as circunstâncias da morte.

Assim, aqueles que, quando encarnados, conheciam a natureza da imortalidade do espírito e levavam uma vida mais espiritualizada e menos materialista compreendem mais rapidamente sua atual condição no plano espiritual. A perturbação que se segue ao seu desencarne será amena, como se estivesse observando as fases de um tranquilo despertar.

Por outro lado, seja por desconhecimento do mundo espiritual ou por ocasião de uma morte violenta e/ou repentina, o espírito demora mais tempo a entender e a aceitar que desencarnou, negando tal condição. Embora reconheça o seu corpo inerte, não compreende que se ache separado dele. Surpreendido pela morte, atordoa-se com a situação de poder pensar, ver, ouvir, falar, visitar entes queridos e, principalmente, de se enxergar com um corpo semelhante ao precedente, que julga sólido e compacto, mas cuja natureza etérea ainda não teve tempo de compreender. Não raro, observa o próprio sepultamento acreditando ser de outrem, até compreender a real situação em que se encontra.

Contudo, seja com ou sem a ajuda de espíritos socorristas, a lucidez e a memória do passado lhe voltarão a um dado momento, à medida que se dissipa a influência da matéria recém-abandonada, que lhe obscurece os pensamentos. Por fim, o local que irá habitar no mundo espiritual estará intimamente ligado a sua vibração, valores éticos e morais, ações e pensamentos, e, portanto, o espírito será atraído para ele mais cedo ou mais tarde.

Fitei o meu amigo com olhar afetuoso e, tomado de esperanças, indaguei:

— Será que poderemos voltar a conviver juntos algum dia?

Ele sorriu-me serenamente e respondeu:

— Certamente, meu amigo. Os espíritos afins sempre se reencontram, tanto aqui no mundo espiritual como também na terra ou até em outros mundos. Mas agora preciso dizer-te algo antes de partir.

Eu assenti com a cabeça e ele prosseguiu:

— Eu gostaria que tivesses a certeza de que Deus realmente existe, Gianz, como o padre te falou, e ele é de fato bom e justo. Sendo assim, tu precisas saber também que tudo o que Ele faz tem uma razão lógica e justa de ser, ainda que não consigamos compreender de imediato.

— A tua morte não foi justa! – refutei.

— Tu te enganas, meu amigo – ele contra-argumentou. – Aos nossos olhos terrenos, ela não fora justa, mas hoje eu já compreendo tudo o que se passou comigo, e um dia compreenderás também. Não questiones tanto as razões de Deus, Gianz. Apenas creia Nele, na Sua justiça, e tenha fé. No momento certo, entenderás.

— Tudo bem. Eu vou tentar – assenti, cabisbaixo. – Dornela sempre me diz mais ou menos isso.

— Assim como tu, Dornela é uma menina especial. Vocês são espíritos muito experientes e afins.

— Afins? Como assim?

— Possuem muitas afinidades e, por isso, a morte não os separará.

— Morte? Vamos morrer? Quando?

— Acalma-te, pequeno! Todos nós desencarnamos um dia, e tu já sabes que isto não é o fim. Não vim aqui para preocupar-te, mas para matarmos um pouco das saudades e afirmar-te sobre a existência de nosso criador, como acabei de fazer. Não permitas mais que ninguém te convença do contrário, como eu e Marie Anne, inocentemente, tentamos fazer certa vez. Enfim, agora preciso ir, amiguinho.

— Já vais? Fica mais um pouco, por favor.

— Perdoa-me, pequeno grande Gianz, mas não posso. Adeus, meu amigo!

— Adeus, e obrigado por acalentar meu coração — eu disse entre lágrimas, enquanto via Lavoisier, sorrindo docemente, desaparecer como uma nuvem que se dissipa ao vento.

CAPÍTULO 8

Apenas lágrimas

Uma semana se passou. Como Dornela não aparecia e eu não conseguia conter a ansiedade para contar-lhe a novidade, fui até a fazenda onde ela morava, mesmo sabendo que minha amiga não era autorizada a receber visitas.

Então, quando lá cheguei, fiquei espreitando pelas frestas do portão durante quase duas horas, até avistá-la ao longe. Acenei algumas vezes até que ela me viu. Esperou alguns empregados se afastarem, disfarçou e foi até o meu encontro.

— Negrinho, seu maluco! O que estás a fazer aqui? – indagou-me segurando as grades do portão.

— Queria te contar uma novidade. Serei breve.

— Do que se trata?

— De Lavoisier.

— Lavoisier?! – exclamou ela, surpresa. – Não me digas que o viste.

– Não o vi, mas sonhei com ele, quase como se tivesse acordado.

Ela sorriu, animada, e afirmou:

– Então espera aqui um pouco, vou dar um jeito de sair um instante, daí tu me contas tudo. Se ficarmos aqui, será arriscado.

Minha amiga afastou-se, demorou-se uns quinze minutos, depois retornou acompanhada de Croneli, o jardineiro, que lhe tinha muita afeição e abriu o portão para ela.

– Não te demores, menina – aconselhou ele, após facilitar o nosso encontro.

Sentamos sobre uma pedra grande, um pouco afastados da entrada da fazenda, e eu relatei-lhe toda a conversa que tivera com o espírito de Lavoisier.

– Hum, eu sempre achei que tuas visões e sonhos não eram coisas da imaginação – ela considerou.

– É. Sempre acreditaste em mim.

Ela sorriu afável. E de repente pareceu-me que seu sorriso estava mesmo, a cada dia, mais lindo! Então, fitei-a em silêncio por alguns instantes, observando como seus traços físicos estavam mudando. Realmente estava mais bonita, embora sua beleza maior estivesse escondida em um lugar que apenas quem a conhecia bem poderia enxergar: no coração.

– O que estás a olhar? – indagou, um tanto desconfiada, enquanto passava a mão por entre os cabelos desalinhados de sempre. – Ah, hoje não arrumei o cabelo mesmo, não.

– Sua boba! Já disse que és linda de todo jeito. E, mesmo que não fosses, iria gostar de ti de igual modo.

– Agradeço – disse ela sorrindo. – Tu és também um negrinho muito bonito, já te falei isso antes.

Eu fitei uma árvore frondosa um pouco à frente, depois voltei-me na direção dela novamente e indaguei:

– Já que estamos aqui fora, será que terias tempo para uma partida de corrida?

Ela me fitou com olhar astuto e respondeu:
— Duvido que consigas me alcançar — e saímos correndo.

Três meses se passaram e, nesse ínterim, eu e Dornela nos vimos apenas por duas vezes. Então, chegou o dia de meu aniversário, minha mãe me fez um bolo e minha amiga prometeu que daria um jeito de ir visitar-me.

Ao final da tarde, ela apareceu. Encontramo-nos em nosso quarto, eu, minha mãe e ela, para comermos o bolo juntos, sem chamarmos a atenção de ninguém.

— Que bom que vieste! — exclamei feliz, e nos abraçamos.

Nesse momento, senti que algo estava errado com ela.

— Estás a queimar de febre! — exclamei assustado.

Ela sorriu um tanto esmorecida.

— Sim, estou, mas não poderia deixar de vir te ver.

Minha mãe tocou-lhe a testa.

— Nossa! Estás mesmo a ferver! Venha, Dornela, deita-te aqui um pouco — convidou minha mãe, apontando a própria cama.

— Não é necessário, dona Adele. Obrigada! Eu sou forte.

— Sim, eu sei — insistiu minha mãe. — Mas com doença não se brinca. Se não queres deitar um pouco, então, não te podes demorar por aqui. Precisas ir para casa descansar.

— Prometo que irei daqui a pouco. Depois do bolo.

— Tudo bem — concordamos, eu e minha mãe.

Então, cantamos parabéns e comemos juntos. Porém, Dornela não chegou a terminar de comer.

— Estou mesmo sentindo-me muito mal — queixou-se. — Antes de vir para cá, estava com muito frio, mas agora tenho calor e dói-me a cabeça. Não estou aguentando...

QUANDO O ANJO MORA AO LADO

Ela desmaiou e teria caído no chão se minha mãe não a tivesse amparado nos braços. Eu comecei a chorar e, sob lágrimas, ajudei minha mãe a deitá-la na cama.

— Dornela! Dornela! – dizia minha mãe, batendo levemente na face de minha amiga com a mão. – Ai, meu Jesus, o que será que ela tem?

— Está morta, minha mãe? – indaguei em prantos.

— Acalma-te, meu filho! Está respirando. Apenas desmaiou. Vou até a cozinha fazer um chá de ervas. Fique aqui com ela e veja se consegue acordá-la.

Minha mãe saiu e eu sentei ao lado de minha desgrenhada na cama.

— Dornela! Minha Dedela, por favor, acorda! – implorei, estapeando-lhe levemente as bochechas, como fizera minha mãe. Mas ela não acordava.

Fui até a penteadeira e botei um pouco de água em um copo, depois peguei um pedaço de pano na gaveta. Voltei a sentar ao lado dela, mergulhei o pano dentro do copo e comecei a molhar-lhe a fronte.

Ela estremeceu ao contato com o pano molhado.

— Por que não queres acordar, sua teimosa? Vamos, acorda! – Minhas lágrimas caíram-lhe sobre o bracinho franzino, mas ela não o mexeu.

Eu continuava chorando, enquanto tentava de tudo para acordá-la.

— Tua febre vai passar, mas, se não acordares, não te ajudo mais com o pano, nem minha mãe com o chá! Vamos, acorda!

— Seu chantagista... – ela sussurrou, esboçando um leve sorriso, porém, ainda com os olhos fechados.

Eu sorri de alegria, enquanto enxugava as lágrimas do próprio rosto com as mãos.

— Muito bem, sua desgrenhada, acordou! – eu disse sorrindo, segurando o pano sobre a testa dela.

Então, ela virou a cabeça na minha direção e abriu os olhos lentamente.

– Negrinho... – sua voz estava muito fraca.

– Pode falar, minha amiga.

Sua mão procurou a minha mão livre e a segurou com pouca força.

– Não fiques triste, Negrinho, mas sinto que vou partir... – ela sussurrou.

– Não! Tu não vais para lugar nenhum! Estás doida? Não repitas isto! Vê, a febre já está passando.

– Sinto que minhas forças estão a abandonar-me.

– É a febre, acalma-te. Tu vais viver, eu sei.

– Ah... meu Negrinho, tu precisas ser forte quando eu me for... – Ela fez uma pausa, respirou fundo, e as lágrimas também começaram-lhe a rolar pelas faces.

– Não vais morrer! – eu quase gritei.

Ela argumentou:

– Lembra-te do que o nosso amigo Lavoisier te disse: tenha fé, porque Deus faz tudo certo. Deve haver algum motivo para ele me levar agora.

– Não! Eu repito: não vais me deixar! Não podes me deixar!

– Sê forte, meu Negrinho... – Ela estremeceu novamente.

– Eu não sou tão forte assim, não se tu não estiveres aqui comigo!

– És forte, sim. Outra coisa... – Ela fez outra pausa, inspirou profundamente e continuou: – Sei que não irei cumprir a promessa de te namorar quando chegarmos à idade, mas não tenho culpa...

– Sim, tua promessa! Não me esqueci dela. Estás vendo? Não se pode morrer antes de cumprir uma promessa feita a alguém.

Ela refutou:

– Mas sabemos que a vida continua...

Então, comecei a orar em voz alta, ao mesmo tempo em que tentava mantê-la ao meu lado.

QUANDO O ANJO MORA AO LADO

– Deus, oh, Deus! Por favor, meu bom Deus, não leve minha Dornela de mim. Eu não saberia viver sem a minha desgrenhada, que fala e sorri alto, e que me alegra a vida apenas por existir. Nós ainda precisamos brincar muito enquanto somos crianças e namorar quando formos adultos! Estás ouvindo, sua descabelada? Não podes me deixar!

Ela sorriu quase sem forças.

– Eles nem estão mais tão assanhados assim...

– Isso não importa! – gritei. – Já disse mil vezes que és e serás sempre a minha desgrenhada, que me alegra a existência, que me faz sorrir e crescer como pessoa. Mas juntos seremos adultos melhores, eu sei! Não podes partir e me deixar aqui sozinho.

– Não estarás sozinho. Adeus, meu Negrinho...

Sua cabeça pendeu para o lado, e ela parecia dormir. Nesse momento, minha mãe apareceu segurando um copo com o chá e encontrou-me urrando de tanto chorar.

– Meu filho, acalma-te, por favor! Tenha fé em Deus!

– Ela se foi, mamãe! Minha Dornela desgrenhada se foi! Não teve tempo nem de arrumar os cabelos como estava gostando de fazer. – Eu comecei a alinhar-lhe a vasta cabeleira sob um choro compulsivo.

Minha mãe correu até ela e tocou-lhe a face e o pescoço. Depois aproximou a mão de suas narinas, então falou:

– Não, meu filho querido! Acalma teu pranto. Ela está apenas dormindo!

E minha mãe estava certa. Dornela estava apenas esgotada pelo episódio de febre alta. Eu sorri de felicidade durante várias vezes naquele dia, com a certeza de que ela permaneceria ao meu lado.

No final da tarde, após algumas horas de sono revigorante, ela acordou sentindo-se bem melhor e voltou para a fazenda. No dia seguinte, teve um novo acesso de febre, e também no outro, quando foi diagnosticada com malária, uma enfermidade cruel que levava a óbito milhares de pessoas no mundo àquela época, e ainda hoje mata a muitos. Mas Dornela viveu. E seguimos juntos os nossos dias, na companhia edificante de nossos pais, entre momentos alegres e tristes, fáceis e difíceis, porém, ainda mais gratos a Deus pelo dom da vida.

O tempo passou, crescemos, casamo-nos e tivemos filhos lindos. Nos primeiros anos de casados, dois deles: um negrinho de olhos verdes, como os meus, e uma negrinha de cabelos desgrenhados e esvoaçantes, como os dela. Depois vieram mais dois...

CAPÍTULO 9

Mudança de planos

Fevereiro de 2001, Niterói, Brasil

Marta adentrou a própria casa ofegante, ansiosa para abrir o envelope que trazia à mão. Estava certa de que daquela vez eles teriam êxito. Jogou a bolsa sobre a poltrona da sala e deixou-se cair sentada sobre o sofá.

– Vai dar certo! Vai dar certo! – dizia em voz alta, enquanto rasgava a lateral do envelope.

Estava preparada para ver o resultado e telefonar ao esposo contando-lhe a novidade. Finalmente, abriu o invólucro e puxou um papel de dentro dele. Não conseguiu acreditar no que seus olhos lhe mostraram: "Negativo".

– Não pode ser! Como vou dar essa triste notícia novamente ao Rogério? – questionou-se, desolada.

A secretária do seu lar, Sandra, aproximou-se e, vendo-a atordoada, indagou:

– A senhora aceita um pouco de água, dona Marta?

– Não, obrigada. Vou para o meu quarto.

Marta levantou-se, apanhou a bolsa e subiu as escadas até o quarto do casal. Era necessário reunir forças e encarar a dura realidade.

Marta e Rogério estavam casados há oito anos e há cinco tentavam ter um filho. Logo no início, os exames mais comuns e superficiais acusaram que o casal gozava de saúde e estava apto a ter o tão sonhado filho. Porém, após um ano e meio de tentativas sem êxito, resolveram realizar exames mais sofisticados e detalhados, quando detectaram o problema. Rogério tinha uma deficiência genética que culminava com a lentidão de seus gametas, o que dificultava a concepção através do método convencional.

Como possuíam condições financeiras para arcarem com os gastos de um método alternativo, partiram para a fertilização *in vitro*. Porém, a primeira, a segunda e agora a terceira tentativas haviam falhado.

Em seus aposentos, Marta tomou um banho rápido e mergulhou na cama, sob lençóis quentes, como que a tentar esconder-se do mundo, quando Sandra bateu à porta.

– Dona Marta, posso servir o almoço?

Ao que a jovem senhora respondeu:

– Para quem? Eu não tenho fome e Rogério não virá almoçar em casa hoje.

– Deseja que eu a sirva em seu quarto? – insistiu a fiel secretária.

– Não será necessário, Sandra. Já disse que não tenho fome. Fique tranquila, pedirei sua ajuda caso o apetite me chegue.

Temendo ser inconveniente, Sandra resolveu atender ao desejo de Marta e não mais insistiu com o almoço. Além disso, ela suspeitava qual seria o motivo de tamanha tristeza e reclusão da estimada patroa.

– Tudo bem, senhora. Estarei às ordens – comunicou. E voltou à cozinha.

Sandra era uma jovem de trinta anos, bem afeiçoada, honesta e dedicada ao casal para quem trabalhava há quase oito anos. Ela presenciara toda a trajetória da luta travada pelos patrões na tentativa de terem um filho. "Não sei por que não adotam logo uma criança", pensou muitas vezes, chegando até a aconselhar a patroa. Mas esta sempre rebatia a ideia com o seguinte argumento: "Quero um filho de meu ventre", ao que Sandra e muitos outros contra-argumentavam: "Filho é filho, não importa de quem nasça".

Sandra era casada com um homem um pouco mais velho que ela, também honesto e trabalhador, com quem tinha um filho de quatro anos. Quando a jovem estava no trabalho, deixava a criança aos cuidados da própria mãe, uma senhora simpática que residia com ela em uma casa simples, porém repleta de paz, amor e harmonia.

Mesmo morando em outro bairro, uma localidade consideravelmente mais humilde, a casa de Sandra ficava apenas a algumas ruas da residência dos patrões, o que lhe possibilitava ver e assistir o filho durante o horário de almoço, sempre que possível e necessário. Além disso, Marta era generosa e gostava de crianças, permitindo muitas vezes que a secretária levasse o filho para o trabalho. Sandra percebia que a patroa, com frequência, fitava seu menino Érico contemplativa, sonhando e ansiando pelo próprio filho.

O telefone de Marta tocou algumas vezes, e ela não atendeu. Era o esposo em busca de notícias sobre o resultado do exame. Preferiu enviar-lhe uma mensagem de texto, dizendo: "O resultado só sairá ao final do dia. Beijos". Desejava comunicar a triste notícia ao marido apenas pessoalmente.

Assim, entre o pranto e muitas especulações em mente sobre o que iriam fazer dali para frente, ela adormeceu. Sonhou que visitava um orfanato, feliz e sorridente. Ainda que fosse contra essa ideia, a vida parecia impulsioná-la para esse caminho.

À noite, quando o esposo chegou, encontrou-a triste e chorosa, e logo imaginou qual teria sido o resultado do exame. Após banhar-se, Rogério jantou ao lado dela na mesinha que havia no quarto do casal.

Enquanto comiam, conversavam sobre o assunto:

— Eu queria lhe dar a notícia pessoalmente — esclareceu Marta.
— Lamento, querido! Perdoe-me se prolonguei as suas esperanças, quando poderia tê-las cortado pela raiz assim que eu soube do resultado.

— Não precisa se desculpar, minha querida, eu entendo você. Isso tudo é culpa minha. Sou eu que tenho problemas.

— Não! Por favor, não se culpe. Esse é um problema nosso. Além do mais, embora eu não seja religiosa, às vezes até quero acreditar no que Sandra sempre me fala...

— E o que ela sempre lhe fala? — indagou Rogério, interrompendo a esposa.

— Que Deus sempre tem um propósito para todos nós e que tudo que nos acontece tem uma razão de ser.

— Bobagem! — refutou ele, após deglutir uma porção da refeição. — Se Deus realmente existisse e fosse mesmo um pai generoso e justo, como todos que creem Nele costumam afirmar, Ele teria a sensibilidade de enxergar como desejamos tanto ter um filho. Enquanto isso, muitos pais negligentes e sem amor para dar os têm aos montes; muitos destes são abandonados à própria sorte pelo mundo. Certamente, se esse tal Deus existisse, já nos teria agraciado com um filho.

Marta ficou absorta por alguns instantes, refletindo sobre as palavras do marido, confrontando-as com os conselhos de

Sandra. Sentia-se em um conflito, em que o discurso do esposo lhe parecia racional, porém, o da secretária lhe confortava o íntimo.

Na verdade, Marta não tinha elementos suficientes para compreender a profundidade dos princípios que norteavam as crenças de Sandra, que era espírita. A patroa sempre acabava interrompendo as falas da secretária quando esta tentava lhe explicar um pouco mais sobre Deus e as leis que regem a vida e o mundo espiritual.

— O que pretende fazer agora? — indagou Rogério.

— Não sei — a esposa respondeu. — Não sei se tenho condições psicológicas para realizar outra tentativa e esta vir a ser novamente frustrada.

— Não apenas isto — ajuntou Rogério. — Embora tenhamos recursos, confesso que esses procedimentos médicos estão começando a pesar em nosso orçamento, pois já foram três! Se ao menos pagássemos mais uma vez e os médicos nos garantissem que daria certo...

Ela ficou em silêncio novamente, absorta.

— Diga alguma coisa, por favor. Se você quiser, mesmo com os gastos, podemos tentar mais uma vez — implorou Rogério.

Então, Marta voltou a falar:

— Acho que não quero mais tentar. Não suportarei mais outra decepção como esta. A cada nova tentativa, penso que vai dar certo, me encho de esperanças e de expectativas, e, quando não dá, mergulho em um mar de decepção e depressão. Tenho medo de adoecer de uma vez por todas e não voltar mais ao normal.

— Compreendo, minha querida. Também tem sido muito difícil para mim. Mas então... pretende desistir de termos um filho?

Ela fez silêncio novamente.

— Ouviu o que eu perguntei? — ele insistiu. — Quer que desistamos de ter filhos? — indagou, desejando ouvir o contrário.

Ela não respondeu.

– Que droga, Marta! – Ele bateu com força sobre a mesa. – Por favor, diga o que está pensando em fazer!

– Acalme-se, por favor!

– Desculpe, mas detesto quando você faz isso. Detesto quando fica em silêncio, como que esperando que eu adivinhe seus pensamentos.

– Desculpe, Rogério. Eu estava justamente imersa neles, em meus pensamentos.

– Então, conte-me no que está pensando.

– Hoje à tarde eu sonhei que fazia uma visita a um orfanato. Pronto. Era nisso que eu estava pensando.

– Orfanato? Mas você sempre disse que...

Ela o interrompeu:

– Eu sei o que sempre disse, *okay*? Mas agora é diferente. Depois de tudo pelo que passamos, estou realmente inclinada a partir para uma...

– Adoção? – ele completou.

– Exato. O que você acha?

Rogério bebeu um pouco de água, como que a ganhar tempo para pensar na melhor resposta que daria à esposa. Então, opinou:

– Eu estou de acordo.

– Tem certeza disso?

Ele abriu o próprio coração para ela.

– Nunca tive problemas com essa ideia, Marta. Contudo, ainda não tinha cogitado essa possibilidade porque você sempre relutava quando alguém nos sugeria a adoção. Sempre deixou claro que desejava um filho do próprio ventre. Um filho de nosso sangue...

– Eu sei.

Ela baixou a cabeça, enquanto estalava os próprios dedos, absorta, concentrada no som emitido pelas suas articulações.

– Mas e quanto a você, querida? Está mesmo certa disto? Pretende realmente adotar uma criança? – Ele precisava saber,

QUANDO O ANJO MORA AO LADO

pois temia que a esposa o enchesse de esperanças e acabasse voltando atrás, como já fizera em muitas outras circunstâncias.

Ela o fitou nos olhos e, com convicção, afirmou:

– Estou, Rogério. Pensei muito sobre isso durante o dia, até você chegar. Tomei minha decisão e não pretendo voltar atrás.

Ele soltou os talheres, tomou as mãos da esposa com delicadeza e carinho, fitou-a nos olhos e disse:

– Então, assim o será, meu amor. Mesmo que nossos filhos sejam adotados, nós os amaremos de todo modo. E, para falar a verdade, eu sempre achei que o amor de pai e mãe não deve fazer distinção entre um filho adotivo e um biológico. Seremos uma família feliz, e é isso o que importa – e beijou-a delicadamente nos lábios, demonstrando o seu apoio, ao mesmo tempo em que a agradecia pela sábia decisão.

Rogério estava certo, pois não deve mesmo haver distinção entre o amor e a dedicação dispensados a um filho adotivo e a um biológico. O espiritismo nos ensina que os laços de consanguinidade são puramente terrenos, enquanto os verdadeiros laços de família são espirituais, formados por afinidade, simpatia e comunhão de ideias entre os envolvidos.

Como nada acontece por acaso, o planejamento para a formação de um lar ocorre no plano espiritual, obedecendo à Lei da Reencarnação. Dentro dessa concepção, a possibilidade de agrupar na vida terrena espíritos no papel de pai, mãe e filho, seja este biológico ou adotivo, consiste em uma oportunidade de reunir afetos e/ou desafetos para experiências de aprendizado e/ou reparação de equívocos ocorridos em encarnações prévias.

Contudo, as obrigações e responsabilidades dos pais permanecem as mesmas, tanto para a venturosa condição de consanguinidade como para a abençoada experiência da adoção. De um modo ou de outro, Deus confere aos espíritos encarnados na condição de pais a tarefa de orientar e conduzir os filhos no caminho do bem, auxiliando-os em seu processo de aprendizado e evolução espiritual, dentro dos princípios do amor.

CAPÍTULO 10

O retorno

Dois dias depois, Marta e Rogério foram visitar um abrigo de crianças e adolescentes que funcionava na Zona Norte da cidade.

Foi com educação e simpatia que a diretora da instituição, dona Geralda, os recebeu. Após os cumprimentos, solicitou:

– Agora sentem-se, por favor – e indicou duas cadeiras à frente de sua mesa.

Após todos se acomodarem, ela continuou:

– Então, os senhores desejam adotar uma criança...

– Sim – antecipou-se Marta.

– Qual o procedimento padrão? – indagou Rogério, ansioso. – Em quanto tempo poderemos levá-la para casa?

– Calma, senhor Rogério, vamos por partes – orientou dona Geralda com afabilidade. – Primeiro, eu gostaria de falar-lhes sobre os procedimentos da instituição. Em seguida, poderão fazer as perguntas que desejarem. Tudo bem?

QUANDO O ANJO MORA AO LADO

– Tudo bem – assentiu o casal.

Dona Geralda prosseguiu:

– Cada instituição adota seus próprios procedimentos, porém, existem alguns deles que são comuns a todas elas. O primeiro passo para quem, assim como vocês, deseja adotar uma de nossas crianças é participar de uma reunião que fazemos aqui, na própria casa, mensalmente, na qual lhes passaremos todas as informações sobre os trâmites do processo de adoção. Depois disso, solicitamos a documentação necessária do casal para a realização de um cadastro e a abertura do pedido de habilitação.

– Entendo – comentou Rogério.

A diretora continuou:

– Uma vez habilitados, os interessados passarão por um acompanhamento social e psicológico realizado por nossa equipe, para detectarmos se possuem condições de fornecer um suporte básico à criança adotada.

Rogério antecipou-se:

– Suporte financeiro? Nós temos, sim, e isso vocês poderão comprovar rapidamente.

– Fico feliz em saber, senhor Rogério. Porém, não basta aos adotantes possuírem boas condições financeiras. Essas crianças possuem histórias das mais variadas possíveis, sendo a maioria delas marcada por muita tristeza e violência no próprio seio familiar. Ainda há o sofrimento pelo fato de estarem aqui, pois se sentem rejeitadas, abandonadas, acreditando que deve haver algo de errado com elas para terem sigo "jogadas" em um abrigo. Além disso, há também os conflitos entre elas próprias, que, por mais que nos cerquemos de cuidados, muitas vezes, nos fogem aos olhos. Por tudo isso, a lei não permite que sejam adotadas assim que são deixadas aqui. Primeiro, tentamos reintegrá-las à família, aos pais biológicos ou mesmo a algum parente. Quando isso não é possível, elas ficam disponíveis para a adoção. Neste momento, todas as nossas crianças já estão disponíveis, pois não há possibilidade de reintegração para nenhuma delas, por motivos diferentes no caso de cada uma.

O casal assentiu com a cabeça, e dona Geralda prosseguiu argumentando:

— Percebam que não se trata de questões burocráticas, não aqui em nossa instituição. Apenas precisamos garantir que, além do suporte básico, como moradia, educação e saúde, essas crianças também recebam carinho, amor, atenção e dedicação, sendo imersas em uma boa estrutura familiar.

— Correto! Compreendo e concordo perfeitamente – considerou Rogério.

— Tudo isso é realmente muito importante – ajuntou Marta.

Geralda concluiu:

— Sim. Acreditamos que o rigor dessa investigação durante o processo de adoção aumente as chances de a criança adotada se adaptar bem ao novo seio familiar. E, mesmo assim, muitas ainda não o conseguem e são devolvidas ou pedem para retornar ao abrigo por vontade própria.

— Compreendo – disse o casal em uníssono.

Dona Geralda entregou um papel nas mãos de Marta, enquanto esclarecia:

— Aqui estão os dados da reunião: data, horário, local e pauta. Alguma pergunta?

Enquanto Marta conferia as informações do folheto, Rogério pronunciou-se:

— Sim, eu tenho uma.

— Fique à vontade, mas aviso que durante a reunião poderão esclarecer todas as demais dúvidas que, porventura, surjam até lá.

— Tudo bem – aquiesceu Rogério. – Por enquanto, só gostaria de saber se, durante o processo de adoção, poderemos informar a idade da criança que pretendemos adotar. Eu conheço um casal de amigos que escolheu a faixa etária.

– Sim, poderão, senhor Rogério – afirmou dona Geralda. – Durante a realização do cadastro dos adotantes, os senhores poderão definir uma faixa etária desejada. Porém, eu também posso lhes adiantar que nem sempre as coisas acontecem como o almejado.

– Como assim? – indagou Marta.

E a diretora esclareceu:

– Vejam bem, no nosso país, muitos sabem que a maioria dos aspirantes a pais preferem adotar bebês ou crianças pequenas, com até três anos de idade. No entanto, a maioria das meninas e meninos espalhados pelos muitos abrigos brasileiros está com idade superior a três anos, exatamente por serem os menos desejados pelos adotantes. No final dessa fila, infelizmente, estão as crianças ainda maiores, já adolescentes. Em alguns países, como nos Estados Unidos, por exemplo, a faixa etária da preferência é um pouco mais elástica que a nossa...

Marta a interrompeu:

– Tem razão. Realmente desejamos adotar um bebê de, no máximo, um ano.

– Enfim – retomou dona Geralda –, o que quero dizer é que, embora o desejo inicial seja por determinada faixa etária, muitas vezes, a adoção ocorre em circunstâncias inusitadas, até porque não basta os adotantes escolherem a criança; esta também precisa aceitá-los.

Marta e Rogério se entreolharam, como que confessando um para o outro um pensamento em comum: "Mas nós vamos conseguir adotar um bebê".

Ao imaginar qual seria a intenção do olhar trocado entre o casal, dona Geralda esclareceu:

– Bem, muitos pais quando aqui chegam ainda não sabem que é completamente possível estabelecer uma relação de amor, carinho, atenção e respeito com crianças de qualquer faixa etária. Basta para isto que, por parte do adotante, haja amor no coração, boa vontade e empenho. O fato de esses meninos maiores terem tido uma história pregressa não impede a construção dessa relação. Isso nós sabemos porque temos aqui vários casos como exemplo.

– Compreendo – disse Marta, meio sem jeito.

Rogério fitou dona Geralda, desejando dizer-lhe algo, mas recuou. Porém, percebendo o seu intento, a diretora indagou:

– Deseja saber algo mais, senhor Rogério?

Ele coçou o queixo.

– Já que a senhora tocou no assunto das crianças maiores, eu confesso que nosso receio com elas se dá pelo fato de que, exatamente por serem mais velhas, provavelmente poderão nos dar problemas, tipo, serem mais rebeldes, irem mal na escola...

Dona Geralda o fitou com seriedade e argumentou:

– Senhor Rogério, isso consiste em um preconceito muito arraigado na sociedade, e que precisa ser desfeito. As pessoas precisam entender que bebês, crianças ou adolescentes dão trabalho, precisam de atenção e cuidado, e ponto-final! Isto é fato, e independe de eles serem filhos biológicos ou adotivos. É óbvio que adotados, geralmente de idade maiorzinha, com histórias prévias recheadas de tragédias e traumas, vão necessitar de uma atenção especial. Porém, casos que requerem atenção especial igualmente ocorrem com filhos biológicos de qualquer idade, concordam?

O casal assentiu com a cabeça novamente, e dona Geralda prosseguiu:

– Sendo assim, acredito que quem está disposto a ser pai e mãe, antes de tudo, deve estar ciente de que o trabalho e a responsabilidade são inerentes à condição de pais, sejam os filhos adotivos ou biológicos, pequenos ou grandes, e que o sucesso dessa trajetória será mais facilmente atingido pelo caminho do amor e da dedicação.

— A senhora tem toda razão! – concordou Marta.

Dona Geralda lançou-lhes um sorriso amável e indagou mais uma vez:

— Desejam mais alguma coisa?

— Gostaríamos apenas de conhecer o local, ver as crianças. É possível? – perguntou Marta.

— Claro! Não há compromisso nenhum nisso. As crianças gostam de receber visitas, isso gera esperanças nelas. Além do mais — ela conferiu a hora no relógio de pulso –, já estamos em horário de almoço; vocês poderão encontrar a maioria delas reunida no refeitório.

— Está ótimo! – exclamou Marta.

A diretora se levantou.

— Então, por favor, me acompanhem.

E o casal a seguiu.

Pouco depois, eles adentraram o refeitório, onde vinte crianças, entre as pequenas e os pré-adolescentes, estavam reunidas em torno de algumas mesas de madeira retangulares e compridas. Havia quatro funcionárias servindo todas elas e coordenando a situação. A um canto do refeitório, uma moça jovem e simpática alimentava um bebê de meses em uma cadeirinha própria para isto.

Marta e Rogério perscrutaram o ambiente minuciosamente, observando o estado geral do recinto, das crianças, de suas vestes, a comida disposta nos pratos e a atuação das funcionárias. Tudo parecia muito razoável. Por fim, ao fitarem o bebê, seus lábios se entreabriram em um sorriso espontâneo, repleto de esperanças. Eles foram até ele, entre os olhares curiosos das demais crianças.

— Veja que lindo, Rogério! Quantos meses ele tem? – indagou à jovem que o alimentava.

– Está com sete meses completos – respondeu a jovem, enquanto o bebê fazia caretinhas, gracinhas com a boca e sorria para o casal, que o observava com ternura.

– É mesmo uma fofura! – concordou Rogério.

– Ah, ele é perfeito! – continuou Marta. – Nenê, olha aqui para a titia, olha – e batia palmas para chamar a atenção do bebê.

– É realmente uma criança adorável – opinou dona Geralda. – Mas, agora, não gostariam de conversar com alguns dos maiorezinhos?

O casal voltou-se para a diretora, e Marta antecipou-se em responder-lhe:

– Ah, acho que não será necessário. Se tudo der certo com os trâmites da adoção, vamos querer este bebezinho.

– Compreendo. Mas não gostariam de conversar um pouco com os outros, apenas para lhes proporcionar um momento de interação e descontração? – insistiu a diretora, com a sabedoria de alguém experiente no ramo.

Rogério conferiu a hora no relógio de pulso e respondeu:

– Sim, claro. Podemos ficar mais um pouco.

Então, dona Geralda pediu gentilmente que o casal aguardasse até que todas as crianças tivessem finalizado o almoço. Em seguida, convocou-as para uma pequena reunião em uma sala ao lado, onde, com a ajuda das funcionárias, sentaram-se em círculo sobre um grande tapete redondo.

De pé, ao lado do círculo, a diretora os cumprimentou:

– Boa tarde, meus queridos! – "Hum, tem gente faltando aqui...", observou em pensamento.

A maioria respondeu ao cumprimento com um largo sorriso, alguns com o semblante de tristeza e outros enraivecidos.

Ao lado do casal, ela continuou:

– Estes são o senhor Rogério e a dona Marta. Eles estão nos fazendo uma visitinha rápida. Não seria educado de nossa parte cumprimentá-los?

E assim as crianças o fizeram, cada uma a seu modo: umas dando "boa tarde", outras acenando com as mãozinhas e outras apenas fitando-os com atenção.

Satisfeita, dona Geralda tornou a falar:

– Bem, eles não têm muito tempo, pois estão um pouco apressados. Mesmo assim, eu trouxe todos vocês aqui para que tenham uma conversa agradável com os dois. Falem um pouco sobre vocês e façam-lhes perguntas também, se quiserem. Mas não se esqueçam de que nossas visitas não têm muito tempo. Então, por favor, meus queridos, sejam breves.

A diretora voltou-se para o casal.

– Senhor Rogério e dona Marta, poderiam sentar-se no centro do tapete, por gentileza?

O casal se entreolhou, um tanto apreensivo.

– Não precisam temer nada, será super-rápido e tranquilo.

Marta e Rogério sentaram-se, como lhes pedira a diretora, que continuou:

– Bem, crianças, agora cada uma de vocês se apresenta, diz a idade e fala um pouco sobre si mesma. Tudo bem rápido, certo?

As funcionárias permaneciam a postos em torno do círculo, para darem o suporte necessário à dinâmica.

– Quem começa, tia Geralda? – indagou um menino muito alegre e simpático.

– Pode ser você mesmo, Paulo.

O menino franzino, de olhos verdes e expressivos, começou:

– Bem, meu nome é Paulo e eu tenho seis anos.

– Muito prazer, Paulo! – disseram juntos Marta e Rogério.

O garotinho prosseguiu:

– Eu gosto muito de chocolate, mas não podemos comer muito chocolate aqui. – Os adultos sorriram. – Bem, eu vim morar aqui porque meu pai morreu e minha mãe bebia muito aquelas bebidas amargas de álcool, e me batia muito também.

Mas eu sei que ela me ama mesmo assim. Então, eu "tou" morando aqui com as tias e os amigos apenas até minha mãe parar de beber e poder cuidar de mim. Se ela não puder "vim" me pegar de volta, então, vou esperar alguém "mim" adotar. Eu gosto daqui, mas às vezes tenho raiva quando brigam comigo e também sinto muita saudade de minha mãe. Pronto, tia. Acabei.

Marta e Rogério se emocionaram, tinham os olhos marejados.

– Muito bem, Paulo! Obrigada! – parabenizou dona Geralda. – Agora, sigam a sequência do círculo, por favor. Sua vez, Lúcia querida, por gentileza.

Mesmo um pouco tímida, Lúcia deu continuidade à "conversa".

– Meu nome é Lúcia, tenho quatro aninhos. – Ela representou a idade com os dedos das mãos. – Minha mãe foi embora com um namorado e meu pai não cuidava bem de "eu" e de meu irmão, Chiquinho, aquele ali – ela apontou para um garotinho no outro lado do círculo. – Ele tem cinco anos e, quando papai quis mexer com "eu", Chiquinho protegeu "eu". Vovó não pode andar, então mandou "nois" pra cá. Eu amo meu irmãozinho e gosto muito de boneca de pano. – Uma lágrima escorreu pela face de Marta. – Ainda bem que não gosto de chocolate. – Os adultos riram nesse momento. – Acabei.

Dona Geralda agradeceu a apresentação de Lúcia e, com um largo sorriso, fez um comunicado:

– Lúcia e Chiquinho, meus queridos, aproveito esta oportunidade para lhes dar uma ótima notícia. Hoje mesmo soubemos que o processo de adoção dos dois foi, finalmente, finalizado. Ainda esta semana, vocês vão morar juntos na casa do senhor Bruno e da esposa dele, dona Rosângela.

Os irmãos sorriram felizes, e as demais crianças no círculo aplaudiram, igualmente contentes com a notícia, o que renovava-lhes a esperança de também conseguirem um lar.

E a dinâmica continuou.

A um dado momento, dona Geralda aproximou-se de uma das funcionárias e indagou-lhe:

– Por onde andam aqueles dois?

– Não sei, dona Geralda, devem estar aprontando alguma das deles por aí – respondeu a jovem, sorrindo. – Acho que vou procurá-los.

Porém, nesse instante, a porta da sala se abriu abruptamente e um casal de crianças adentrou o recinto, iluminando ainda mais o grupo com sua presença marcante.

– Hum, então vocês estão aqui! – disse o garoto de seis anos, trazendo em uma das mãos um recipiente de plástico.

– Procuramos por vocês um tempão e estavam aqui, hein, seus danadinhos! – comentou a garota de igual idade.

Os dois fitaram Marta e Rogério ao centro do círculo. Então, o garoto comentou para a menina ao seu lado:

– Ah, vejo que temos visitas, querida ajudante Maria!

Marta e Rogério se entreolharam, surpresos com a entrada inusitada e, sobretudo, com a desenvoltura daquelas crianças.

– Hum, isso é muito bom, querido cientista Renan! – respondeu a garota.

– Então, vamos começar a nossa apresentação, ajudante – determinou o garoto.

– Só se for agora, amigo – concordou a menina.

Todos os olhavam sorrindo com naturalidade, inclusive dona Geralda, demonstrando que já estavam habituados com tudo aquilo, com exceção de Marta e Rogério, que continuavam surpresos e encantados.

Então, o casal de garotos pediu licença aos amigos e aos adultos, adentrou o círculo e se posicionou bem ao centro dele, ao lado dos convidados Marta e Rogério.

Fitando os presentes, o garoto começou:

– Observem bem este líquido dentro deste frasco, que se chama *tubo de ensaio* e serve para misturarmos coisas dentro dele – e ergueu o frasco de plástico cilíndrico e comprido, mostrando-o a todos.

– Percebam que o líquido não tem cor – ajuntou a garota.

– Agora, o grande momento! Ajudante Maria, por gentileza...

O garoto posicionou o tubo de ensaio à frente da menina, e esta jogou algo dentro dele. Em seguida, ele balançou levemente o líquido.

– Tcharam! – disseram juntos, em uníssono.

Nesse instante, ocorreu uma pequena explosão dentro do tubo, e todos tiveram um sobressalto enquanto observavam uma nuvem de fumaça emergir de dentro dele, que agora continha um líquido azul borbulhante.

Fortes aplausos ecoaram no recinto.

Sim, eu e Dornela estávamos de volta, agora, encarnados como Renan e Maria, respectivamente.

A antiga paixão pela química, que havia sido alimentada e bastante estimulada pelo convívio com o nosso célebre amigo Lavoisier, continuava visivelmente aflorada em nós.

Poucos instantes após a nossa apresentação, uma das funcionárias adentrou a sala esbaforida, resmungando e sorrindo ao mesmo tempo:

– Aí estão vocês, hein, seus levados! Eu sabia que meu material só poderia estar com os dois!

A funcionária era estudante de química na universidade e vivia pelos cantos do abrigo sendo abordada por nós dois, que a intimávamos a falar sobre seus experimentos. Naquele dia, para nos agradar, ela havia levado ao abrigo o tubo de ensaio e algumas substâncias para nos mostrar uma simples reação química, mas que nos encheria os olhos. Então, após a sua apresentação, a um dado momento em que se distraiu com outros afazeres, confiscamos-lhe o material e saímos à procura de um público para mostrarmos o *nosso* "show".

A cicatriz em formato grosseiro de coração que Dornela possuía nas costas também estava de volta, como uma marca de nascença de Maria.

É fato que o corpo físico atual nada tem do anterior, porém, ambos apresentam forte relação com o corpo espiritual, o perispírito. Nesse sentido, geralmente, grandes traumas experimentados em determinados tipos de morte trágica, acidental ou outra, ou mesmo ferimentos de grande intensidade que afetaram profundamente o emocional do indivíduo, como no caso de Dornela – uma queimadura –, podem deixar marcas que atingem o perispírito. A intensidade emocional do acontecimento imprime uma marca semelhante no perispírito, e então as informações que o perispírito carrega são transmitidas para o corpo físico ainda em formação durante a gestação. Ou seja, o espiritismo nos esclarece que muitas marcas de nascença consistem em experiências intensas vividas no passado, que precisam ser superadas com as experiências adquiridas na vida atual.

CAPÍTULO 11

Um casal das trevas

Seis meses depois, Marta e Rogério se despediam de dona Geralda com gratidão, após acomodarem as bagagens das crianças no automóvel da família.

— Muito obrigada por tudo, dona Geralda! — agradeceu Marta à diretora, abraçando-a calorosamente.

— Não há de quê, minha querida. Eu também os parabenizo pela bela iniciativa da adoção e agradeço por terem nos procurado.

Após afastarem-se, foi a vez de Rogério.

— Endosso as palavras de minha esposa: muito obrigado por tudo, dona Geralda — disse o empresário, apertando com firmeza a mão da diretora. — A senhora não apenas nos auxiliou nessa longa jornada, que, aliás, não foi tão longa assim, mas também nos ensinou muito durante todo esse tempo.

— Não precisa agradecer, meu filho. Fiz tudo com prazer e por amor — disse a diretora.

Marta objetou:

– Precisamos agradecer, sim, dona Geralda. Chegamos aqui cheios de preconceitos, e a senhora nos ensinou que o caminho certo para se construir uma família feliz deve ser pautado no amor verdadeiro, nunca em ideias preconcebidas. Aprendemos que, antes de qualquer atitude a tomar, precisamos ouvir não apenas com os ouvidos, mas também com o coração e a razão.

Dona Geralda sorriu, e foi a vez de as crianças se despedirem. Ela abriu bem os braços e, curvando-se para baixo, recebeu os dois em um forte e caloroso abraço.

– Meus queridos cientistas, sentirei saudades de vocês!

Desde o primeiro momento, eu, como Renan, e Dornela, como Maria, havíamos chamado a atenção do casal. Com o passar do tempo, nós quatro tínhamos desenvolvido uma relação mútua de respeito, confiança e amor, de modo que Marta e Rogério desistiram de adotar o bebê inicialmente desejado e não hesitaram em nos receber como filhos do coração.

Antes de irmos morar no abrigo, eu e Maria vivíamos cada qual no seio de uma família estruturada e feliz. Porém, uma tragédia assolou as nossas vidas quase que de forma simultânea, quando ficamos órfãos de pai e mãe. Depois disso, acabamos sendo levados ao abrigo, no qual dona Geralda era a diretora, quando estávamos com quatro anos de idade.

Durante o tempo que passamos na instituição, nos unimos bastante, éramos inseparáveis, como quando fôramos Gianz e Dornela. Onde um estava, o outro estava ao lado. Quando um aprontava, o outro lhe dava cobertura. Quando um sorria, o outro sorria ao seu lado, compartilhando de sua alegria, e, quando um chorava, o outro enxugava-lhe as lágrimas.

Todos no abrigo nos estimavam, mesmo aqueles mais introspectivos. A diretora e as funcionárias nutriam por nós um carinho especial; sabiam que éramos um tanto... diferentes. Além de espertos e muito inteligentes, éramos também alegres, cativantes, generosos e barulhentos; não deixávamos ninguém quieto.

Na escola proporcionada pelo abrigo, íamos muito bem nos estudos, e ficamos conhecidos pelas nossas invenções. Certa vez, por exemplo, adaptamos um brinquedo velho em uma peça moderna de controle remoto, e todos adoraram. Fisicamente, éramos crianças franzinas, porém ágeis e coradas, de pele morena clara, olhos escuros e cabelos castanhos, sendo os de Maria ondulados, compridos e salteados com alguns fios dourados, e os meus, bem curtos.

Em resumo, éramos crianças facilmente adaptáveis, que se amavam e se cuidavam mutuamente, e fomos felizes durante o período em que moramos no abrigo, embora a saudade dos nossos pais nos incomodasse um pouco.

Então, com os olhos marejados, Maria foi a primeira a responder à diretora:

— Também sentirei saudades, tia Geralda!

— E eu também! — repeti.

— Não deixem de vir nos visitar com certa frequência, está bem? — pediu a diretora, afetuosa.

— Viremos sim, tia — dissemos juntos.

Após as despedidas, nossa nova família partiu, levando-nos dali, deixando saudades nos nossos corações e naqueles que conosco conviveram.

Duas semanas após termos deixado o abrigo, eu e Maria já estávamos muito bem adaptados à nova rotina em família. Havia horários e regras para tudo, e isso não consistia em um problema para nós, pois no abrigo também funcionava assim. Além disso, crianças necessitam de rotina, precisam de regras para se sentirem seguras.

QUANDO O ANJO MORA AO LADO

Marta e Rogério se esforçavam a cada dia para nos proporcionar um ambiente agradável e saudável, com direitos e deveres para todos, em meio a muito amor e respeito. Nos momentos de folga e finais de semanas, havia muita diversão em família, descontração, passeios, troca de carinhos e muito empenho para que tudo continuasse correndo bem. Antes de dormir, nossos novos pais adquiriram o hábito de lerem historinhas para nós, que dormíamos no mesmo quarto, pelo menos até que nos sentíssemos seguros para passarmos a cômodos separados. Sandra, a secretária do lar, logo se rendeu, apaixonando-se por nós rapidamente. Além disso, a nossa chegada havia lhe caído como uma luva, pois, a pedido de Marta, seu filho Érico, de cinco anos, passara a frequentar a casa com mais frequência, para que nós três brincássemos e nos divertíssemos juntos, quando não estávamos na escola.

Quase um ano depois, nossa família estava tão unida em um ambiente de harmonia e amor, que emanava uma energia contagiante, tanto naquele lar como onde quer que juntos estivéssemos.

Marta e Rogério estavam completando aniversário de casamento e resolveram dar uma festa para comemorar. Aproveitariam a ocasião para celebrar o primeiro aniversário de casamento na presença dos filhos.

A noite do evento havia chegado, e os convidados, pouco a pouco, preenchiam o salão de festas situado na área externa da casa. Eu e Maria estávamos vestidos elegantemente e, à medida que éramos apresentados, encantávamos a todos com nossa desenvoltura. O apogeu da festa ocorreu no momento em que Marta e Rogério discursaram aos amigos sobre a longa relação conjugal vivida até ali, enfatizando que, em meio às bonanças e adversidades inerentes à vida a dois, o amor e o respeito mútuo tinham sido os principais alicerces do relacionamento duradouro. Por fim, relataram como eu e Maria tínhamos entrado em suas vidas e coroado a relação do casal com a realização do sonho de serem pais.

A um dado momento da festa, havia chegado a hora de as crianças se recolherem, mas, antes disso, eu e Maria fomos até a cozinha para tomarmos um lanche preparado por Sandra.

– Então, meninos, gostaram da festa? – indagou a secretária, enquanto nos servia. – Claro que se trata de uma festa de adultos, mas sei que vocês se divertiram bastante.

– Ah, gostei, sim – respondeu Maria, sorrindo. – Brincamos bastante e comemos umas coisinhas muito gostosas.

– Eu também gostei de comer aquelas coisas enfeitadas – opinei. – Mas gostei mais ainda do brinquedo novo no jardim. Nós e Érico brincamos muito nele!

Sorrindo satisfeita, Sandra considerou:

– Ah, meu pequeno também adorou brincar com vocês. Ele se divertiu tanto que já está dormindo profundamente.

Ela nos entregou guardanapos e continuou:

– Agora me respondam uma coisa: como vocês fizeram aqueles cristais de açúcar de cor azul que meu Érico estava comendo? Ele ficou encantado! E, para falar a verdade, eu também achei lindo!

Eu e Maria nos entreolhamos sorrindo, e Maria esclareceu:

– Na verdade, não é apenas um doce qualquer, Sandra. É uma experiência química. Aprendemos a fazer ele com uma tia lá do orfanato, que estudava química na faculdade.

– Hum, é mesmo? – Sandra indagou, mostrando interesse e admiração. – Sendo assim, estou diante de pequenos cientistas!

– Somos mesmo! – concordamos juntos.

Nós sorrimos, e ela continuou:

– Bem, crianças, a conversa está boa, mas, agora – apontou para os pratos e copos sobre a mesa –, o que acham de comerem logo o lanche para irem para a cama?

Enquanto comíamos, a secretária foi até a pia e começou a lavar a louça.

– Eu vou perguntar – cochichei para Maria.

– Acho que não deve fazer isso, senão, vai ter que explicar...

– Explicar o que e a quem? – indagou Sandra, virando-se na nossa direção.

Nós nos entreolhamos.

– Hum, o que é que vocês estão escondendo? Eu conheço essas carinhas...

– Eu vou perguntar – repeti, fitando Maria.

– Ah, pergunte logo e pronto! – concordou ela, finalmente.

– O que quer perguntar, Renan? Fique à vontade, pergunte. – Sandra estava mais curiosa do que solícita.

Então, enchi-me de coragem e indaguei:

– Quem é aquela mulher com o cabelo loiro e curto, e com vestido vermelho?

A secretária puxou pela memória as características dos convidados. Depois, especulou:

– Aquela que estava ao lado de dona Marta a maior parte do tempo?

– Sim. Aquela mesmo – eu confirmei.

– Só pode ser a dona Bruna – afirmou Sandra. – Bem, a única loira de cabelo curto e vestido vermelho na festa era a dona Bruna.

– Então, ela se chama dona Bruna – eu disse. – Mas quem é ela? O que ela é de nossos pais?

Sandra franziu o cenho e indagou:

– Por que está perguntando isso?

– Eu não disse que iria ter que explicar? – comentou Maria.

– O que ele precisa explicar, Maria? – questionou Sandra, ainda mais curiosa e já um tanto apreensiva.

Eu e Maria nos entreolhamos novamente. Então, negociei:

– Você me responde primeiro e eu te explico depois, tudo bem?

– Está certo – a secretária concordou. – Bem, dona Bruna e o falecido marido dela eram muito amigos de dona Marta e seu

Rogério. Frequentavam clubes e festas, e viajavam sempre juntos. Daí, o marido de dona Bruna resolveu investir em um negócio em sociedade com o doutor Rogério. Só que a coisa toda não deu muito certo e eles acabaram falindo. Porém, como o doutor Rogério tinha outros negócios, não sentiu muito o impacto no bolso. Conseguiu recuperar o dinheiro perdido alguns meses depois. Já o marido da dona Bruna... esse se deu mal.

– Se deu mal, como? – indagou Maria, e Sandra continuou:

– Ele tinha investido uma fortuna nesse negócio e acabou perdendo tudo; e o pior: botou a culpa no doutor Rogério. Disse que ele o tinha roubado, e que por isso haviam falido. Bem, depois de perder tudo, entrou em depressão, adoeceu e morreu do coração. Dona Bruna herdou a casa e um pouco de dinheiro, que investiu e vive dessa renda, mas na verdade ela é bem pequena. Porém, vive mantendo a pose de rica, com a ajuda financeira de dona Marta, claro.

– Hum... Faz sentido – comentei, absorto.

– O que é que faz sentido? – indagou Sandra, intrigada. – Eu respondi à sua pergunta, seu bonitinho. Agora você me explica por que me perguntou isso.

– Promete que não vai rir de mim, nem pensar que sou louco?

– Vou logo avisando que ele não é louco não, viu, Sandra? Eu garanto – adiantou-se Maria.

– Pode falar. Sei que louco você não é. Não se preocupe.

– É que... bem, eu não gostei dessa amiga de nossa mãe, essa Bruna.

Sandra ficou em silêncio um instante, avaliando o que deveria dizer ao garoto. Depois, questionou:

– E por que você não gostou dela?

– Ah, por alguns motivos.

– Quer saber de uma coisa? Eu também nunca gostei muito dessa Bruna, não – confessou a secretária.

– Então somos três – completou Maria.

Sandra tornou a falar:

— Tá. Então, combinamos nesse sentido: não gostamos dela. Eu não gosto porque sempre a achei arrogante, falsa e fingida. Agora, me contem os motivos de vocês.

Maria antecipou-se:

— Eu não gostei por tudo isso que você falou aí. Mas também porque percebi que ela sorria para nós só na frente de nossos pais. Quando eles não estavam olhando, ela franzia o nariz para nós.

— Foi mesmo, Maria? Aquela bruxa nem disfarçou para vocês? – questionou Sandra, horrorizada. — E quanto a você, Renan?

— Bem, além de tudo isso que vocês falaram, eu percebi uma coisa a mais... — Fiz uma pausa, enchi-me de coragem e prossegui: — Eu vi o fantasma de um homem ao lado dela e, pelo que você falou, deve ser o marido dela que morreu.

— Mesmo?! — indagou Sandra, levando a mão à boca. — Então, você o viu?

— Vi sim — reafirmei. — Acha que sou louco?

— Claro que não! — respondeu Sandra. — Muitas crianças na sua idade veem, ouvem e até falam com espíritos, sabia?

— Comigo nunca aconteceu — informou Maria.

— Pois é, Maria — esclareceu Sandra. — Não acontece com todas as crianças, mas com muitas delas. Conte-me, Renan: como você o viu? Ele fez algum gesto, disse algo?

— Ele estava com roupa escura, e a pele também era escura; não brilhava como um espírito que vi outro dia.

— Entendo. Continue, por favor.

Eu prossegui:

— Enquanto dona Bruna falava, ele parecia sussurrar coisas ao ouvido dela e ficava o tempo todo olhando com fúria para os nossos pais, principalmente para o meu pai. Quando eles davam as costas, dona Bruna também olhava para os dois com rancor. Ou seja, ela finge que é amiga deles, mas é uma falsa.

— Minha nossa! – Sandra estremeceu. – Ele ainda acha que o doutor Rogério é culpado por tudo de ruim que lhe sucedeu!

— Deve mesmo ser isso, porque ele tinha muito ódio nos olhos, sabe? – eu ajuntei. – Você acha que devemos avisar aos nossos pais? Sinto que aqueles dois podem estar querendo aprontar alguma coisa contra eles. Só não sei o quê.

— Está maluco, Renan? – questionou Maria. – Sandra pode até ter acreditado em nós, mas nossos pais não vão acreditar. Eu nunca ouvi eles falando em espíritos do outro mundo... Nem mesmo em Deus eles falam. E se acharem que você é louco e te mandarem de volta ao abrigo? Não! Eu não vou deixar que você volte para lá. Ou pior... E se botarem você num hospício? Deus me livre! Não deve contar nada, não.

Sandra se entristeceu e considerou:

— Infelizmente, Renan, Maria tem razão. Meus patrões não creem mesmo nessas coisas. Se esse casal pretende fazer algum mal a eles, teremos que encontrar outra maneira de protegê-los. Não podemos simplesmente dizer que você viu o espírito rancoroso do marido desencarnado de dona Bruna. É possível que eles pensem que você tem algum problema, sim, ou, no mínimo, achem que está querendo chamar atenção. Embora eu costume comentar certas coisas sobre esse assunto com a dona Marta, ela sempre me olha desconfiada. Deve achar que sou perturbada das ideias.

— Está vendo, Renan, como eu estava certa? – triunfou Maria.

Enquanto recolhia os pratos, Sandra considerou:

— Bem, pelo momento, vamos ficar de olho naquela dona Bruna. Depois voltaremos a falar sobre isso. Mas agora vocês precisam ir para a cama, e não se esqueçam de fazer uma boa oração antes de irem dormir.

— Ah, agora fiquei com medo de ir dormir – confessou Maria.
— E se eu tiver pesadelos com espíritos de outro mundo?

QUANDO O ANJO MORA AO LADO

Sandra a fitou com doçura e afagou-lhe os cabelos macios, enquanto aconselhava:

— Meu anjo, não precisa ter medo. Se vocês fizerem o que eu disse, se orarem antes de dormir, como eu os ensinei, não terão sonhos ruins.

— Não vamos sonhar com esse homem mau? — indagou Maria.

— Não, não vão sonhar com ele, nem com nada de ruim, prometo. A oração tem o poder de nos proteger quando estamos dormindo, e também quando estamos acordados, claro. Além disso, esses espíritos a quem chamamos de ruins e malvados, como o marido da dona Bruna, no fundo, sofrem muito. Por isso, é bom que oremos para eles também.

— Sofrem? — indaguei, sem entender. E Sandra esclareceu:

— Sim, eles sofrem porque estão tão envenenados de raiva e de rancor, que se esquecem de cuidar deles próprios. Preferem continuar odiando pessoas que foram seus desafetos quando ainda estavam vivos, e, com tudo isso, eles sofrem, vivem tristes, sujos e feios. É por isso que, se em vez de medo tivermos compaixão, poderemos ajudá-los com orações, ao mesmo tempo em que essas orações também nos fortalecem e nos protegem da influência deles.

— Vamos orar por esse homem ruim? — indagou Maria.

E Sandra esclareceu um pouco mais:

— Sim, minha querida, porque os ruins podem vir a ser bons. Vamos pedir em oração que esse homem busque o caminho da luz, que tente expulsar o ódio do coração e enxergar a realidade do passado com os olhos da razão. E ainda vamos pedir que ele aceite a ajuda de Deus e dos espíritos de luz, que sempre estão disponíveis para ajudar quem os procura e os aceita.

— Tudo bem, Sandra — aquiesceu Maria. — Vamos orar antes de dormir, por esse homem escuro e por todos nós.

Eu também concordei e Sandra sorriu, satisfeita.

— Ah, vocês são duas crianças muito especiais mesmo! Agora me deem aqui um abração de "urso" e um beijo de boa-noite.

Após trocarmos abraços e beijos, eu e Maria seguimos para o quarto. Antes de adormecermos, fizemos uma sentida prece juntos, na qual rogamos a Deus proteção para toda a nossa família e também pedimos pelo marido de Bruna. Marta e Rogério chegaram ao nosso quarto logo após a oração e se despediram de nós com calorosos beijos e abraços, como costumavam fazer todas as noites. Em seguida, retornaram à festa.

Dois meses depois, Marta e Rogério precisaram realizar uma viagem de negócios. Eles passariam dois dias daquela semana em São Paulo e, por isso, nos deixaram aos cuidados de Sandra.

Um dia depois de terem viajado, após o término da aula, eu e Maria aguardávamos a chegada do motorista de nossa família, que fora contratado após a nossa adoção. Como acontecia normalmente, o carro parou, Dalmo desceu, entrou na escola e, como era autorizado pelos nossos pais, nos apanhou na sala de espera. Porém, algo atípico ocorreu. Quando Maria e eu entramos no automóvel, lá estava ela, acomodada no banco traseiro, com óculos escuros, um lencinho à mão e chorando discretamente.

— Boa tarde, crianças — disse ela, sem tirar os óculos.

— Dona Bruna? — nós exclamamos em uníssono.

— O que a senhora está fazendo aqui? — indagou Maria.

— E por que está chorando? — eu questionei.

— Ah, meus queridos... Eu não lhes trago boas notícias...

CAPÍTULO 12

A negociação

— Isso não pode ser verdade! – gritou Maria, nervosa.

— Calma, Maria! – eu pedi.

— É mentira dela, Renan! – rebateu Maria, já entre lágrimas.

— Por que eu mentiria, minha doce criança? – indagou Bruna, levando a mão aos cabelos de Maria.

— Não me toque, sua bruxa! – censurou Maria.

Bruna retraiu o braço com rapidez, exclamando:

— Quanta brutalidade! O que foi que eu lhes fiz?

— Não perturbe ela! – ordenei, abraçando Maria.

— Mas eu os compreendo, pequeninos – respondeu Bruna. – Não deve ser fácil perder novamente os pais assim, em um acidente de carro, ainda mais quando vocês demoraram tanto para conseguirem uma nova família...

— Mas nossos pais viajaram de avião! – eu redargui.

— Claro, pequeno, mas em São Paulo estavam trafegando de carro, querido – argumentou Bruna.

– Infelizmente, é verdade, crianças – interveio Dalmo enquanto dirigia.

Eu puxei os óculos escuros de Bruna, para fitá-la nos olhos.

– Ai, menino grosso! – ela rosnou.

– Como eu pensei! A senhora nem está chorando de verdade. Por que está aqui? O que quer de nós?

– Apenas ajudar neste momento tão difícil para todos nós. Como vocês devem saber, seus pais não eram naturais de Niterói; a família deles mora longe daqui. Ou seja, nesta cidade, eles só contavam com os amigos, como eu. Por isso estou aqui.

– Ajudar como? Pegando-nos na escola? – indaguei, temendo a resposta.

Bruna deu um sorrisinho de canto de boca e respondeu:

– Não, meu querido. Não mesmo.

– E o que quer conosco? – insisti.

– Vocês virão morar comigo.

– Não! Isso não! – gritou Maria, agora chorando copiosamente.

– Eu também não aceito morar com você! – esbravejei.

– Infelizmente, vocês não têm opção. Eu sou viúva e vivo muito sozinha. Vocês não possuem mais seus pais nem têm família. Então... acho que poderemos viver muito bem juntos.

– Mas e quanto a Sandra? Por que ela não pode cuidar de nós? – questionou Maria, entre soluços.

– Sim, podemos ficar com ela – ajuntei esperançoso.

– Sandra? A empregada? – e soltou um sorriso contido. – Aquela ali não tem onde cair morta! Como poderia querer cuidar de mais duas bocas para alimentar?

– Não vamos aceitar isso, está ouvindo? – vociferei.

– Agora chega! Abaixe esse tom, menino! Fiquem quietinhos e calados! Estamos indo para o Rio de Janeiro.

– Rio de Janeiro?! – exclamamos juntos, eu e Maria.

– Sim. Estamos indo para o Rio. Vamos morar lá agora.

– Você é muito má! – afirmou Maria, enxugando as lágrimas com as mãozinhas delicadas, sob a proteção dos meus braços.

Também já chorando, eu prometi:

– Ainda temos um ao outro, Maria. Eu vou proteger você...

Durante o restante do percurso, não dissemos mais nenhuma palavra, apenas choramos muito, pela dor da perda dos nossos pais, pela saudade que sentiríamos de todos e de nossa rotina no seio de uma família feliz, mas, sobretudo, porque estávamos sendo forçados a morar com aquela mulher.

Quando chegamos ao destino no Rio, Dalmo descarregou o automóvel e acomodou as malas dentro dos quartos. Era um apartamento de dois quartos em um bairro de periferia, no terceiro andar, de decoração simples e com alguns poucos brinquedos.

– Pronto. Chegamos – disse Bruna, fitando-nos após adentrarmos a sala. – Agora vão tomar um banho. Depois sigam para o quarto, aquele ali – apontou para o segundo quarto depois da sala. – Há duas camas nele. Descansem até que Rosa, a senhora que será nossa empregada, leve comida para vocês. Ela cuidará dos dois quando eu não estiver aqui.

Eu e Maria seguimos para o quarto de mãos dadas e cabisbaixos, com os olhos edemaciados e hiperemiados, porém com o pranto já serenado.

Uma senhora de baixa estatura, acima do peso e com um sorriso simpático, logo adentrou a sala do apartamento, cuja porta ainda permanecia aberta.

– Olá, dona Bruna! – cumprimentou a senhora que se chamava Rosa. – Pelo movimento, vi logo que haviam chegado e vim correndo para cá.

– Fez bem. Aqui está uma cópia das chaves – e entregou um molho de chaves nas mãos da outra. – Alimente-os bem, brinque com eles quando possível e nunca, nunca os deixe sair. Está me ouvindo?

– Sim, senhora. Mas nem para brincarem lá embaixo com outras crianças?

Bruna foi até o corredor e relanceou para dentro de nosso quarto. Então, retornou à sala e, baixando o tom da voz, respondeu:

— Eu disse *nunca* os deixe sair! A senhora me ouviu bem agora?

— Sim, senhora. Ouvi, sim.

Bruna esclareceu:

— Ficaremos no Rio apenas por alguns dias, até que a justiça nos autorize a sair do país. Até lá, preciso proteger meus sobrinhos. Agora que os pais adotivos deles morreram, o verdadeiro pai, o biológico, está procurando pelos dois – mentiu Bruna. – Porém, o homem é um criminoso, um assassino. Por isso, não posso arriscar que meus sobrinhos sejam vistos por algum capanga dele que possa estar rondando o prédio, caso desçam para brincar lá embaixo. Entendeu?

— Sim, senhora. Compreendi bem.

— Ah, só mais uma coisa.

— Pois não, pode falar.

— Eles não sabem sobre o pai biológico, nem que vamos deixar o país. Então, por favor, eu exijo que não comente nada sobre isso com nenhum dos dois.

— Sim, senhora. Não vou comentar, não. A senhora pode ficar tranquila.

— Agora vá fazer alguma comida para eles, por favor.

A um canto da sala, Dalmo fumava um cigarro com o olhar absorto, mirando o horizonte através de uma janela de vidro, alheio à conversa das duas.

Bruna foi até o quarto onde eu e Maria nos acomodávamos. Encontrou-nos arrumando nossas roupas dentro de um pequeno guarda-roupa. Então, fitou-nos e, com rispidez, ordenou:

— Venham aqui os dois e fiquem um ao lado do outro. Já!

— Para quê? – indagou Maria.

— Façam o que eu mando sem questionar.

Fizemos o que ela ordenou. Então, ela sacou uma máquina fotográfica de dentro da bolsa e bateu uma foto nossa.

— Para que essa foto? – perguntei.
— Para o cadastro da nova escola de vocês. Vou sair agora. Obedeçam à Rosa.

Quando passou pela sala, tirou Dalmo de seu transe contemplativo às nuvens.

— Vamos, Dalmo. Precisamos tomar providências.

Após o casal deixar o apartamento, eu e Maria tomamos um banho e comemos apenas um pouco do almoço servido por Rosa. Em seguida, deitamos sobre nossas novas camas, dispostas uma ao lado da outra, demos as mãos e logo adormecemos. Necessitávamos de umas boas horas de sono para recuperarmos as energias.

Marta e Rogério chegaram à casa ao início da noite, completamente atordoados. Após terem sido informados por Sandra do nosso desaparecimento, contataram de imediato a polícia e retornaram para Niterói o mais rápido que puderam. Encontraram Sandra, a cozinheira e o jardineiro conversando com um policial.

Vendo-os entrar, a secretária aproximou-se chorosa, com um lenço à mão, lamentando:

— Ah, doutor Rogério, dona Marta, nenhuma notícia deles ainda...

O policial aproximou-se em seguida.

— Boa noite! Sou o investigador David Pereira. Os senhores são os pais das crianças, com quem falei ao telefone?

— Sim, sim, somos – respondeu Rogério, estendendo a mão para cumprimentar o policial, e Marta fez o mesmo em seguida.

— Nenhuma novidade sobre nossos filhos?

O policial respondeu:

– Infelizmente, não, mas estamos fazendo tudo o que está ao nosso alcance. Comunicamos aos departamentos de Polícia Civil e Polícia Rodoviária, a aeroportos, portos, rodoviárias e empresas de transporte interestaduais, com o intuito de evitar o deslocamento dos seus filhos para fora do estado ou do país.

Marta abraçou Rogério, desolada.

O policial prosseguiu:

– Com a ajuda de sua secretária, já realizamos o retrato falado do motorista e conseguimos algumas fotos dos seus filhos. Estamos, neste momento, divulgando as imagens nos meios de comunicação.

– Nunca poderíamos imaginar que aquele desgraçado fosse capaz de uma coisa dessas! – comentou Rogério, furioso.

A família ficou sabendo da participação do motorista porque, no dia do sequestro, ele próprio havia telefonado a Sandra avisando que as crianças estavam bem, mas que não iriam retornar para casa.

– Casos como este são muito comuns, em que há o envolvimento de algum funcionário da família, ou mesmo algum parente ou amigo – observou o policial.

Com a voz embargada, Marta considerou:

– Aquele infeliz pode ligar a qualquer momento para pedir um resgate pelos nossos... Ah, não estou suportando tudo isso... – e desabou a chorar nos braços de Rogério.

O policial esclareceu:

– Uma equipe da Divisão Antissequestro da Polícia Civil do Rio de Janeiro está vindo para cá. Eles vão instalar os equipamentos necessários para tentarmos interceptar as ligações, que, muito possivelmente, logo ocorrerão.

Assim, vinte minutos depois, os policiais chegaram. Três deles eram provenientes do setor de Inteligência, de apoio à Delegacia Antissequestro, e instalariam a aparelhagem de interceptação telefônica. O outro policial da equipe era o orientador Otávio, responsável por instruir os familiares sobre como agirem em relação às negociações.

Sob os olhares atentos, aflitos e esperançosos do casal, os policiais levaram um bom tempo para finalizarem as instalações, enquanto Otávio, o orientador, transmitia-lhes parte das informações necessárias à ocasião.

Duas horas se passaram e nenhuma ligação foi recebida. Então, os policiais se retiraram, deixando apenas Otávio e outro agente da equipe de interceptação.

Já passava das dez horas da noite quando o telefone tocou.

— Atendam e ajam como combinamos — orientou Otávio.

— Alô — disse Rogério.

— Estou com seus filhos. — Era uma voz feminina, para a surpresa de Rogério.

— O que você quer para libertá-los? — indagou o pai, como fora orientado, enquanto Marta tremia ao lado dele, mesmo após ter ingerido dois calmantes.

— Quanto você acha que eles valem? — continuou a voz, que, mesmo lhe parecendo familiar, ele não saberia identificar.

O orientador gesticulava para que ele continuasse a conversa, de modo que houvesse tempo para conseguirem identificar a localização geográfica da ligação.

— Eles estão bem? — retomou Rogério, tentando, a muito custo, manter a calma.

— Sim, estão — respondeu a voz.

— Quero provas de que estão vivos e bem.

— Tenho fotos, vou enviar-lhe por correio.

— Foto não prova nada — refutou Rogério. — Quero falar com eles.

— Não será possível.

— Então, como vou pagar para libertá-los sem ter a certeza de que estão vivos?

Rogério começava a se alterar, porém, Otávio gesticulava para que ele mantivesse a calma. Marta, já em prantos, afastou-se.

— Terá que confiar em minha palavra.

Rogério soltou um sorriso sarcástico e nervoso.

— Quer mesmo que eu confie na pessoa que levou meus filhos de mim e está me pedindo dinheiro para devolvê-los?

A voz redarguiu:

— Você não tem escolha. Ou paga, ou eles morrem.

Rogério abriu os olhos, assustado com a ameaça, enquanto fitava o orientador. Então, contemporizou:

— Tudo bem. Calma, está bem? Vamos resolver tudo. Eu vou lhe dar o que quer. Só peço que não faça nenhum mal aos meus filhos.

— Três milhões de reais, e não fale nada à polícia.

— É muito! Não tenho esse dinheiro.

— É mentira! Tem muito mais — rebateu a voz, visivelmente irritada.

— Não estou mentindo! Não tenho esse dinheiro.

Nesse momento, Otávio sinalizou para ele, avisando que já tinha conseguido a localização do telefonema.

— Faça um empréstimo, venda seu patrimônio... Vire-se! Quero o dinheiro ou não verá mais seus filhos.

Otávio gesticulou para que aceitasse as condições.

— Tudo bem — concordou Rogério. — Preciso de um tempo para levantar o dinheiro.

— Ligarei novamente em três dias.

— Mas e quanto aos meus filhos, como terei notícias...? — O telefone foi desligado.

Rogério e Marta se abraçaram, chorando copiosamente, mas Otávio os tranquilizou:

— Deu tudo certo! Você foi muito bem, seu Rogério! Conseguimos a localização.

— Onde eles estão? — indagou Marta, esperançosa.

QUANDO O ANJO MORA AO LADO

– Bem, dona Marta, sabemos de onde a ligação foi feita: de um telefone fixo da cidade do Rio de Janeiro. Temos grandes chances de encontrar seus filhos nas imediações de onde eles telefonaram.

– E agora, qual será o próximo passo da polícia? – quis saber Rogério.

– Vou imediatamente cuidar disso – informou Otávio. – Enviaremos uma de nossas equipes do Rio para realizar uma investigação minuciosa nas imediações de onde ligaram. O retrato falado e as fotos já estão sendo espalhados por lá também. Pelo contexto geral, me parece que se trata de amadores.

Após a saída dos policiais, Marta e Rogério se deixaram cair no sofá, abraçados.

– Nessas horas eu gostaria de acreditar em Deus, como Sandra acredita – comentou Marta, dando um forte suspiro.

– E no que acreditar em Deus poderia nos ajudar? – indagou Rogério, ao que a esposa considerou:

– Ah, se eu tivesse a fé que ela tem, estaria agora orando e rogando a ajuda Dele.

– Não se iluda, minha querida, Deus não existe. Estamos agora à mercê da maldade do homem *versus* a competência da polícia. E o pior é saber que qualquer um dos dois pode vencer ou perder nesse jogo.

Nesse momento, Sandra havia se aproximado para recolher uma bandeja com copos deixada na sala e acabou escutando as últimas palavras do patrão. Então, ela parou de frente para ele e desabafou:

– Desculpe se eu ouvi parte da conversa, doutor Rogério, mas não posso deixar de dizer que, mesmo que o senhor não acredite em Deus, Ele ainda o ama, pois é o nosso Pai Maior e vela por todos nós, mesmo por aqueles que não creem na Sua existência. Vou orar pelas crianças. Com licença – e se retirou.

Quando Sandra deixou a sala, Marta fitou o esposo, dizendo:

— Está vendo do que eu estava falando?
— Não – refutou Rogério. – O que acabei de ver foi uma pessoa muito triste tentando se apegar a tudo que puder para aliviar seu sofrimento. Sorte a dela, que tem com que se iludir.
— Não sei. Você pode estar certo, mas ela também.

Bruna havia ligado para nossos pais de um telefone público, situado em um bairro vizinho de onde estávamos sendo mantidos em cativeiro, embora não desconfiássemos disto.

Os policiais à paisana conversavam com pessoas que passavam às ruas e batiam às portas dos moradores, mostrando nossas fotos e o retrato falado de Dalmo. Investigaram dentro de padarias, mercados, farmácias, com o propósito de tomarem qualquer informação que pudesse levá-los ao cativeiro. Enquanto isso, o policial David dava continuidade às investigações em Niterói, iniciando os interrogatórios de parentes, amigos, conhecidos e vizinhos da família.

Dois dias depois, eu e Maria acordamos bem cedo. Estávamos sentindo muito a falta de nossos pais, bem como de toda a rotina à qual já havíamos nos habituado em nosso lar.

Bruna havia dormido no outro quarto, e Rosa na sala. Enquanto a secretária nos servia o café da manhã, eu indaguei:
— Onde está Bruna?
— A dona Bruna saiu logo bem cedo da manhã.

QUANDO O ANJO MORA AO LADO

– Ela disse para onde iria? – continuei.

– Disse que ia matricular vocês em uma escola próxima daqui.

Maria comeu um pedaço de pão, enquanto acompanhava o trajeto de Rosa até a geladeira. Quando a secretária retornou com o leite, também perguntou:

– Dona Rosa, será que depois do café poderíamos brincar um pouco lá no pátio do prédio?

Rosa parou o que fazia e nos fitou um tanto assustada. Sabia que aquele pedido logo viria, mas percebeu que não estava muito preparada para ele.

– É... Bem...

– Não há problema nenhum nisso, não é mesmo? – argumentei.

Rosa falou de uma vez:

– Bem, crianças, por mim, eu até que deixaria, mas a tia de vocês não quer que saiam.

– Ela não é nossa tia – rebateu Maria.

– Tudo bem. Eu sei – concordou Rosa. "Claro que não é tia de sangue, porque são adotados, e eles sabem disso", pensou ela, justificando para si mesma por que não chamávamos Bruna de tia.

Rosa continuou:

– Então, como eu ia dizendo, por mim não haveria problemas de vocês brincarem lá embaixo, mas dona Bruna me proibiu de deixá-los sair, pelo menos por alguns dias.

Eu e Maria nos entreolhamos, e eu questionei:

– Ela disse o motivo para não nos deixar sair, nem mesmo lá para baixo? Vimos que há um brinquedo para crianças no jardim.

– Bem... – Rosa tentou inventar uma boa desculpa. – O brinquedo está quebrado no momento, e também eu não posso acompanhar vocês por esses dias, pois preciso organizar as coisas aqui no apartamento. Faremos isso quando eu estiver mais livre para descer com vocês, está bem?

Eu relanceei para Maria e nós dois assentimos com a cabeça. Então, continuamos a comer em silêncio.

O telefone tocou e Rosa foi atendê-lo. Nós a seguimos com o olhar.

— Alô — disse Rosa. — Sim, tudo bem... Mas a senhora já sabe o dia que vai levá-los para fora do país?

Rosa tentou cochichar, mas ouvimos a conversa e ficamos muito assustados. Porém, quando a secretária retornou à cozinha, tentamos disfarçar, agindo normalmente.

Às três horas da tarde, Bruna adentrou o apartamento e encontrou Rosa sentada no sofá da pequena sala de estar, vendo TV.

— O que faz aí nessa folga? — indagou Bruna, ao que Rosa respondeu:

— É que já arrumei tudo, dona Bruna, e as crianças estão dormindo no quarto. Então, parei para descansar um pouco; gosto muito dessa novela da tarde.

Bruna deu de ombros às explicações da secretária.

— Ponha o meu almoço, estou faminta.

No momento em que Rosa estava na cozinha, aquecendo o almoço da patroa, elas ouviram barulho de passos vindo do corredor. O som se intensificou rapidamente e findou com uma estrondosa pancada à porta da sala, fazendo-a se abrir forçosamente.

Logo depois, o recinto estava repleto de policiais armados apontando na direção de Bruna e de Rosa.

— Fiquem onde estão e levantem as mãos! — ordenou o delegado, enquanto os demais policiais invadiam os outros cômodos do imóvel.

Assustadas, Rosa e Bruna ergueram as mãos imediatamente.

— Onde estão as crianças? — retomou o delegado.

Porém, antes que uma delas respondesse à pergunta, os demais policiais retornaram apreensivos, dizendo:

— Elas não estão aqui, delegado.

CAPÍTULO 13

— O que está acontecendo aqui? – indagou Bruna, fingindo-se de desentendida, tentando disfarçar o nervosismo e a forte palpitação cardíaca que experimentava naquele momento.

— A senhora sabe muito bem o que está acontecendo aqui – afirmou o delegado. – Está sendo presa por sequestro de dois menores.

Rosa empalideceu, e Bruna esforçou-se ao máximo para aparentar tranquilidade.

— Sequestro de menores? Mas o senhor acabou de ouvir o seu policial afirmar que não há nenhuma criança neste apartamento! – argumentou Bruna.

— Não se faça de tola, senhora – disse um dos policiais. – As crianças não estão mais aqui, porém, constatamos que estiveram, pois há roupas infantis e brinquedos no quarto.

— Algeme as duas! – ordenou o delegado.

Rosa não estava entendendo nada, e seus apelos em se auto-declarar inocente foram em vão, pois as duas foram algemadas e levadas à Delegacia Antissequestro do Rio de Janeiro.

Após serem ouvidas pelo delegado, ficou constatado que Bruna era a mentora do sequestro e que, possivelmente, Rosa estaria falando a verdade quando afirmava sua inocência. As evidências para a participação do motorista Dalmo eram tantas, que Bruna acabou incriminando-o como seu cúmplice. Por fim, o delegado chegou à fácil conclusão de que eu e Maria havíamos fugido do apartamento.

Algumas horas antes, nós tínhamos confiscado o molho de chaves que Rosa esquecera sobre o armário quando fora atender ao telefonema de Bruna. Após o almoço, informamos à secretária que iríamos dormir um pouco em nosso quarto. Porém, ficamos aguardando até que a oportunidade surgisse. Então, quando Rosa adentrou o banheiro para tomar banho, nos vimos diante da condição ideal para agir.

Com cautela, em absoluto silêncio, apanhamos a mala pequena de rodinhas que Bruna havia comprado para nós, na qual reunimos os nossos pertences, e nos dirigimos à porta da sala. Usando as chaves de Rosa, deixamos o apartamento. Com rapidez, descemos as escadas até o pátio do estacionamento e aguardamos. Quando o portão da garagem foi aberto para a entrada de um morador, nós o atravessamos e saímos correndo. Finalmente, estávamos livres.

— O que vamos fazer agora? – indagou Maria, enquanto caminhávamos apressados pela calçada, após tomarmos certa distância do prédio.

— Não sei... – respondi. – Bem, pensando melhor, acho que tenho uma boa ideia.

— Conta logo – pediu Maria.

— Vamos andando até encontrarmos um telefone desses de rua. Daí, pediremos a algum adulto que ligue para a nossa casa e falaremos com Sandra. Talvez ela dê um jeito de vir nos pegar aqui e voltaremos para a nossa casa.

QUANDO O ANJO MORA AO LADO

— Mesmo sem nossos pais lá? — Maria questionou.

— Não sei. É só uma ideia. De qualquer forma, se não pudermos voltar para casa, pelo menos voltaremos ao abrigo da tia Geralda.

— Tem razão. É uma boa ideia.

Continuamos andando pelas ruas do bairro, até que Maria avistou um telefone público do outro lado da rua, na extremidade de uma praça pouco movimentada.

— Ali está, Renan! — informou ela, apontando para o aparelho.

— Vamos, Maria! Vamos até lá — eu disse, animado.

Impulsionados pela esperança de sermos resgatados e retornarmos para casa ou para o abrigo, nos demos as mãos e, como não havia carro à nossa frente, atravessamos correndo, comigo puxando a malinha na outra mão. Porém, a rua possuía duas vias, e não vimos que um carro trafegava na outra mão, um pouco atrás de nós. Assim, ao ser surpreendido por duas crianças atravessando a rua, o motorista do veículo afundou o pé no freio, mas não conseguiu evitar o acidente.

Maria foi arremessada a alguns metros à frente, caindo na calçada da praça, enquanto eu rolei pelo lado oposto, passando por cima do veículo e caindo ao lado dele, que estava agora virado em sentido contrário, devido à rotação que sofrera após a frenagem brusca.

— Eles não sentiram dor, sentiram? — indagou o espírito de Neusa, ao aproximar-se de Túlio, que estava de pé ao lado do carro.

Ela havia sido escalada para auxiliá-lo na missão de nos proteger, a mim e Maria, durante a atual encarnação.

— De forma alguma — respondeu Túlio. — Perderam o sentido imediatamente após a pancada e não sentiram absolutamente nada.

Dentro do carro, o motorista levou as duas mãos à cabeça, desesperado, enquanto dizia em voz alta:

— Meu Deus do céu! Matei duas crianças! Mas não tive culpa! Ou será que estão vivos? O que faço agora? Devo socorrê-los, eu sei, mas e se ninguém acreditar em mim e eu for preso? Não posso correr esse risco!

Nesse momento, Neusa aproximou-se do motorista, que se chamava Álvaro, e inspirou-lhe orientações sobre como deveria proceder.

— Socorra o menino e deixe a menina.

Ele não a ouviu, mas conseguiu sentir suas orientações. Então, tomou a decisão sobre o que fazer. Saiu de dentro do carro e aproximou-se de mim. Em seguida, abaixou-se ao meu lado e percebeu que eu estava desacordado, porém respirando.

Álvaro fitou o outro lado da rua, nervoso. Na praça, um aglomerado de pessoas se reunia em torno de Maria. Ele voltou-se para mim novamente e tocou o meu rosto, indagando-me:

— Garoto, você está bem? Garoto...?

Eu continuava desacordado. Ele voltou a olhar na direção da praça e percebeu quando algumas pessoas apontavam na sua direção. Sentiu medo.

— Socorra o menino! — reforçou Túlio, em inspiração.

Então, Álvaro passou um braço sob as minhas costas e o outro sob meus joelhos, erguendo-me do chão. Rapidamente, colocou-me no banco traseiro do carro e arrancou em alta velocidade.

"Meu Deus, e quanto à menina? Será que está bem? Eu deveria tê-la socorrido também", pensou enquanto dirigia, nervoso e apreensivo. "Mas e se eu fosse linchado por aquelas pessoas? Pelo menos, socorri um deles. Vou levá-lo a um hospital... Não. E se também me acusarem por lá?"

Túlio continuou inspirando-lhe mensagens de motivação e coragem. Poucos instantes depois, Álvaro tomou o caminho de um hospital de emergência.

— Garoto? Você está bem? Vou levá-lo a um hospital. Está me ouvindo?

Mas eu não respondia. Álvaro acelerou.

Meia hora depois, chegamos a um grande hospital no centro da cidade, onde fui atendido com urgência. Após a realização de vários exames, foi constatado que eu havia fraturado um braço e batido fortemente a cabeça. Embora o crânio apresentasse um traumatismo moderado, o encéfalo não havia sido comprometido seriamente; tinha apenas uma pequena área edemaciada.

– Ele foi devidamente medicado – esclareceu dr. Rodrigo. – Fique tranquilo, seu Álvaro, que tanto o traumatismo quanto o pequeno edema cerebral vão regredir rapidamente. É um menino muito novo ainda, e isso conta-lhe pontos a favor.

– Ufa! Que alívio! – suspirou Álvaro.

O médico continuou:

– Bem, agora ele ficará sob observação clínica por alguns dias, e o senhor terá que comunicar o fato às autoridades competentes para tentarmos encontrar a família dele.

Álvaro o olhou assustado e retrucou:

– Mas e se eu for preso por tê-lo atropelado?

– Não o será. O senhor o socorreu e ele está vivo e passa bem. Foi um acidente.

– É verdade. Tudo bem – concordou Álvaro.

Assim, logo que deixou o hospital, ele comunicou o fato ao Juizado de Menores.

Eu passei o restante do dia sedado e, portanto, dormindo como um anjo. No dia seguinte, ainda bem cedo, Álvaro foi até o hospital e, no momento em que estava me visitando, comecei a acordar. Abri os olhos lentamente e murmurei:

– Maria...

Álvaro nada disse.

Eu o fitei, acomodando a visão. Então, com a voz fraca, indaguei:

– Onde está Maria? Quem é você?

– Por favor, fique calmo, que explicarei tudo, está bem?

Eu continuei olhando para aquele homem ao meu lado, sem entender o que acontecia. Ele continuou:

– Meu nome é Álvaro. Você foi atropelado e eu o salvei.

– E quanto à Maria?

– A garotinha que estava com você no momento do acidente? – Assenti com a cabeça, e ele prosseguiu: – Bem, ela também foi atropelada, mas outra pessoa a socorreu.

– Onde ela está?

– Infelizmente, ninguém sabe.

Eu me sobressaltei, tentando sentar, mas logo me deixei cair na cama novamente. Estava tonto e percebi que tinha um dos braços engessado. Também notei que havia outras crianças no meu entorno, acomodadas em leitos semelhantes ao meu.

– Ai, minha cabeça! – queixei-me. – Preciso encontrar Maria.

– Shii! Não faça tanto esforço. Você sofreu uma pancada forte na cabeça.

Respirei fundo e fechei os olhos por alguns instantes, enquanto Álvaro aguardou em silêncio. Quando os abri novamente, sentia-me um pouco melhor.

Álvaro tentou consolar-me:

– Olhe, tenho certeza de que sua irmã logo será encontrada.

– Ela não é minha irmã de verdade, mas é como se fosse – eu esclareci, já com a voz um pouco mais firme.

– Como você se chama? Onde mora? – Álvaro quis saber.

– Sou Renan. Meus pais morreram em um acidente. Não tenho mais casa.

– Lamento!

Então, eu questionei atormentado:

– O que será de mim agora? Sem pais, sem casa e sem a minha Maria!

– Calma, garoto. Se você disse que seus pais faleceram, certamente, seus outros parentes virão buscá-lo.

– Não tenho mais nenhum parente neste mundo, senhor. Estou sozinho agora. Quero dizer... não totalmente sozinho, porque Deus ainda está comigo.

– Eu me chamo Álvaro e podemos ser amigos. Posso tentar ajudar você de algum modo.

Nesse momento, a imagem da esposa passou pela mente de Álvaro. Rememorou como ela era infeliz por nunca ter conseguido ter um filho. Ainda não haviam pensado em tentar a adoção. Será que Deus estaria lhe oferecendo uma oportunidade? Será que nada do que lhe acontecera teria sido em vão? Questionou em seu íntimo. Mas logo afastou tais pensamentos da mente.

Uma enfermeira adentrou o quarto e administrou-me alguns medicamentos, interrompendo nossa conversa.

Permaneci internado por mais três dias; como não poderia ser diferente, recebi apenas a visita diária de Álvaro. Ele informou-me que eu logo teria uma conversa com uma assistente social e que, após receber alta, seria levado a um abrigo, onde aguardaria pelo contato de algum parente. Mas eu sabia que não haveria nenhum contato e também não pretendia voltar para um abrigo sem Maria. Acreditava que deveria procurá-la e iria fazê-lo de qualquer maneira.

No quarto dia, como Álvaro já havia me antecipado, os médicos afirmaram que eu receberia a visita da assistente social pela tarde. Porém, eu não estava mais lá para confirmar a informação. Fugi do hospital no final daquela manhã.

Procurando por Maria, perambulei pelas ruas do Rio de Janeiro durante três dias, experimentando frio, fome e sede, revirando latas de lixo e agradecendo a Deus quando cruzava o caminho de pessoas generosas.

Na primeira noite, dormi sobre o banco de uma praça, cobrindo-me com jornais. Na segunda, abriguei-me sob a sacada de uma loja, ao lado de uma família formada por uma mãe e dois filhos pequenos. Apreciando a lua cheia e majestosa no céu, já bastante sonolento, senti as mãos ásperas, porém suaves, da mãe das crianças envolvendo-me com parte do lençol surrado que aquecia seus filhos. Ouvi sua voz doce sussurrando-me ao ouvido:

— Em casa de menino de rua, o último a dormir apaga a lua...

Adormeci orando a Deus por mim e por aquela família.

No dia seguinte, agradeci o acolhimento e despedi-me deles, com a certeza de que, naquele dia, eu iria encontrar a minha

Maria. Porém, embora isso não tenha acontecido, algo de muito bom se sucedeu. Quando ia passando por uma praça, ouvi alguém gritar meu nome. Olhei na direção da voz. Era Álvaro. Ele me disse que eu estava tão sujo e abatido, que não estava certo se era mesmo eu. Conversamos rapidamente, e ele convidou-me para ir até sua casa, tomar um banho e fazer uma refeição decente.

Descobri que Álvaro era taxista e, dentro do carro dele, no caminho até sua casa, fomos conversando. Ele contou-me que tomou conhecimento de minha fuga quando foi visitar-me no hospital. Então, expliquei-lhe que eu não apenas havia fugido de lá, mas também fugiria de qualquer lugar em que tentassem me prender, porque precisava encontrar Maria. Como eu poderia seguir sem ela, a menina que era a metade melhor de mim e a quem eu havia jurado proteger? A garotinha alegre e impetuosa que tornava minha vida mais leve e feliz apenas estando ao meu lado. Como eu poderia não pensar nela, não me preocupar com ela? Teria mesmo sobrevivido ao acidente? Estaria se recuperando em algum hospital? Esses e muitos outros questionamentos bombardearam-me a mente naquele momento, enquanto eu fitava o horizonte em movimento através da janela do carro.

Quando chegamos à casa dele, foi sua esposa Vera quem abriu a porta, expondo à nossa frente uma figura feminina com semblante doce e sorriso amável, como seriam todas as mães no imaginário de uma criança órfã.

Antes mesmo de cumprimentar o esposo, Vera me fitou surpresa. E, parecendo encantada, eu senti como se seus olhos me afagassem com ternura e amor, mesmo que não houvesse nenhum motivo aparente para isto.

– Que lindo menino é este, homem? – indagou ela, perscrutando-me amorosa.

Eu me antecipei:

– Meu nome é Renan. Muito prazer! – e estendi-lhe a mão para cumprimentá-la.

— Meu Deus! É tão esperto e educado! — observou, enquanto apertava a minha mão. Finalmente, ela voltou-se para o esposo. — O que faz aqui com ele, Álvaro?

— Vamos entrar primeiro, então conto tudo a você.

— Sim, entrem! Está com fome, meu querido? — indagou-me, enquanto me conduzia ao interior da casa, uma residência modesta, mas muito limpa e organizada.

A um canto da sala, Neusa nos fitava com os olhos marejados.

— Que lindo reencontro! — comentou ao amigo espiritual que estava ao seu lado.

— É verdade — concordou Túlio.

— Estou com fome, sim, senhora — eu respondi. — Mas... se a senhora não se incomodar, eu poderia tomar um banho primeiro?

— Ah, claro, claro! Não me incomoda de forma alguma! Você está mesmo precisando de um bom banho, não é mesmo? — disse sorrindo, e eu assenti com a cabeça. — Venha comigo.

Carinhosamente, ela me conduziu até o modesto e único banheiro da casa.

— Aguarde aqui só um instante, que vou pegar um sabonete para você e uma toalha também.

Enquanto eu aguardava, Vera foi até o esposo e voltou a pedir-lhe explicações sobre mim, ao que Álvaro esclareceu rapidamente que eu era um garoto órfão e sem casa para morar. Rapidamente, sentindo-se animada e feliz, ela correu até o armário de seu quarto, apanhou sabonete e toalha, e voltou ao banheiro, onde me ajudou com o banho.

Após o banho, Vera preparou-me um lanche.

Sentou-se ao meu lado à mesa e ficou me observando comer. Seus olhos brilhavam de satisfação, como se estivesse assistindo a um filho alimentar-se.

— Está gostoso? — indagou-me.

— Sim, uma delícia! Adoro pão com queijo e leite. Obrigado!

CAPÍTULO 14

O motoqueiro

Os dias foram passando e sempre que Vera e Álvaro comentavam que precisavam avisar o Juizado de Menores sobre a minha hospedagem na casa deles, eu afirmava que, se voltasse para um abrigo, mesmo o da tia Geralda, eu fugiria de lá para continuar procurando por Maria. E assim fui ficando com eles, sem deixar de buscá-la pelas ruas do Rio.

Alguns meses se passaram, e Vera estava sendo a melhor mãe do mundo. Eu também havia recomeçado a estudar, usando documentação falsificada. Para mim, estava indo tudo muito bem, com exceção da forte dor que a ausência de Maria me proporcionava.

Claro que eu sentia falta dos meus pais adotivos, de Sandra e até da tia Geralda e dos amigos do orfanato, que costumava visitar quando ainda estava em Niterói. Mas era a ausência de Maria que mais me fazia sofrer. O fato de não ter nenhuma notícia dela me deixava perturbado com frequência, mesmo ainda sendo uma criança tão pequena. Tudo porque nossa relação era bastante antiga, de várias encarnações sucessivas, embora eu não me lembrasse disso.

Contudo, o amor de Vera estava, a cada dia, me confortando a alma, e eu também a amava mais a cada minuto. Enquanto isso, com o intuito de reduzir a minha busca quase diária pelas ruas da cidade, Álvaro passou a afirmar que também estava procurando por Maria. Porém, futuramente eu viria a saber que ele nunca o fizera de verdade.

O tempo foi passando cada vez mais rápido e levando com ele parte de mim. Aquela porção amarga impressa em muitas das memórias de meu passado saudoso ia ficando cada vez mais tênue. No entanto, jamais perdi as esperanças de reencontrar a minha amiga, irmã e companheira de todos os momentos, Maria.

Eu estava agora com dez anos de idade, e Vera tinha se tornado a mãe que qualquer garoto gostaria de ter: amorosa, cautelosa, responsável... Enfim, ela era minha mãe maravilhosa e amada infinitamente por mim. Eu também amava Álvaro e ele a mim, mas nossa relação era diferente. Ele era mais distante e sentia um pouco de ciúmes de minha mãe.

Álvaro agora trabalhava nas agências dos Correios do Rio de Janeiro, e Vera tinha um salão de beleza que funcionava em nossa própria casa. Quando eu não estava na escola, encontrava-me quase sempre na companhia de minha mãe, o que contribuía ainda mais para o estreitamento de nossos laços afetivos.

Mais dois anos se passaram, e o tempo agora carreara o restante das lembranças do passado, tanto ruins quanto boas, tristes e alegres, deixando viva apenas uma pequena parcela do que um dia eu vivera antes de conhecer Álvaro e Vera. Contudo, não havia um único dia em que eu não me lembrasse de Maria com saudades. Não havia um único pôr de sol que eu presenciasse sem recordar-me de como adorávamos apreciar juntos aquele singelo espetáculo da natureza, imaginando quantas moléculas químicas vibrantes haveria naquela estrela luminosa que ardia em calor. Não havia uma única aula de química no colégio em que ela não estivesse, em pensamento, como que ao meu lado, dando-me palpites e vibrando quando meus experimentos mais simples davam certo. Não havia uma única noite em que eu não orasse a Deus rogando-lhe por reencontrá-la algum dia, nem que fosse no último de minha existência terrena naquela encarnação.

Assim, enquanto eu seguia a minha vida no Rio de Janeiro, satisfeito e feliz, em Niterói, os meus primeiros pais adotivos ainda não haviam desistido de nos procurar nem perdido as esperanças de nos encontrar. Marta e Rogério tinham contratado um detetive particular que, embora não estivesse mais tão ativo como nos primeiros meses de nosso desaparecimento, continuava em constante vigília, investigando onde considerasse oportuno, com a inabalável esperança de nos encontrar. Eu seguia acreditando que, há muito, meus pais houvessem desencarnado.

Certa vez, o detetive chegou a levar um menino de minha idade até meus pais, acreditado que se tratasse de mim. Infelizmente, eles sofreram ainda mais quando constataram que não era eu.

Sandra continuava trabalhando na casa deles e, da mesma forma que antes, tentava, sutilmente, incentivá-los a aceitarem a existência e a entrada de Deus em suas vidas. Com Marta, o trabalho lento e paciente de evangelização espiritualista já havia surtido um bom resultado. Ela passara a crer na existência de Deus e também do mundo espiritual. Rogério não a criticava, embora ele próprio continuasse relutante nesse sentido. Porém, Marta não demonstrava interesse em se aprofundar em nenhuma religião, nem na doutrina espírita.

Outro ano se passou, e as coisas não mudaram muito em minha vida. Eu era um garoto de treze anos que vivia com sua

QUANDO O ANJO MORA AO LADO

família em uma casa simples da periferia de uma grande cidade. Embora tivesse recursos bem limitados, possuía o essencial para ser feliz: saúde, um lar para morar, comida para alimentar o corpo e, sobretudo, amor e educação para alimentar-me o coração e a alma.

Porém, o relacionamento de meus pais começou a mudar, não com relação a mim, mas entre eles. Poucos meses após o início de muitas brigas, a situação se agravou ainda mais, e Álvaro chegou a bater em minha mãe. Pensei em devolver-lhe a agressão, mas vieram-me à mente os ensinamentos de nosso senhor Jesus Cristo, que havia recebido tanto no abrigo quanto de minha atual mãe, Vera. Também me recordei de quando vivia ao lado de Maria e ela me dizia com frequência: "Olha, Renan, eu sou brava, mas, quando alguém me agride, eu tento me controlar e perdoar, pois é isso que Jesus nos ensina na Bíblia. Nem sempre eu consigo, mas eu sempre tento". Então, por ela, por mim e pensando em Jesus, tentei e consegui me conter.

Assim, Maria passou a ser para mim não apenas o conjunto de lembranças boas e constantes, mas a sentia como se fosse um anjo a acompanhar-me e a aconselhar-me em momentos importantes de minha vida, mesmo que não estivesse fisicamente ao meu lado. Não podia desabafar com ela, nem a consultava pessoalmente, mas fazia isso em pensamento, quando resgatava as nossas lembranças juntos.

Bem, o fato é que, depois que meu pai agrediu fisicamente a minha mãe, o relacionamento deles definhou com uma velocidade ainda maior. Até o dia em que Vera descobriu que Álvaro estava apaixonado por outra mulher. Então, eles se separaram poucos meses depois. Meu pai casou-se novamente e mudou-se com a nova esposa para o estado da Paraíba.

Sem a renda de Álvaro, a nossa situação financeira tornou-se delicada, e eu passei a ajudar minha mãe vendendo na escola deliciosos biscoitos feitos por ela. Além disso, meus "avós", os pais de Vera, começaram a nos ajudar com uma boa quantia mensal. Eles também moravam no Rio de Janeiro e costumavam nos visitar com frequência. Eu os amava e era igualmente amado por eles.

Assim, com a renda do salão de beleza e a ajuda de meus "avós", levávamos uma vida simples, porém sem nada nos faltar. Com frequência e sem exageros, minha amada mãe me fazia muitos mimos. Levava-me ao cinema, fazia-me os doces que eu adorava e comprava-me roupas e sapatos novos, pois eu estava crescendo muito rápido.

Túlio e Neusa continuavam ao meu lado. Cheguei a vê-los em algumas poucas ocasiões, e passei a ver também outros espíritos com relativa frequência. Contei à minha mãe sobre as visões, e ela não me recriminou nem me julgou em nenhum momento, da mesma forma que agira Sandra quando desabafei com ela alguns anos antes dali. Em vez disso, Vera procurou ajuda e foi orientada por uma vizinha a visitarmos um centro espírita situado no mesmo bairro onde morávamos. E assim o fizemos. Passamos a frequentar juntos o centro uma vez por semana, o que nos trouxe muitos benefícios.

Seis meses depois, minha mãe casava-se novamente, com um homem bom e generoso chamado Lorivaldo. Era motorista de ônibus, muito amoroso e paciente conosco. Pouco depois do casamento, fomos agraciados com a chegada de Samuel, meu irmãozinho tão amado e desejado por todos nós. Éramos uma família ainda mais feliz, com a graça de Deus.

O tempo continuou passando e faltava um dia para o meu aniversário de dezesseis anos. Eu era agora um adolescente de estatura mediana, esguio, de cabelos escuros e curtos, sempre bem penteados. Continuava aplicado nos estudos, cursando o primeiro ano do ensino médio, agora em uma escola melhor e amando cada vez mais a química.

Um pouco antes de Samuel nascer, havíamos nos mudado para uma casa maior, no mesmo bairro, com um jardim espaçoso e bonito, onde costumávamos brincar e realizar as festas de aniversário. O salão de minha mãe permanecia em nossa casa, dando-nos um lucro razoável.

– Hum! Não precisava fazer um bolo tão grande, mãe – eu disse para Vera, ao vê-la empenhada em um lindo bolo de dois andares com cobertura de chocolate.

– Precisava sim – respondeu ela, com um largo sorriso nos lábios. – É muita gente, filho! Convidei os seus amigos mais chegados da escola e do bairro, os seus avós e alguns familiares de Lorivaldo. Além do mais, você sozinho come a metade deste bolo.

Nós sorrimos juntos, e eu depositei-lhe um beijo na bochecha.

A minha festa de aniversário ocorreu no final da tarde do dia seguinte, um sábado de clima ameno. Tudo havia sido feito com muito capricho pela minha mãe e minha avó, e eu estava muito feliz. Havia no total doze amigos, entre garotos e garotas, e nos divertimos muito. Samuel, já com quase um aninho, andava animado no jardim, cambaleando para um lado, caindo, levantando e cambaleando para o outro, brincando com bexigas coloridas na companhia de mais duas crianças.

Após o término da festa, os convidados deixaram nossa casa; apenas Luana permaneceu mais um pouco. Ela estudava na mesma turma que eu, éramos muito amigos e gostávamos muito da companhia um do outro.

– Parabéns mais uma vez, Renan! Sua festa foi muito divertida! – disse Luana, segurando a minha mão.

– Eu que agradeço por você e meus amigos terem vindo. Não há presente maior do que a companhia de amigos verdadeiros.

Ela me fitou com um olhar arteiro e indagou:

– Hum, então, somos apenas amigos?

– Não apenas... – eu respondi.

Então, segurei a mão dela e fomos aproximando nossos rostos, lentamente, até nos beijarmos delicadamente na boca.

Nesse momento, Túlio e Neusa se aproximaram de nós, sem se deixarem ver por mim.

— Fique a postos — disse ele.

— Vai dar tudo certo — respondeu ela.

Luana voltou a falar:

— Preciso ir agora, Renan, já escureceu.

— Verdade. Irei com você até lá.

— Não é necessário.

Luana morava a duas ruas dali.

— Mas eu faço questão — insisti.

De mãos dadas, dirigimo-nos à saída da casa, atravessamos o portão e saímos. Quando dobramos a calçada da primeira rua, uma moto parou ao nosso lado na rua.

— Ei, Luana! — disse o motoqueiro.

Paramos de andar e o fitamos, surpresos.

— Aonde pensa que vai de mãos dadas com esse daí?

O motoqueiro tirou o capacete e logo constatamos que se tratava de Fred, um rapaz que residia no nosso bairro e era apaixonado por Luana. Tinha dezoito anos de idade, não estudava e estava envolvido no mercado negro de substâncias ilícitas.

— Estou indo para a minha casa. Qual é o problema? — respondeu a jovem.

— O problema é que você é minha e não aceito que ande por aí de mãos dadas com ninguém, muito menos com esse bebezão magricela filhinho da mamãe!

Eu sabia que Fred não era o tipo de pessoa com quem eu deveria discutir. Seria imprudência de minha parte deixar-me levar pelas suas provocações, quando a razão, o discernimento e a serenidade deveriam prevalecer.

— Eu estava apenas acompanhando-a até a casa dela — respondi, mantendo a calma e desconsiderando a tentativa de insulto.

QUANDO O ANJO MORA AO LADO

– Acompanhando a minha garota de mãos dadas com ela, seu moleque?

– Eu não sou sua garota! – vociferou Luana, e soltamos as mãos.

– Calma, Luana. Não vamos perder nossa razão nem serenidade – eu pedi.

– Como é que é? – Fred desceu da moto inflando os pulmões. Ele era alto e corpulento. Segurou firme o braço dela e continuou: – Escute aqui, sua bonitinha. Se você ainda não é minha namorada por bem, eu vou logo avisando que vai ser por mal, querendo você ou não – e tentou beijá-la à força.

Luana esquivou-se, empurrando Fred, e eu a ajudei.

Fred nos olhou com fogo nos olhos e esbravejou:

– Vai recusar um beijo meu? Nenhuma garota faria isso em sã consciência!

– Eu não sou qualquer uma, Fred. E você não vai obrigar-me a namorá-lo quando eu gosto de outro.

Ele estremeceu de raiva.

– Gosta de outro, é? Deste "macarrão" que está ao seu lado?

– Não disse que era dele.

– Nem precisava dizer. Tenho bons informantes. Saiba que com ele você não fica, nem com ninguém!

Neste momento, Fred sacou uma arma de dentro do casaco de couro preto e a apontou em nossa direção.

– Calma, rapaz! Não precisa disso. Vamos resolver as coisas como adultos e sem violência, está bem? – tentei argumentar.

Fred soltou uma gargalhada.

– Como adultos? Mas você ainda é um bebê chorão, seu infeliz!

Retruquei educadamente:

– Independentemente de minha idade, já sou homem suficiente para saber que a violência não é solução para nada.

– Não me venha com esse discurso de "maricas". Vou matar você agora. Quero ver se essa piranha ainda vai me rejeitar sem você por perto!

Ao nosso lado, Neusa inspirou Luana sobre como agir, e Túlio fez o mesmo comigo.

Então, Luana agiu rápido. Olhou através do ombro de Fred, como que a fitar alguém se aproximando por trás dele, e gritou:

— A polícia!

Embora soubesse que não se deve reagir a ameaças à mão armada, ela não se conteve. Sabia também que eu conhecia um pouco de artes marciais e calculou que seu grito assustaria o bandido, dando espaço para que eu pudesse agir com mais segurança em minha defesa. E foi o que aconteceu. Com o susto, Fred sobressaltou-se, olhando rapidamente para trás, no mesmo instante em que eu desferi um golpe com a perna direita sobre a mão armada dele, desarmando-o de imediato.

Munido de mais ódio ainda, por ter percebido que havia sido enganado pelo grito de Luana, Fred abaixou-se rapidamente, tentando recuperar a arma, mas eu apliquei-lhe um segundo golpe, imobilizando-o pelo pescoço, enquanto Luana apanhou a arma em frações de segundo.

— Corra de volta até minha casa e ligue para a polícia — eu a orientei.

— Você vai ficar aqui sozinho com ele? — ela indagou, trêmula e com as pernas bambas.

— Pode ir. Ele não sairá daqui até que a polícia chegue.

Dois rapazes iam passando pelo local, e Luana pediu-lhes ajuda. Então, enquanto eles me davam cobertura para manter Fred imobilizado na calçada, Luana saiu correndo até a minha casa. Com a ajuda de minha mãe, telefonou para a polícia e, juntas, foram ao meu encontro. Eu estava agora envolto em um pequeno aglomerado de pessoas, ainda mantendo Fred imobilizado em meus braços.

Vinte minutos depois, uma viatura policial chegou ao local e levou Fred preso, ao que ele, batendo-se todo, jurou vingança.

CAPÍTULO 15

Ameaças de morte

Uma semana depois, Fred foi solto, mas não estávamos sabendo da novidade.

Então, após sairmos da escola juntos, de mãos dadas, eu e Luana vimos quando uma moto passou por nós devagar e apontou uma arma em minha direção. Luana soltou um grito agudo, no mesmo instante em que me deu um forte empurrão nas costas. Quase simultaneamente, o motoqueiro atirou; eu me desequilibrei e caí. A moto arrancou em alta velocidade, desaparecendo à primeira esquina.

Luana deixou-se cair de joelhos no chão ao meu lado.

– Você está sangrando! – disse ela, assustada, enquanto alguns colegas e transeuntes também se aproximaram.

– Estou? – indaguei, meio atordoado.

Comecei a sentir um ardor no braço. Realmente havia sido atingido pelo tiro, porém, felizmente, apenas de raspão. Sentei no chão e, juntos, verificamos o ferimento. Vigilantes, Túlio e Neusa permaneciam ao meu lado.

– Graças a Deus, foi apenas superficial! – exclamou Luana.

Pouco depois, estávamos em minha casa. Quando cheguei, minha mãe quase desmaiou ao ver-me adentrando a sala todo ensanguentado, ao lado de Luana.

– Meu Deus, o que aconteceu com você, meu filho? – e correu para receber-me.

– Calma, mãe! Eu estou bem.

– Foi um tiro de raspão, tia – esclareceu Luana.

– Um tiro? Como assim, um tiro? Quem fez uma maldade dessas com você, filho?

– Não sei, mãe. Não vi o rosto dele.

– Não vimos o rosto dele, mas sabemos quem foi. Não é, Renan? – insinuou Luana, com sua voz suave e tom baixo de sempre.

– Não posso afirmar nada.

– Claro que sabemos – Luana insistiu. – A moto era a mesma e o capacete também. Só pode ter sido Fred ou alguém a mando dele!

Neste instante, ouvimos o barulho de algo pesado caindo dentro de nosso jardim. Corremos para ver do que se tratava.

– Mas o que é isto? – indagou minha mãe, ao fitarmos uma pedra de tamanho médio caída ao chão, envolta em um pedaço de papel.

Luana abaixou-se e arrancou o papel. Havia algo escrito nele e ela o leu em voz alta:

– "Se não morreu dessa, prometo que morrerá da próxima, seu infeliz! Com minha mina tu não fica!"

Luana estava pálida, e minha mãe, ainda mais assustada.

– Meu Jesus Cristo, você tem razão, Luana – exclamou minha mãe, levando uma mão à boca. – Aquele marginal já saiu da cadeia e agora quer se vingar de meu menino!

Minha mãe abraçou-me e começou a chorar.

— Calma, mãe, eu estou bem — tentei consolá-la.

Soluçando, ela refutou:

— Até quando, meu filho? Até quando você vai conseguir escapar dos ataques desse bandido insano? É a segunda vez que ele tenta matar você! Uma hora ele pode conseguir! — e desabou em um pranto alto e sofrido, envolvendo-me com seus braços afetuosos e trêmulos.

— A tia Vera tem razão, Renan. Eu gosto muito de ter você por perto, mas acho que deveria dar um tempo por aqui — sugeriu Luana.

Minha mãe afastou-se de mim, enxugou as lágrimas do rosto com as mãos e considerou:

— Ela está certa, meu filho. A nossa justiça falha muitas vezes. Esse bandido já está à solta! Se você continuar aqui, ele vai acabar conseguindo o que deseja. Não vou suportar uma coisa dessas! Vamos nos mudar daqui!

— E quanto ao seu salão? — questionei. — A senhora poderá perder muitos clientes se sairmos do bairro.

— Não tem problema. Formarei uma nova clientela, com a ajuda de Deus!

— Não posso permitir uma coisa dessas, mãe. Não podemos sacrificar nossa família por causa desse rapaz. Vamos denunciá-lo à polícia novamente. Eles devem ter uma maneira de me proteger.

— Não podemos arriscar, filho — redarguiu minha mãe, afagando-me os cabelos. — É a sua preciosa vida que está em jogo!

— Eu concordo com a tia Vera, Renan — opinou Luana. — Mas, você também pode ir passar um tempo na casa de seus avós, os pais da tia Vera. O que acha, tia? Ao menos saberemos que está distante daquele bandido.

— Sim, uma ótima ideia! — acatou minha mãe, esperançosa. — O bairro onde os seus avós moram é bem distante daqui...

No dia seguinte, temendo pela segurança de minha família, acabei cedendo aos apelos de minha mãe e de Luana. Ao cair da tarde, segui para a casa dos pais de Vera, a quem eu considerava como avós. Eu entraria de férias da escola naquela semana e, portanto, Fred também não poderia me abordar pelas redondezas do colégio.

No entanto, na terceira noite em que dormia na casa de meus avós, acordamos de madrugada tossindo bastante, incomodados com nuvens de fumaça que adentravam os cômodos da residência através das arestas das portas. Meu avô saiu correndo para o jardim; minha avó e eu o seguimos.

Quando lá chegamos, o carro de meu avô havia se transformado em uma gigante bola de fogo, cujas labaredas douradas bailavam em tentativas vãs de alcançarem as nuvens no céu. A poucos metros do veículo em chamas, havia um vasilhame de gasolina vazio, e o portão de entrada da casa estava completamente aberto. Todo o contexto denunciava um cenário criminoso, principalmente por outro bilhete ameaçador de Fred, fixado no portão.

Dois dias depois, eu estava de malas prontas e passagem de avião comprada, aguardando a chegada do táxi ao lado de alguns amigos mais próximos, de Luana, e de meus familiares chorosos: minha amada mãe, meu estimado padrasto, meu querido irmãozinho caçula e meus queridos avós.

Duas horas depois, com os olhos encharcados de lágrimas, eu observava o avião decolar rumo à cidade de João Pessoa, onde meu pai vivia com a esposa e o filho. Passaria uma temporada com eles, até que minha mãe encontrasse uma maneira de voltarmos a morar juntos sem corrermos risco de vida. O que eu não imaginava era como estaria o meu pai depois de tanto tempo...

CAPÍTULO 16

Grandes mudanças

Eu estava muito triste por separar-me, mais uma vez, de todos que amava, sobretudo de minha querida mãe. Contudo, acreditava que a situação não era tão ruim assim, afinal, eu iria morar durante algum tempo com o meu "pai". Tudo seria temporário e, portanto, durante o período de estadia ao lado dele, deveria aproveitar todas as experiências novas, matar as saudades, conhecer meu novo irmãozinho – filho de meu pai com a atual esposa –, uma nova cidade, um novo colégio e fazer novos amigos. Realmente, era um mundo novo que se descortinava diante de mim e eu poderia gostar muito dele. Pelo menos, era nisso que buscava acreditar para enfrentar a situação.

Álvaro foi apanhar-me no aeroporto, e eu estava ansioso para vê-lo. Já fazia muitos anos desde o nosso último contato.

Quando eu apareci no vão do desembarque, puxando minha mala, meus olhos o procuraram com agilidade. Estava à esquerda e, ao me ver, abriu um largo sorriso.

Quando nos encontramos, abraçamo-nos calorosamente. Percebi o quanto o amava.

– Como você cresceu, rapaz! – observou meu pai, e eu sorri satisfeito.

– O senhor está mais forte – comentei.

– É a idade, meu filho. Costumamos engordar com o passar dos anos.

Mas havia algo de diferente nas feições e na energia de meu pai. Algo que eu não conseguia compreender bem, porém, sentia que não me agradava.

Durante o trajeto do aeroporto até a casa dele, fomos conversando animadamente dentro do carro.

Era uma tarde de sábado e, por isso, tanto meu irmão Éverton, de seis anos, quanto Eliane, minha madrasta, estavam em casa quando chegamos. Eles moravam em um apartamento pequeno e confortável, de três quartos, em um condomínio perto da praia, com uma piscina coletiva na área de cobertura do prédio.

Ao nos fitar adentrando a sala, Eliane levantou-se do sofá e apresentou-se:

– Olá, Renan, eu sou Eliane, esposa de seu pai. Como foi de viagem? – e nos cumprimentamos com apertos de mãos.

Éverton saltou do sofá e também veio receber-me, animado.

– Oi! Eu sou Éverton! Somos mesmo irmãos?

Eu me curvei sobre ele, desgrenhei-lhe os cabelos com carinho e respondi com satisfação:

– Sim, nós somos irmãos. O seu papai é meu pai também. Vamos brincar muito juntos!

Meu pai e Eliane se entreolharam, e eu não consegui compreender, de imediato, o sentido daquele gesto.

Éverton olhou-me com fisionomia sisuda e resmungou:

– Eu não gosto que assanhem o meu cabelo.

Então, finalmente compreendi o motivo da troca de olhares entre Álvaro e a esposa.

– Ah, não gosta? Desculpe, eu não sabia. Não fiz por mal. É que sou brincalhão mesmo.

– Tá. Então vou gostar de brincar com você. Mas não assanhe meu cabelo de novo!

– Prometo!

– Bem, Renan, agora venha comigo conhecer o quarto onde ficará instalado – solicitou meu pai. – Vamos deixar sua mala lá.

– Sim, sim. Vamos.

Eu o segui pelo curto corredor e logo entramos no terceiro e último dormitório do apartamento.

– Pronto. É aqui – disse ele.

Era um quarto pequeno, de paredes brancas e limpas, como o restante do apartamento. Havia uma cama de solteiro ao centro, algumas prateleiras fixas à parede do lado esquerdo da cama, um banquinho do lado direito e uma escrivaninha com um computador sobre ela na parede oposta.

– Gostou? – indagou meu pai.

– Sim, pai. Está ótimo!

– Você já tinha computador em seu quarto?

– Sim, minha mãe comprou-me um usado, mas eu fico muito agradecido pelo senhor ter-me comprado um também.

– Não há de quê, filho. Mas será para os dois: você e seu irmão. Para ajudar nos estudos, claro.

– Tudo bem. Não tem problema algum.

– Que bom que entende. Agora desarrume a mala e pode pôr suas roupas nestas prateleiras. Depois compraremos um guarda-roupa. Sua mãe disse que você iria trazer apenas o essencial. Então, por enquanto, estas prateleiras servirão muito bem.

– Sim, está ótimo! Eu trouxe mesmo pouca coisa. Minha mãe disse que depois enviará outras coisas minhas.

– Ótimo! Agora pode usar o banheiro do corredor para tomar um banho e depois vá comer alguma coisa na sala de jantar.

Então, eu acomodei meus pertences nas prateleiras e alguns livros sobre a escrivaninha. Após organizar tudo, apanhei uma toalha e fui tomar banho. Depois, pus uma roupa confortável e me encaminhei para a sala de estar, que ficava ao lado da de jantar, e esta, próximo à cozinha. Sentei-me ao lado de meu irmão e de meu pai, de frente para a televisão. Neste momento, Eliane saiu da cozinha e aproximou-se de nós, trazendo uma garrafa de cerveja em cada mão. Entregou uma delas ao meu pai e deu um gole diretamente no gargalo da outra.

– Obrigado, querida – disse meu pai.

– O senhor não bebia antes – observei despretensiosamente.

– É, mas agora bebo umas cervejinhas – ele respondeu. – Qual o problema?

– Eu sei que o álcool não é bom de jeito nenhum, pai, mas não estou lhe criticando. Só comentei porque nunca tinha visto o senhor beber na época em que morava conosco no Rio.

– Sim, mas eu só bebo às vezes, e "de leve".

– De leve? – rebateu Éverton, com ironia. – Esse daí adora beber com minha mãe até ficarem os dois caindo de bêbados.

– Não fale assim, Éverton! Fazemos isso apenas às vezes – retrucou Eliane, visivelmente constrangida. – Renan, estou preparando um lanche para você.

– Tudo bem, Eliane, obrigado. Não quero dar trabalho. Eu sei me virar bem.

Ela observou:

– Ah, mas nem se preocupe, porque aqui você vai mesmo precisar se virar, pois não temos empregada e trabalhamos durante a semana toda.

– Eu entendo – respondi.

Neste instante, meu telefone celular tocou. Era minha mãe.

– Oi, mãezinha! Sim, cheguei e está tudo bem. Só estou com muitas saudades da senhora e de todos daí!

Conversamos durante alguns poucos minutos e desligamos. Então, meu pai me fitou e observou:

– Renan, que celular legal, cara! Deixa eu ver aqui.

Eu o entreguei, explicando:

– Ganhei de minha mãe e de meu padrasto em meu aniversário de quinze anos.

– Sua mãe continua mimando você, não é? – meu pai indagou, embalando o celular entre as mãos.

– É, minha mãe gosta de me agradar. Claro que fico feliz, mas continuaria feliz mesmo que não recebesse nenhum desses presentes que ela compra para mim com tanto sacrifício, porque o amor, o cuidado e a educação que ela me dá são muito mais importantes. Ah, mas também confesso que não resisto aos doces, bolos e guloseimas que ela sempre faz ou compra para mim, quando o dinheiro dá, é claro.

– Que ótimo! – exclamou meu pai. – Vejo que você se tornou um garoto de bem; não valoriza muito essas futilidades. Sendo assim...

Ele sacou do bolso o próprio celular e removeu-lhe a tampa traseira. Em seguida, abriu também o meu aparelho e trocou os *chips*. Quando finalizou a operação, virou-se para mim e disse:

– Prontinho! Você não precisa de um celular moderno como este. Agora ele é meu. Tome, fique com este – e entregou-me o aparelho dele.

– Agora sim, querido. Está com um celular de "vergonha"! – observou Eliane, sorridente.

– Mas, pai, eu o ganhei de minha mãe, de aniversário...

– Eu sei. Acabou de me contar isso. Mas você acha justo que um filho tenha um celular melhor do que o do pai? Além do mais, eu preciso mais dele do que você, que acabou de confessar que não faz questão dessas coisas.

Eu baixei a cabeça e respondi:

– Tem razão. Pode ficar com ele.

Assistimos mais um pouco de televisão juntos, enquanto Éverton brincava sobre o tapete, no meio da sala. Porém, quando meu pai e Eliane começaram a falar com a voz empastada, percebi que estavam ficando embriagados.

A um dado momento, levei um susto enorme quando três espíritos inferiores aproximaram-se dos dois. Inicialmente, os três debocharam de minha reação; em seguida, ignoraram minha presença e abraçaram-se ao meu pai e a Eliane.

Então, pedi licença, me recolhi e comecei a orar por todos na casa. Fazia um bom tempo que eu não tinha nenhuma experiência mediúnica. A partir dali, iria constatar que minha mediunidade era mesmo mais desenvolvida do que eu imaginava.

Com as palestras que havia assistido no centro espírita de nosso bairro, ao lado de minha mãe, eu havia adquirido algum conhecimento sobre o mundo espiritual e a relação corpo-espírito. Sabia quão nefasto era o consumo do álcool, sobretudo em excesso, tanto para o corpo físico quanto para o perispírito e o espírito. Hoje, compreendo o assunto de modo ainda mais abrangente.

O álcool presente nas bebidas alcoólicas é o etanol, uma substância altamente tóxica para o organismo. Muitos usuários acreditam erroneamente que se trate de uma droga estimulante, porém, pertence ao grupo das substâncias depressoras do sistema nervoso central. A princípio, o usuário sente-se eufórico e desinibido, e são esses os sintomas que o levam a ser confundido com drogas estimulantes. Porém, em um segundo momento, com o aumento da ingestão, surgem os efeitos provenientes da depressão em nível central, que incluem o descontrole, a incoordenação motora, sonolência, dificuldade de raciocínio, podendo, inclusive, evoluir para o coma e morte.

Embora o sistema nervoso central e também o fígado sejam os mais afetados, o álcool pode exercer uma ação nefasta em todos os sistemas orgânicos. Porém, seu efeito nocivo pode comprometer também o equilíbrio e a saúde do perispírito.

Além de delimitar o espírito, o corpo perispiritual possui ainda a função de dar forma aos elementos celulares, estando mais intimamente relacionado com o sangue e os neurônios.

Nessa concepção, a agressão do álcool às estruturas fisiológicas reflete na forma de lesões e deformações também no perispírito do usuário, podendo contribuir para um acentuado desequilíbrio do espírito, bem como para grandes problemas de saúde em uma próxima encarnação.

Outro sério problema que acomete os consumidores abusivos do álcool, e que, com o tempo, também pode lhes danificar as células perispirituais, consiste no "vampirismo espiritual". Tal condição corresponde à ação de espíritos desencarnados de vibrações inferiores sobre os usuários abusivos. Uma vez dependentes quando encarnados, esses espíritos assim prosseguem além-túmulo. Então, como não lhes é mais possível obter o objeto de seu vício, tais entidades associam-se ao usuário de álcool para usufruir dele as emanações tóxicas impregnadas no seu perispírito, ao mesmo tempo em que o prejudica com impregnações fluídicas maléficas e o aprisiona à sua vontade.

No dia seguinte, acordei bem cedo, fiz minha oração matinal e permaneci mais um pouco sobre a cama, repassando minha vida em mente.

A saudade oprimiu-me o peito, sobretudo quando a imagem de minha mãe, meu irmão e Maria vieram-me à mente. Sim, a falta que Maria me fazia ainda permanecia uma constante em minha vida, simplesmente porque havia escolhido que seria assim. Tinha escolhido não deixá-la morrer dentro de mim. E, em meus pensamentos, ela vivia de uma forma tão intensa que chegava a sentir o seu perfume.

Após deixar cair algumas lágrimas e com isso desabafar a angústia da saudade de todos, estava na hora de erguer a cabeça e ser feliz, como eu costumava fazer diante das adversidades da vida. Afinal, eu não tinha motivos para sucumbir a um sentimento que me era possível controlar e racionalizar, com a ajuda de Deus. Maria também agiria assim se estivesse no meu lugar.

Assim, levantei da cama já com outro humor: animado, feliz e grato por mais um dia de vida que se iniciava. Tomei um banho e fui até a varanda, que ficava na lateral do apartamento, de onde era possível apreciar a exuberante paisagem do mar ao longe.

O dia estava lindo, com o sol brilhando majestoso no céu azul de poucas nuvens. Inspirei profundamente, sorvendo a energia boa emanada pelas águas salobras. Havia um cheiro gostoso de maresia no ar, e, na brisa fria, uma suave sensação de nostalgia.

Eram oito horas da manhã de domingo e todos ainda dormiam em plácido silêncio. Deixei a varanda e me dirigi até a cozinha; estava faminto.

Eu era um garoto franzino, mas costumava alimentar-me bem, em qualidade e, mais ainda, em quantidade. Minha mãe costumava brincar afirmando que não compreendia qual era o destino de tanta comida ingerida por mim durante as principais refeições. Isto sem contar as guloseimas que ela me preparava para os momentos de lanche. Nós dois sabíamos que eu estava em fase de crescimento e comia como um leão. Sorríamos juntos disso tudo.

Então, quando abri a geladeira, havia leite, achocolatado, suco, queijo, geleia, bolo, ovos e iogurtes, de vários tipos. Eu amava iogurte! Assim, saquei uma bandeja deles, contente como uma criança, pois o alimento fazia-me lembrar de casa. Porém, havia um curioso pedaço de papel fixado sobre a bandeja. Aproximei-me mais e li os seguintes dizeres: "Apenas para o Éverton. Não coma!"

De imediato, o meu sorriso desapareceu dos lábios. Porém, logo compreendi que aquele alimento era caro e, certamente, meu pai e Eliane não poderiam manter duas crianças consumindo-o. Eu também compreendia que, além de caro, ele era supérfluo. Poderia viver muito bem sem iogurte.

Então, parti para o depósito de queijo, mas lá estava o papel novamente: "Apenas para o Éverton. Não coma!" Na caixa de leite, a mesma coisa, e do suco, do achocolatado, da geleia e do bolo também. Então, sorri aliviado quando não vi papel algum sobre os ovos nem sobre o saco de pão. Satisfeito, comi pão com ovo e bebi água. Também adorava ovo! Orei antes e depois de alimentar-me, agradecendo pela refeição.

Após o desjejum, voltei ao meu quarto. Estava morrendo de vontade de ir à praia, mas não faria isso sem a permissão de meu pai.

Meu irmão levantou quase dez da manhã, enquanto meu pai e a esposa ainda dormiam. Ele bateu à porta de meu quarto.

– Renan! Renan! Está acordado?

– Sim, estou. – Abri a porta para ele com um largo sorriso: – Bom dia, Éverton!

Ele não respondeu ao cumprimento, apenas me fitou e disse:

– Estou com fome. Faça comida para mim.

Eu retruquei:

– Hum... Faço com prazer. Mas, por uma questão de educação, você não gostaria de usar aquelas palavrinhas mágicas, não? – Referia-me à expressão "por favor".

Meu irmão rebateu:

– Se não existe nem Papai Noel, você acha que vai existir alguma palavra mágica?

Sorri pela esperteza do pequeno, mas lamentei por constatar que a educação de meu irmão estava sendo bem diferente da minha.

Eu me abaixei à frente dele e esclareci:

– Éverton, as palavrinhas mágicas às quais me referi são aquelas que devemos dizer quando pedimos algo a alguém: "por favor".

– Ah, sei – disse ele. – Mas eu nunca falo isso quando peço as coisas, não.

Eu expliquei:

– Mas toda criança bonita e educada como você, assim como todo adulto também, precisa usar essas palavrinhas quando pede algo a alguém.

Éverton deu de ombros e repetiu:

– Faz minha comida. "Tou" com fome.

Eu sabia que educação era um processo e que voltaria a esse assunto com meu irmão sempre que tivesse oportunidade. Então, fui até a cozinha e preparei o desjejum dele, com todas as coisas gostosas que só ele podia comer.

Meu pai e a esposa saíram do quarto próximo do meio-dia. Eu brincava com Éverton sobre o tapete da sala, quando eles se aproximaram, visivelmente sob forte ressaca pelo excesso de bebida alcoólica ingerida no dia anterior: letárgicos, com olheiras profundas, pele desidratada e a mão na cabeça, devido à forte cefaleia.

– Renan, meu filho, sabe fazer café?

– Sim, pai, sei – respondi.

– Então faça um café bem forte para mim e para Eliane, por favor. Estamos acabados!

– Sim, sim, pai. Faço agorinha mesmo.

Levantei-me e fui preparar o café, enquanto eles se deixaram desabar sobre o sofá.

Poucos minutos depois, retornei, dizendo:

– Aqui estão os cafés – e descansei as xícaras sobre a mesinha de centro da sala.

– Ah, que ótimo! – exclamou Eliane, enquanto se curvava para apanhar a xícara a sua frente.

– Obrigado, filho! – agradeceu meu pai.

– Não há de que, pai. O senhor deseja mais alguma coisa?

– Não, não. Estamos com fome, mas, por enquanto, nosso estômago não vai aceitar nada.

Então, voltei a brincar com meu irmão sobre o tapete.

Alguns minutos depois, quando eles acabaram de tomar o café, fiz a pergunta que ansiava fazer desde que acordara bem cedo.

— Pai, eu posso ir até a praia?

— Praia? Não. Hoje não podemos ir — respondeu meu pai.

— Sim, eu sei que o senhor e Eliane estão se sentindo mal, mas é que... Bem, a praia é tão pertinho daqui, que eu poderia ir sozinho. Não deve haver perigo em atravessar esta avenida e andar alguns metros. O senhor não acha?

Eliane fitou meu pai com um olhar ameaçador, e ele respondeu:

— Sim, filho, aqui não é tão perigoso quanto muitos bairros do Rio de Janeiro. É uma cidade menor, mais pacata... Não há problema em você ir sozinho até a praia.

— Então, posso ir? — confirmei, feliz.

— Não. Hoje não vai dar para você ir — ele repetiu.

— Mas por que, se o senhor mesmo disse que não há problema de eu ir sozinho? — quis saber.

— É que eu e Eliane recebemos um convite para um churrasco... Quero dizer, trata-se do aniversário de um grande amigo nosso. Seria uma desfeita se faltássemos. É programa de gente adulta, sabe, filho. Então, como você está aqui, ficará cuidando de Éverton.

— Mas o senhor vai sair assim?

— Assim como?

— Assim, sentindo-se mal.

— Ah, isso é bobagem. Eu e Eliane já estamos acostumados. Além do mais, o café forte já renovou as nossas energias, e o comprimido para a dor de cabeça também já começou a fazer efeito. Estamos prontos para outra.

Com sarcasmo, Eliane ajuntou:

— Além do mais, Renan, a praia não vai sair do lugar, vai continuar onde está. Pode ficar tranquilo, que você terá diversas oportunidades para ir até lá... Aos finais de semana, é claro. Porque, durante a semana, não será possível.

– Não? Mas eu só estudarei pela manhã, como quando estava no Rio. Não posso ir à praia às tardes? – insisti.

Foi meu pai quem respondeu:

– Claro que não, Renan. Durante as tardes, vai fazer duas coisas: estudar em casa a matéria que lhe passarem na escola e cuidar de seu irmão. Praia e diversão apenas aos finais de semana.

– Tudo bem, pai. Vou gostar de cuidar de meu irmão – eu concordei. – Mas, só para saber, quem cuidava dele antes?

Foi o próprio Éverton quem respondeu:

– Era Joelma quem ficava comigo durante as tardes. Na verdade, ela era nossa empregada e também ficava de olho em mim, mas mamãe mandou ela embora quando soube que você viria morar aqui.

Fitando meu irmão, meio sem jeito, meu pai interveio:

– Sim, mas não a mandamos embora, filho, ela foi porque quis. A mãe estava doente, e ela precisava cuidar dela.

Alguns dias depois, eu viria a saber que Álvaro não falava a verdade.

Ninguém disse mais nada. Pouco depois, meu pai e Eliane voltaram aos seus aposentos, aprontaram-se com roupas de passeio e retornaram à sala.

– Estamos de saída, Renan – disse meu pai.

– Tudo bem, pai. E quanto ao nosso almoço? Não sei cozinhar almoço.

– Faça sanduíches para vocês dois – ordenou Eliane. E complementou: – Mas respeite os recados nos alimentos.

Meu pai me fitou meio constrangido.

– Sabe como é, né, filho? Crianças menores precisam de mais nutrientes e vitaminas para crescerem saudáveis, e os preços das coisas estão pela hora da morte!

– Eu entendo, pai. Não se preocupe. Podemos ir tomar banho de piscina lá na cobertura?

– De forma alguma! – foi Eliane quem respondeu. – Éverton não sabe nadar. Nem pense nisso! Estão terminantemente proibidos!

– Tudo bem. Sendo assim, podemos ao menos descer um pouco para o pátio do prédio?

Eles se entreolharam.

– É. Acho que não tem problema vocês descerem – respondeu meu pai. – Mas não demorem.

– E, se alguém perguntar por nós, diga que voltaremos rapidinho – acrescentou Eliane.

Saíram em seguida.

Éverton voltou a brincar na sala e eu liguei a televisão. Fiquei feliz quando constatei que havia programação por assinatura. Então, procurei algo interessante para me distrair. Pouco depois, minha mãe me ligou e eu pude matar as saudades dela.

Passou mais um tempo e, quando sentimos fome, preparei nossa comida. Após comermos, tomamos o elevador e descemos ao térreo do prédio. Havia muito espaço lá embaixo, e a brisa cheirando a maresia era ainda mais forte do que na varanda. Éverton correu livre e feliz, enquanto eu o observava absorto, saboreando o vento acariciar-me o rosto.

Poucos minutos depois, de súbito, fui surpreendido com uma pancada mole na nuca, que me fez chicotear a cabeça para frente e sair do transe contemplativo ao qual estava imerso.

CAPÍTULO 17

Uma nova amiga muito especial

"Ela ri alto, fala alto, canta alto, sonha alto.
Definitivamente, não é mulher de baixarias."
(David Rodrigues)

— Desculpa aí, tá? Foi sem querer — disse uma garota, após eu me virar na direção da bola que havia me atingido na nuca.

— Tudo bem. Não tem problema — respondi sorrindo.

— Você está visitando alguém por aqui? Ou é o novo morador do 409? – indagou a garota, enquanto apanhava a bola no chão. – Eu conheço todo mundo por aqui, sabe, por isso perguntei.

Era uma jovem linda, de cabelos compridos, levemente ondulados e negros, olhos castanho-escuros, pele clara e sorriso largo e fácil. A um primeiro olhar, aparentava ter a minha idade, ou um pouco menos. A estatura também era um pouco inferior à minha.

Dividindo a atenção entre meu irmão e a garota, respondi:

— Sim. Não... Quer dizer, nenhuma das duas coisas. Meu pai mora aqui e eu vim passar um tempo com ele.

— Quem é seu pai?

— O Álvaro.

— Hum, seu Álvaro. Não tenho contato com ele, mas sei quem é. Do 305, né?

— Exato — respondi. — E você, como se chama?

— Eu sou Júlia, do 306. Muito prazer! — e estendeu a mão direita para cumprimentar-me.

— O prazer é todo meu! — eu disse, enquanto apertava-lhe a mão. — Me chamo Renan... Espera aí, você disse 306?

— Sim, isso mesmo. Somos vizinhos. Isso quer dizer que, certamente, você vai me ouvir cantar com frequência.

— Por quê? Você é cantora?

Ela soltou uma gargalhada sonora.

— Sou cantora, sim! Debaixo do chuveiro, eu canto que é uma maravilha!

Nós dois sorrimos juntos.

— Ah, mas, se for assim, também sou cantor — rebati.

— Acho difícil que você cante tão alto como eu. Bem, para falar a verdade, eu falo alto também... Ah, e minha risada também é alta...

— Eu percebi — confessei sorrindo. — Você é daquelas que ri alto, fala alto, canta alto, sonha alto... Definitivamente, não é mulher de baixarias!

— Isso mesmo! Gostei!

Sorrimos juntos novamente.

— É do poeta português David Rodrigues — esclareci. — Esse seu jeito de falar e de rir alto até me fez lembrar... — Parei de falar abruptamente.

— Fez você lembrar...? — ela quis saber.

— De uma amiga. Mas é só o jeito mesmo; fisicamente, ela era diferente.

— Tá. Vou perdoar você, mas só porque ainda não me conhece bem. Já fique sabendo que odeio comparações.

– Desculpe. Foram apenas algumas lembranças que me vieram espontaneamente à cabeça.

– Tudo bem. Não sou tão brava assim – e sorriu de novo. – Olha, seu irmão já vai longe!

Éverton corria a certa distância de nós.

– Preciso tomar conta dele. Vem comigo? Vamos conversando.

– Tudo bem – ela concordou. – Não tenho mesmo muito o que fazer agora.

Então, fomos ao encontro de meu irmão, que já brincava próximo à portaria. Lá ele encontrou um amigo e Júlia ofereceu sua bola. Então, sentamos no chão ao lado da guarita e ficamos conversando mais confortavelmente, enquanto observávamos as crianças brincarem.

– Você vai ficar por aqui até quando? – ela indagou.

– Não sei exatamente, mas acredito que vou demorar.

– Você morava onde antes de vir para cá?

– Morava, não, né, porque ainda moro. Estou por aqui apenas por um tempo, mas, assim que possível, vou voltar para minha casa, com a graça de Deus! Não que eu não goste de meu pai, mas é que meu lugar é ao lado de minha mãe e de minha família. Eu moro no Rio de Janeiro, capital, com minha amada mãe, meu irmãozinho e meu padrasto.

– E por que veio parar aqui?

Eu resumi o motivo de estar ali:

– Havia um cara perigoso no Rio tentando me matar porque eu estava namorando uma garota por quem ele era apaixonado. Então, minha mãe me mandou para cá, para me proteger dele. Só aceitei vir para não colocar em risco a vida de minha mãe, nem a de minha família.

– Entendo. Pelo amor à minha família, eu também faria o mesmo – Júlia considerou.

– E, por falar em sua família, como ela é? Você tem pai, mãe, irmãos...?

– Sim, tenho um pai e uma mãe maravilhosos, além de uma irmãzinha de dois anos que nos alegra a casa. Meu pai é dentista e minha mãe, psicóloga. Agradeço a Deus todos os dias por ter uma família saudável, unida e feliz, quando tantos amigos meus têm uma família desestruturada.

– É. Eu também sou grato demais a Ele pela família que possuo.

Júlia olhou na direção dos elevadores e continuou:

– E, por falar nelas, aí vêm as duas.

A mãe e a irmã de Júlia aproximaram-se de nós.

– Hum, amiguinho novo, Júlia? – indagou a mãe, de mãos dadas com a filha caçula.

– Sim, mamãe. Ele se chama Renan, chegou ontem e vai morar por aqui algum tempo. – Ela se voltou na minha direção e prosseguiu: – Renan, esta é a minha mãe, Paula, e a pequena é a nossa princesinha Jane, minha irmãzinha de quem lhe falei há pouco.

Paula era uma jovem senhora muito bonita, de estatura mediana, nos seus quarenta e poucos anos, de cabelos negros e ondulados, olhos castanho-escuros e pele morena clara; lembrava muito Júlia. Jane era fisicamente o oposto da mãe e da irmã, porém, não menos bela. Tinha cabelos crespos e a pele negra.

Nós nos cumprimentamos. Em seguida, Paula fitou Júlia e lhe recomendou:

– Bem, querida, como eu já tinha lhe avisado, preciso que cuide de sua irmãzinha esta tarde enquanto eu estiver fora, já que seu pai foi trabalhar e só retornará à noite. Só ele mesmo para arrumar um plantão em um domingo!

– Sim, mamãe. Pode ir tranquila. Já sabe, né? Nas minhas mãos, ela estará muito bem, porque eu sou boa no que faço. Não é mesmo?

Paula sorriu para Júlia com muito amor, então, me fitou e confessou:

– Esta minha filha! Vá se acostumando, viu, Renan. Essa daí é muito convencida. Mas ela tem razão. É muito maravilhosa mesmo!

Nós três sorrimos juntos, e Júlia rebateu:

– Sou apenas realista, *mammy*. Por que as pessoas não podem falar a verdade sobre si mesmas quando essa verdade é algo bom? Quando sou boa em algo, sou boa e não nego. Da mesma forma que também confesso quando sou péssima, ora bolas! Quando afirmamos que somos ruins em algo, ninguém reclama; agora, quando digo que sou boa, o mundo cai criticando... Isso é hipocrisia!

Sorrindo, Paula considerou:

– Verdade, filha. Está certíssima!

E eu acrescentei:

– Estou vendo que ela é mesmo ótima, viu, tia Paula!

Paula soltou uma gargalhada, que também lembrava a risada alta de Júlia. E, fitando a filha, observou:

– Ah, querida, vejo que conquistou um novo fã.

– Isso também é compreensível, mamãe.

Sorrimos os três mais uma vez.

– Está bem, minha querida, você é mesmo tudo de bom! Mas agora preciso ir.

Paula curvou-se sobre Júlia e beijou-lhe a face rosada. Em seguida, curvou-se sobre Jane e beijou-lhe a face marrom. Por fim, acenou para mim e, então, atravessou o portão de entrada do edifício.

Do lado de fora, havia uma extensa área à frente do prédio, com alguns carros de visitantes estacionados sob a sombra de árvores frondosas. Paula possuía um automóvel pessoal, mas naquele dia iria tomar um táxi.

Enquanto ela aguardava o táxi, absorta, mexendo no celular, três mulheres de idades variadas conversavam à frente da casa do lado esquerdo do prédio:

QUANDO O ANJO MORA AO LADO

– Olha aí, Dalva, lá vai a sem-vergonha novamente – comentou Adelaide, apontando para Paula, mas tentando ser discreta.

Dalva voltou-se rapidamente na direção de Paula, comentando:

– É mesmo, Adelaide! Será que essa mulher não tem limites? Vulgar! Inescrupulosa!

A terceira do grupo, que se chamava Salete, também voltou-se para Paula, depois para as outras duas e indagou:

– O que foi que aquela mulher fez, para vocês estarem falando mal dela desta forma?

Adelaide começou a esclarecer:

– Olhe a cor do batom e das unhas dela: vermelho vivo! Olhe o estilo de roupa, o tamanho do salto, a bolsa... Tudo muito vulgar e apelativo!

Salete contestou:

– Não concordo com a opinião de vocês. A roupa não me parece nada vulgar, está até elegante. O mesmo serve para os sapatos e a bolsa.

– Ah, Salete, não vem dando uma de compreensiva, não – refutou Dalva. – A maneira de ela se vestir está, sim, denunciando o que ela está indo fazer agora. Neste exato momento, o marido dela está "ralando" na vida, dando plantão em uma clínica particular. Enquanto isso, esta pilantra está saindo em plena tarde de domingo, caladinha, deixando as duas filhas sozinhas em casa. E sabe para que, querida? Eu lhe respondo: para se encontrar com o amante!

– Você ainda quer motivo melhor? – indagou Adelaide. – O infeliz do marido é um homem bom, honesto, trabalhador, e essa desavergonhada vive fazendo isso com ele!

Então, Salete respirou fundo e contra-argumentou:

– Por acaso, vocês estão julgando aquela mulher por causa da aparência dela?

– Não é apenas pela aparência, querida – redarguiu Dalva. – Todo mundo por aqui sabe o que ela faz. Não estamos julgando ninguém. Dizem que até já tiraram foto dela com o amante. Não se lembra daquele ditado: "A voz do povo é a voz de Deus"? O povo sabe de tudo, Salete. Só você que prefere bancar a ingênua.

– Não é nada disso – defendeu-se Salete. – Apenas não gosto de sair por aí julgando as pessoas, muito menos por motivos tão frágeis, sem prova alguma. Não me sinto bem fazendo isso. Prefiro seguir dois importantes princípios cristãos: "Não julgai para não seres julgado" e "Não se juntai à roda dos escarnecedores"!

– Não estamos julgando, meu bem, estamos condenando alguém que já sabemos ser culpada. É diferente – argumentou Dalva.

Percebendo que a discussão seria infrutífera, Salete encurtou a conversa:

– Lamento que pensem assim. Bem, agora preciso ir.

As três se despediram. Salete entrou no próprio carro e partiu dali, com a certeza de que seguiria resistindo à prática do julgamento, uma das falhas mais lastimáveis inerentes ao ser humano.

Enquanto isso, acomodada dentro do táxi, Paula comentou com o taxista:

– Para o mesmo lugar que da última vez, seu João, por favor. E não me questione, por gentileza.

– Tudo bem, dona Paula. Mas conheço a senhora desde pequenininha. Quando falo, é apenas pensando no seu bem.

Paula sorriu.

– Ah, meu amigo, eu sei disso. Mas não precisa se preocupar tanto. Eu sei me cuidar. Não corro riscos assim como o senhor pensa.

– Tudo bem – aquiesceu o taxista.

Quinze minutos depois, eles pararam em frente ao maior shopping center da cidade. Paula pagou a corrida, despediu-se do amigo taxista e desceu do carro.

– Tenha cuidado, dona Paula – aconselhou o taxista.

– Pode deixar, meu amigo.

O homem partiu e ela adentrou o shopping. Parou pouco depois, em frente a uma loja sofisticada de roupas de marca. Conferiu o relógio de pulso.

— Bem na hora – sussurrou para si mesma, e entrou no recinto.

— Boa tarde, dona Paula! – cumprimentou uma funcionária ao vê-la.

— Boa tarde, querida! – respondeu Paula, e seguiu direto para uma saleta ao final da loja, fazendo ecoar o estalido dos saltos sobre o porcelanato brilhante.

Tocou a campainha, e logo uma voz masculina vinda lá de dentro respondeu:

— Pode entrar.

Ela adentrou o recinto.

— Boa tarde, querido! – cumprimentou Paula, fitando um homem sentado atrás de uma escrivaninha.

Era o dono da sofisticada loja. Fisicamente, aparentava ser mais velho do que ela; era grisalho, corpulento e estava vestido com simplicidade.

— Boa tarde, minha querida! – respondeu ele, com um largo sorriso. – Bem pontual, como sempre.

— Exatamente! Para não perder o costume – disse ela, sorrindo. – Já está livre?

— Sim, sim. Estava apenas fechando uns balanços, mas já finalizei.

— Então vamos?

O homem se levantou, enquanto respondia:

— Claro! Agora mesmo. Não vejo a hora de chegarmos.

— Nem eu, meu querido!

No estacionamento do shopping, Paula e Robson adentraram a caminhonete dele e deixaram o lugar. Vinte minutos depois, chegaram ao destino.

CAPÍTULO 18

Os anjos moram ao lado

Eles estacionaram o veículo na área externa de uma grande escola de um bairro de periferia, considerado perigoso e violento. Alguns dos seus amigos já estavam por lá e os ajudaram a descarregar a carroceria do veículo. Retiraram os caldeirões de comida pronta, os mantimentos não perecíveis e as roupas usadas. Tudo estava sendo distribuído na área da quadra coberta da escola.

Havia famílias inteiras famintas e necessitadas, assim como mulheres, homens e crianças sozinhas, que ali tinham ido em busca de matarem um pouco da fome e receberem as demais doações, tão necessárias a quem nada possui.

Outros colaboradores haviam levado brinquedos, utensílios, aparelhos domésticos, colchões, lençóis, dentre outros, a maioria já usados, mas em boas condições de uso.

– Não sei como você suporta esse salto, minha querida – observou Robson, que era tio do esposo de Paula, enquanto faziam a distribuição da comida aos irmãos necessitados.

Ela sorriu e respondeu:

– Eu não sei sair de casa sem eles, tio. Adoro estar sempre assim, arrumada e maquiada.

– Ah, mas não vejo mal nenhum nisso – Robson esclareceu. – Só não sei mesmo como aguenta os saltos.

Eles sorriram juntos e continuaram a realizar a prazerosa tarefa de matar a fome dos semelhantes. Presenciar cada sorriso e olhar de satisfação era-lhes como um bálsamo incomensurável à alma.

A caridade e o amor são o complemento da lei de justiça, mediante a qual Deus governa os mundos, pois amando o próximo devemos fazer-lhe todo o bem que desejamos que nos seja feito, como nos orientou Jesus Cristo: "Amai-vos uns aos outros como irmãos".

Contudo, a caridade não deve se restringir ao bem material ofertado, mas abrange todas as relações que vivenciamos com nossos semelhantes, em qualquer nível de hierarquia terrena, material ou de poder. Nesse sentido, a caridade nos impele à imparcialidade com o próximo, seja ele considerado nosso superior, inferior ou igual. Ela nos impulsiona a agirmos com respeito, bondade e amor para com todos, evitando que exaltemos o considerado melhor, mais bonito ou mais rico, ou que humilhemos os desafortunados e as minorias sociais. Quanto mais lastimável seja a condição de nosso próximo, mais cuidado e atenção devemos ter para que não lhe aumentemos o infortúnio pelo descaso e pela humilhação.

Assim, podemos considerar que as ações caridosas estão presentes em todo gesto de amor ao próximo, seja matando-lhe a fome ou o frio, doando-lhe algo material do qual necessite para aliviar-lhe o fardo das provações e expiações, dando-lhe merecida atenção quando dela necessitar, ou proferindo-lhe palavras de conforto, fé e incentivo.

Contudo, não devemos esquecer, nem abster-nos, da caridade moral, que todos podem e devem praticar, e que nada nos custa materialmente, mas que não obstante tem sido a mais difícil de ser praticada. Como nos ensina *O Evangelho segundo o Espiritismo*, de Allan Kardec, de maneira geral: "[...] a caridade moral consiste em nos suportarmos uns aos outros". Nisto, temos falhado em demasia em nossas existências terrenas, sobretudo nos tempos atuais, em que a intolerância e o desrespeito a direitos, posições e opiniões do outro têm prevalecido em detrimento da boa convivência, do respeito e do amor ao próximo.

Notável mérito de caridade moral há em sabermos calar para ouvirmos o outro proferir opiniões errôneas e esdrúxulas, assim como em nos fazermos surdos quando ouvimos uma palavra ofensiva ou irônica daquele que está habituado à maledicência e ridicularização do próximo. Isto porque, quando ignoramos tais atitudes, não estamos sendo covardes ou humildes, mas sim ignorando as falhas alheias, tal como gostaríamos que as nossas fossem ignoradas. Com isto, estaremos praticando caridade moral.

Contudo, seja de qual for a natureza da caridade, precisamos ter em mente que ela deve ser bondosa e benévola, de coração e por amor, sem a intenção de recompensas – nem humanas, nem divinas – e sem divulgação pública, seguindo o princípio cristão: "Não saiba a tua mão esquerda o que faz a tua direita".

E assim, após uma longa tarde de trabalho, Paula e Robson retornaram aos seus lares com os corações cheios de júbilo e a sensação do dever cumprido.

No pátio do prédio, eu e Júlia havíamos conversado bastante, enquanto observávamos nossos irmãos brincarem com outras crianças. Falamos sobre vários assuntos e sorrimos muito juntos. Percebemos que tínhamos muitos gostos e costumes em comum, e que ali nascia uma bela amizade.

Ao cair da tarde, retornamos juntos aos nossos respectivos apartamentos, eu de mãos dadas a Éverton, e ela, segurando a mãozinha da pequena Jane.

Meu pai e Eliane chegaram próximo às nove da noite, mais uma vez, visivelmente embriagados, de modo que seguiram direto para seus aposentos. Eu e Éverton já havíamos jantado. Eu tinha tomado a liberdade de preparar para nós um macarrão instantâneo. Então, meu irmão sentiu sono e se recolheu. Sozinho, eu fiz o mesmo.

Dentro de meu quarto, decidi usar o computador, até que meu sono chegasse também. Pesquisei um pouco sobre alguns assuntos interessantes de química, como costumava fazer em minha casa no Rio, depois entrei na rede social mais usada à época. Procurei por Júlia e foi fácil encontrá-la; ela era muito popular. Olhando com mais atenção, lá estava a frase em seu perfil social: "Ela ri alto, fala alto, canta alto, sonha alto. Definitivamente, não é mulher de baixarias (David Rodrigues)".

Sorri, rememorando o seu jeito único e encantador. Era difícil não compará-la à minha Maria. Balancei a cabeça, como que a afastar aquela comparação do pensamento. Não queria começar uma nova amizade baseada em comparações. Nem Maria nem Júlia mereciam isso. Então, voltando a concentrar-me em Júlia, também coloquei a mesma frase no meu perfil da rede social e a adicionei como nova amiga. Pouco depois, fui dormir.

No dia seguinte, acordei bem cedo para não chegar atrasado em meu primeiro dia de aula. Mesmo assim, isso quase aconteceu, pois, antes de sair, precisei preparar o meu café da manhã e o de Éverton, depois o ajudei a vestir-se para também ir à escola.

A manhã decorreu tranquila. Fiz novos amigos e, para a minha alegria, tive aula de química! Meu pai e Eliane foram nos pegar no final da manhã. Dentro do carro, conversávamos:

— Então, Renan, como foi o primeiro dia de aula? — Álvaro quis saber.

— Ótimo, pai. Estou feliz! — respondi.

— Que bom, filho! Bem, a partir de agora, você terá que estudar, pelo menos, duas horas por dia. Vai ficar trancado no seu quarto, sem falar no celular e sem usar o computador para acessar essas tais redes sociais. Está ouvindo? Seu colégio é caro, e sua mãe se esforça muito para pagá-lo. Então, vamos fazer valer esse dinheiro.

— Tudo bem, pai.

— Bem — continuou meu pai —, agora estamos indo deixá-lo em casa.

— Eu e Éverton? — indaguei.

Ele pigarreou, e foi Eliane quem respondeu:

— Estamos em horário de almoço; vamos levar nosso filho para fazer a prova da fantasia que ele vai usar na festinha da escola, em comemoração ao Dia das Crianças.

— Ah, sim, sim. Entendo.

E meu pai ordenou:

— Você ficará com a chave, depois levaremos seu irmão para casa e voltaremos ao trabalho. Fique de olho nele.

— Certo, pai.

Ao final da tarde, Paula, Júlia e Jane cantavam e dançavam na sala de estar, ao som de uma animada banda canadense.

Seu Júlio, pai de Júlia, ainda não havia chegado do trabalho. A campainha tocou, e Paula abriu a porta. De certa forma, surpreendeu-se um pouco com a visita.

— Renan?

— Oi, tia Paula — eu disse, meio sem jeito de aparecer sem avisar e sem ser convidado.

— Tudo bem, querido? — ela indagou.

— Tudo, tia — respondi, um tanto trêmulo e com a voz fraca.

— Que surpresa boa você aqui! Entre — convidou-me.

Eu entrei. Vendo-me ali, Júlia também se aproximou.

— Olá, Renan! A que devo a honra de sua visita? — indagou sorrindo.

— Posso sentar? — foi a minha "resposta".

— Sim, claro! — exclamou Paula, já um pouco apreensiva, ao perceber que eu não estava bem. — Está se sentindo mal, meu querido?

— Estou sim, tia — respondi, enquanto me sentava. — Mas não é nada sério. Estou apenas um pouco tonto.

— E trêmulo também — ela acrescentou.

— É. Mas só um pouco.

Paula e Júlia se entreolharam.

— Espere aqui um minutinho.

Paula deixou a sala e foi até a cozinha.

— Como foi o seu primeiro dia de aula? — indagou Júlia, sentando-se ao meu lado no sofá.

— Ótimo — respondi sem forças.

— Tudo bem, é melhor não falar por enquanto, até que se sinta melhor.

Eu sorri para ela e recostei-me no sofá. Um minuto depois, Paula voltou à sala com um copo de leite.

— Tome um pouco deste leite morno, está com uma pitada de sal; pode ser uma queda de pressão. O dia está muito quente — argumentou.

Eu bebi o leite com voracidade, sob os olhares atentos das duas. Jane continuava dançando próximo de nós. Então, como uma mulher experiente, psicóloga e mãe, sobretudo uma ótima mãe, Paula logo percebeu que meu problema não era queda de pressão.

– Sente-se melhor? – indagou Júlia.

Inspirei fundo e respondi:

– Sim, já estou melhor. Obrigado!

Paula segurou as minhas mãos, me fitou nos olhos e considerou:

– Renan, mesmo tendo conhecido você há tão pouco tempo, tanto Júlia quanto eu já lhe temos afeição...

– Eu também, tia – interrompi.

Ela continuou:

– Quero lhe dizer que já somos amigos, e você pode contar conosco para o que precisar. – Eu assenti com a cabeça. – Agora me responda: você estava e ainda está com fome, não é?

Baixei a cabeça um pouco envergonhado, e Júlia acalentou-me:

– Não precisa sentir vergonha, Renan. Como minha mãe disse, somos amigos agora, e amigos se ajudam.

Paula voltou a falar:

– Renan, não é vergonha nenhuma sentirmos fome quando não temos culpa disso. Eu conheço bem os sintomas com os quais você chegou aqui. Percebi como bebeu o leite. Sei muito bem reconhecer a fome no olhar de alguém que sofre com ela.

– É, tia. Estou com fome, sim.

– Espere aqui. – Júlia levantou-se, enérgica, e foi até a cozinha.

– Fique à vontade, está bem? Já volto – disse Paula também.

Mãe e filha prepararam um prato bem farto com a comida que havia sobrado do almoço, esquentaram-na no micro-ondas e a serviram sobre a mesa.

– Venha, Renan. Por favor, sente-se aqui – convidou-me Júlia.

– Obrigado, gente! Não queria dar trabalho a vocês.

QUANDO O ANJO MORA AO LADO

– Isso não é trabalho nenhum, rapaz! – retrucou Júlia.

Eu sentei e comecei a comer com avidez.

– Devagar, para não engasgar – aconselhou Paula.

– Ah, o suco! – lembrou-se Júlia.

Ela trouxe-me um copo de suco de uva.

– Fique à vontade – disse Paula novamente.

Com o intuito de me deixarem o mais à vontade possível, as duas se afastaram da mesa e voltaram a sentar no sofá, enquanto apreciavam as peripécias de Jane.

Quando terminei, senti-me tão satisfeito que estava até com dificuldades de respirar. Levantei e fui até elas.

– Quer mais um pouco, querido? – indagou Paula.

– Muito obrigado, tia. Se eu comer mais alguma coisa, posso explodir – respondi, e sorrimos juntos.

– Sente um pouco, Renan, vamos ver este DVD juntos – sugeriu Júlia.

– Eu agradeço muito o convite – respondi –, mas é que meu pai, Eliane e meu irmão podem chegar a qualquer momento, e eu estou com a chave do apartamento. Disseram que iam voltar depois do almoço, mas até agora nada...

Elas se entreolharam novamente. Em seguida, Paula me fitou e recomeçou a falar:

– Renan, eu não sou uma mulher de fuxicos, nem de intrigas, mas, se eu puder entender, penso que poderei ajudar de alguma forma.

Continuei fitando-a em silêncio, sem saber onde ela pretendia chegar. Sem ser interrompida, prosseguiu:

– Por que você chegou aqui com tanta fome? Como isso aconteceu?

– Ah, tia. Essas coisas acontecem...

– Como assim, acontecem? – insistiu Júlia.

Eu tentei esclarecer:

– Quero dizer que imprevistos podem acontecer com qualquer um.

– Entendo – compreendeu Paula. E, usando de seus conhecimentos em psicologia, continuou me investigando sutilmente:

– Sendo assim, de quais "imprevistos" você está falando, meu querido?

– Faltar comida é um imprevisto que pode sempre acontecer, tia.

– Sim, claro, com certeza! – concordou Paula. – Mas como foi isso?

– É que hoje no almoço não havia macarrão instantâneo, nem ovo, nem pão. Então, estou sem comer desde as sete da manhã, quando tomei café da manhã. Como eu estava acostumado a comer bastante lá em minha casa, passei mal. Estava mesmo morrendo de fome. Mas isso só aconteceu porque eu não sei cozinhar comida mesmo, aquela de panela: arroz, feijão, sabem?

– Sei. Entendo bem como são essas coisas – respondeu Paula, compreensiva. – Mas... sabendo que você não sabe cozinhar, seu pai e sua madrasta não lhe prepararam um almoço?

– É que eles trabalham, tia. Não dá para fazer comida para mim – respondi.

Paula insistiu:

– E não havia nada em casa além de comida de panela para você comer?

– Havia sim, tia, mas não posso comer de tudo, sabe? A maioria das coisas são para o meu irmãozinho, Éverton. A senhora entende, não é? Meu irmão é criança, precisa de muitos nutrientes para crescer saudável. Além do mais, meu pai não tem uma condição financeira muito segura. É taxista. Cada dia é diferente do outro. Isso significa que o dinheiro dele não é muito seguro; tem hoje e pode não ter amanhã...

QUANDO O ANJO MORA AO LADO

– Sei, claro que entendo, meu querido – respondeu Paula, admirando em mente a minha maturidade e resignação, mesmo sendo ainda tão jovem.

Então, Júlia considerou:

– Tá. Mas quem sabe se eles comprassem menos bebida não sobraria mais dinheiro para a comida? O que acha de tentarmos ajudá-los de alguma forma?

– Vocês sabem disso? – eu indaguei surpreso.

– Ah, muitos aqui sabem, meu amigo – afirmou Júlia.

– Bem, seria ótimo se pudessem me ajudar com isso, claro! – eu concordei. – Mas está difícil. Já tentei dizer para meu pai como a bebida faz mal. Mas ele não me escuta. Além do mais, Eliane faz o mesmo. Fica difícil deixar quando o vício é dos dois, né?

– Tem razão – Paula concordou comigo.

– Você crê em Deus, Renan? – indagou-me Júlia.

– Sim, sim. Deus é meu esteio.

– Então, podemos ajudar o seu pai e a esposa com a ajuda Dele – completou Paula.

– Sim, mas eu já estou orando pelo meu pai e por Eliane.

– Muito bem! – elogiou Paula. – Mas e se fizermos isso juntos? Teremos mais força juntos, não acha?

– Sim, certamente. Vocês fariam isso por mim?

– Claro! – respondeu Júlia, animada. – Fazemos isso pelas pessoas já há algum tempo.

– Fico muito agradecido, mais uma vez! Poderemos nos reunir aqui para orar por eles?

– Sim, poderemos nos reunir aqui também – esclareceu Paula. – Mas eu e Júlia iremos orar pelo seu pai também em outro lugar, onde somos muitos. Trata-se de um lugar onde unimos nossas forças em benefício do próximo.

Eu as olhei surpreso e indaguei:

– Tia, por acaso, a senhora está falando de um centro espírita?

Mãe e filha se entreolharam, surpresas. E Paula prosseguiu:

– Você já ouviu falar dos centros espíritas? Sabe o que é feito neles?

– Claro! Eu frequentava um com minha mãe quando morava no Rio!

– Que maravilha, meu querido!

– Ah, Renan, com certeza você não veio parar aqui por acaso – ajuntou Júlia.

– Imagino que não – concordei –, porque tudo que nos acontece nesta vida tem um propósito designado por Deus.

– Exatamente! – concordou Paula.

– Sendo assim, seremos ainda mais fortes juntos! – afirmou Júlia. – Passa o número do seu celular, para combinarmos. Você poderá vir conosco também. Será ainda melhor.

Imediatamente após trocarmos nossos contatos telefônicos, ouvimos vozes no corredor e, de repente, pancadas secas em madeira e gritos:

– Renan, abra a porta! – vociferou Álvaro.

Mais pancadas.

– Abre logo, garoto! – gritou Eliane.

– É o meu pai! – eu disse, assustado. – A campainha está quebrada, por isso eles estão batendo.

Paula e Júlia se levantaram abruptamente.

– Corre, menino! Antes que seu pai derrube aquela porta! – aconselhou Júlia.

Eu agradeci às duas e realmente saí correndo dali. Parei na frente dos três.

– O que é que você estava fazendo ali? – indagou meu pai, visivelmente alterado pelo álcool novamente.

– Estava apenas conversando um pouco com a garota que mora lá. Fizemos amizade no dia que cheguei aqui.

Eu abri a porta e nós entramos.

– Não quero você de papo por aí quando deve estar em casa estudando. Está ouvindo? – repreendeu Álvaro.

– Tudo bem, pai.

Eu não iria discutir com ele, sobretudo naquele estado.

Um pouco mais tarde, Eliane foi para a cozinha e preparou um gostoso jantar. Mesmo eu tendo comido na casa de Júlia, me fartei novamente, pois não sabia quando seria a próxima refeição.

Pouco depois do jantar, meu celular sinalizou que havia uma mensagem de Júlia. Eu a conferi, e dizia:

Vamos descer para conversar e jogar com alguns amigos lá embaixo?

Não posso agora, respondi.

Está ocupado com o quê?, ela perguntou.

Preciso lavar uma pilha de pratos. Depois eu desço.

Hum... Mas isso é muito bom!, ela disse.

Você gosta de lavar pratos? Também não me incomodo, comentei.

Até gosto. Mas quis dizer que isso é bom porque significa que tiveram um jantar, ela respondeu.

Kkkkkkkkk, escrevemos um para o outro.

Dois minutos depois, a campainha de minha casa tocou. Estava terminando de tirar a louça da mesa, quando meu pai foi até a porta.

– Boa noite, seu Álvaro! – disse uma voz familiar.

Eu me virei rapidamente na direção da porta. Era Júlia.

Meu pai respondeu:

– Boa noite! Você é a menina do apartamento ao lado, não é?

– Sim, sou Júlia, do 306.

"Meu Deus, avisei a ela que não poderia sair agora! E se meu pai tratá-la mal?, especulei, apreensivo.

– O que deseja, Júlia? Como você pode ver – meu pai apontou para mim, no momento em que eu retirava os pratos da mesa –, Renan está ocupado. Acabamos de jantar e vamos arrumar tudo.

"*Vamos*, é? Sei... *Ele* vai", disse Júlia em pensamento.

Então, ela acenou para mim e respondeu:

– Eu sei disso, seu Álvaro – e mostrou uma esponja de lavar pratos amarela à mão direita. – Eu vim ajudar.

Meu pai esboçou um discreto sorriso, diferente do meu, que foi largo.

– Se é assim, entre – autorizou meu pai. – Já sabe onde fica a cozinha, pois nossos apartamentos são iguais.

Júlia entrou e, juntos, começamos a lavar a louça: eu, na cuba da esquerda, e ela, na da direita.

Meu pai se recolheu para fazer companhia a Eliane. Éverton também foi brincar em seu quarto. Júlia e eu passamos um bom tempo até terminarmos tudo.

Quando finalizamos, bati à porta do quarto de meu pai e pedi autorização para descer ao pátio do prédio com Júlia, ao que ele foi favorável.

CAPÍTULO 19

Reflexão sobre espíritismo à beira do mar

As duas horas que eu havia passado ao lado de Júlia e de seus amigos naquela noite tinham sido muito animadas. Conversamos, jogamos e rimos bastante. As novas amizades que eu conquistava, tanto na escola quanto no condomínio, me deixavam feliz. Naquela noite, também percebi o quanto Júlia era querida. Ela não era uma garota popular apenas porque era bonita, extrovertida, falava e ria alto, mas também porque era inteligente, generosa, sincera, e brava quando deveria ser. Por tudo isso, percebi o quanto era admirada por seus amigos, até mesmo pelas garotas, o que não é algo tão fácil de acontecer, pois ainda não conheci ser vivo mais concorrente neste mundo do que as mulheres entre si.

Também não me passou despercebido o brilho nos olhos de dois dos quatro garotos que estavam conosco jogando basquete. Aquele brilho que denuncia o olhar apaixonado. Porém,

Júlia deixava claro que nutria apenas amizade por todos eles. E todos eram unânimes em julgá-la seletiva e exigente demais com seus pretendentes a namorado. "Ainda bem que não tenho essa pretensão", pensei.

Depois daquela noite, a semana se passou sem que Júlia tivesse notícias minhas. Suas mensagens de celular não eram visualizadas por mim, nem suas chamadas eram atendidas. Ela chegou a bater à porta do apartamento por duas vezes, mas meu pai lhe deu uma desculpa em ambas as ocasiões, dizendo que eu não poderia atendê-la. Ela ficou preocupada e comentou com Paula. Mesmo assim, decidiram esperar antes de incomodarem meu pai novamente.

O sábado chegou e Júlia ficou na espreita. Quando se aproximava de uma hora da tarde, ela ouviu um burburinho vindo do corredor de nosso andar. Reconheceu as vozes animadas de meu pai, de Eliane e de Éverton, que foram se afastando até sumirem. Júlia imaginou que tivessem tomado o elevador. Então, abriu a porta de entrada de seu apartamento e espiou. Não havia mesmo mais ninguém ali. A hora é agora!", pensou.

Rapidamente, ela se dirigiu à minha porta e bateu devagar.

— Renan? Você está aí?

Eu não respondi, e ela bateu novamente, com mais força desta vez.

— Renan, está aí dentro?

Então, eu a ouvi. Corri até a entrada e abri a porta com agilidade. Vendo-me à sua frente, Júlia pulou no meu pescoço e me deu um forte abraço.

— Graças a Deus você está bem, meu amigo! Pensei que tivesse lhe acontecido algo de ruim ou mesmo que tivesse ido embora sem se despedir.

Eu sorri, contente em revê-la.

— Está tudo bem! Fique tranquila.

— Tá, mas vamos continuar conversando aqui mesmo?

QUANDO O ANJO MORA AO LADO

– Ah, desculpe – eu disse sorrindo. – Entre, saíram todos.

– Eu sei. Eu os ouvi sair. Para falar a verdade, acho que o prédio todo os ouviu.

Sorrimos juntos.

– Sabe se vão demorar?

– Ah, sim! Só voltam lá pelas dez da noite, depois que o shopping fechar. Pelo menos, é isso que Éverton disse que sempre acontece.

– E por que você não foi junto?

Eu levantei as mãos, e ela percebeu que estavam molhadas e cheias de sabão.

– Lavando pratos? – comentou.

– Que nada! Adoro usar sabão como hidratante – brinquei.

– Engraçadinho!

Sorrimos mais uma vez.

– Bem, já que ficou em casa sozinho por causa disso..., vamos lá, eu te ajudo enquanto você me conta o que aconteceu para ter sumido do jeito que sumiu. Meu *gato* preferido! – e apertou uma de minhas bochechas.

– Hum, bastou eu sumir durante quase uma semana para você me elogiar assim? – observei, vaidoso. – Sumirei mais vezes.

Ela soltou uma de suas sonoras gargalhadas e retrucou:

– Eu quis dizer: meu *gato borralheiro* preferido, para não chamá-lo de Cinderelo!

– Cinderelo? – repeti, sorrindo bastante. – Ah, mas você partiu meu coração! Já estava pensando em inscrever-me em um concurso de beleza...

Outra gargalhada dela.

– Mas não fique triste, você é bonitinho, sim.

Ela puxou uma esponja do bolso traseiro da bermuda.

– Hum, vejo que trouxe seu objeto de trabalho, estimada fada madrinha preferida.

— Sou uma mulher preparada, meu querido. Vamos logo lavar esses pratos. Depois poderemos ir à praia.

E seguimos para a pia. Enquanto estávamos ali, ela me auxiliando e, juntos, trabalhando por um mesmo objetivo, foi inevitável me recordar, mais uma vez, de minha Maria. Era daquela mesma forma que funcionava a nossa relação quando éramos crianças, em meio a muito companheirismo, solidariedade, alegria e cuidado.

Contudo, desde que havia chegado a João Pessoa, eu tinha parado com o hábito de verificar discretamente as costas das garotas em busca da marca de nascença de Maria, pois a razão me gritava que nenhuma delas poderia ser a minha pequena. Pelo menos, não naquela cidade, naquele estado, tão longe de onde ela havia desaparecido de minha vida.

De repente, Júlia parou de lavar os pratos, sacou um elástico de dentro do bolso da bermuda e puxou os cabelos para cima, prendendo-os em um lindo rabo de cavalo. Como trajava uma blusa com a metade superior das costas nua, na região onde Maria tinha a marca, instintivamente, movido por anos de hábito, meus olhos foram atraídos de imediato para as suas costas. Pude constatar com os olhos, então, o que a razão já sabia: sua pele era lisa e aveludada. Claro que não havia marca de nascença nenhuma ali!

Maria continuava sendo o meu eterno anjo protetor, invisível e intocável, que eu carregava na mente e no coração para onde quer que fosse, enquanto Júlia era o meu anjo que morava ao lado, real e palpável.

Continuamos lavando a louça.

— E aí, meu gato — ela começou, sorrindo —, agora você poderia me contar por que sumiu desse jeito?

— Sim, claro. Não foi por minha vontade. O meu pai decretou que durante a semana eu não posso mais sair de casa, pois devo ficar cuidando de meu irmão enquanto ele e Eliane trabalham. E também devo cumprir três horas diárias de estudo.

– Não eram duas?

– Sim, eram, mas ele aumentou para três. Acho que não gostou de eu ter ido até a sua casa naquele dia.

– Imagino. Deve ter ficado com medo de você ter contado a nós sobre o autoritarismo que ele tem lhe imposto. É isso mesmo: medo de ser descoberto.

– Pode ser. Mas ele também pode estar preocupado com o meu futuro, por isso tem me cobrado, cada vez mais, dedicação aos estudos.

– Tá, pode até ser. Se você usar essas horas para estudar de fato, será ótimo – ponderou Júlia. – Mas que isso não funcione como uma prisão, nem que evolua a proporções absurdas. E quanto às mensagens de celular? Por que não respondeu nenhuma?

– Eu nem poderia – esclareci. – Éverton quebrou meu celular.

– Sério? E agora? Como vai falar com a sua mãe?

– Ah, minha amada mãezinha já resolveu tudo. Ela botou dinheiro na conta de meu pai e ontem ele me comprou outro celular.

– Que ótimo! Já podemos voltar a nos comunicar, então.

Eu respondi:

– Sim, mas com menos frequência que antes, pois meu pai disse que vai me monitorar quanto ao tempo em que uso o celular também.

– Só está faltando ele controlar o tempo que você gasta no banheiro, né?

Sorrimos juntos.

Não vi necessidade de dizer a ela que Álvaro havia me comprado um telefone novo bem mais simples do que o que minha mãe havia recomendado. Isso porque ele havia usado apenas metade do dinheiro que ela tinha depositado. Com a outra metade, presenteara Eliane com dois perfumes, e Éverton, com um brinquedo. Contudo, o aparelho possuía as funções básicas que me eram úteis.

Quando Éverton contou-me o ocorrido, ruborizei enraivecido. Porém, analisando melhor a situação, lembrei-me das palestras espíritas assistidas ao lado de minha mãe e tentei pôr em prática a teoria aprendida. Eu deveria ter empatia e perdoá-lo.

Embora muitos acreditem que *empatia* é uma palavra sinônima do termo *simpatia*, não é esse o seu significado. Experimentar empatia significa ter a capacidade de se colocar no lugar do outro. Se existe um aprendizado que eu adquiri ainda muito cedo, foi o de ter empatia, e isso me fez ser uma pessoa melhor e muito mais feliz.

O motivo para tanta felicidade é bastante simples. Estudando *O Evangelho segundo o Espiritismo*, compreendi que Jesus nos ensinou a perdoar acima de tudo. Porém, perdoar verdadeiramente as falhas alheias não se trata de algo fácil de se realizar, sobretudo quando tais falhas nos atingem tão profundamente. Foi praticando a empatia que aprendi uma maneira de perdoar com muito mais facilidade, pois compreendi que todas as ações praticadas pelo ser humano sempre possuem diferentes interpretações, que dependem dos diferentes pontos de vista de quem as analisa. Isso se tornou óbvio para mim ainda àquela época, pois, se temos níveis de consciência diferentes uns dos outros, logicamente, nossos pontos de vista com relação aos fatos são também diferentes.

Por exemplo, analisando o fato de Álvaro ter desviado a metade do dinheiro destinado a mim, para uns, sua atitude pode ser interpretada como desleal e egoísta, da mesma forma que pensei em um primeiro momento. Porém, quando utilizei de empatia para analisar o mesmo fato, enxerguei seu gesto de maneira diferente, sob a óptica do próprio olhar dele, não do meu. Então, minha raiva se dissipou e o perdão foi quase imediato, pois compreendi que, para ele, com a quantia depositada pela minha mãe, ele poderia realizar três feitos importantes em vez de apenas um: compraria um celular que atenderia às minhas necessidades básicas de um usuário adolescente, ao mesmo tempo em que faria feliz a mulher e o filho que amava, presenteando-os com alguns mimos.

Não quero dizer com isso que meu pai agiu corretamente, pois entendo que não o fez. Quero dizer apenas que cada indivíduo dá apenas aquilo que possui, dentro do próprio entendimento, nível de consciência e limitações. Não adianta exigir algo de quem ainda não está em condições de dá-lo, nem oferecer qualquer coisa a quem não esteja preparado para recebê-la. Ou seja, se meu pai errou foi porque não tinha condições para acertar, ou não queria ou não pretendia se esforçar nesse sentido em seu livre-arbítrio. Quando compreendemos as limitações do próximo, não geramos expectativas para com suas atitudes, e, sem expectativas frustradas, não haverá espaço para revolta, indignação nem decepção, apenas para o perdão, que nem precisa ser imediato, mas sim desejado por parte de quem foi ofendido.

Sendo assim, cada indivíduo possui o tempo próprio para errar, para aprender e para acertar. Enquanto erramos sob uns aspectos, acertamos em outros, com o propósito maior de evoluirmos até atingirmos a perfeição que nos une a Deus.

Contudo, embora eu conhecesse o caminho do perdão, sabia que nem sempre conseguiria trilhá-lo com tanta facilidade. Porém, estava convicto de que sempre iria tentar.

Após finalizarmos o trabalho na cozinha, arrumamos também a sala de estar e o banheiro social. Quando o apartamento estava limpo e organizado, demos nosso trabalho por encerrado. Júlia retornou para casa, para tomar um banho, e eu fiz o mesmo.

Vinte minutos depois, encontramo-nos no corredor. Ela carregava uma bolsa com um *kit* de frescobol, o que me animou ainda mais. Então, fomos juntos à praia, que ficava a cerca de cem metros dali.

Ao chegarmos ao calçadão, enveredamos por uma pequena escadaria que dava acesso às areias brancas da praia. Seguimos um pouco mais, até chegarmos a uma vastidão de areia dura e úmida, exposta apenas quando a maré estava baixa, como naquela tarde.

A temperatura estava amena, com o sol encoberto por nuvens claras. Jogamos frescobol durante meia hora, em que gastamos mais tempo apanhando a bola do que propriamente compartilhando-a entre nossas raquetes. Após o jogo, decidimos caminhar um pouco à beira daquele mar exuberante de águas mansas, sentindo as ondas minúsculas quebrarem aos nossos pés. Voltamos pela areia úmida, coletando conchas de tamanhos e cores variados, enquanto conversávamos.

Por fim, sentamos mais acima, sobre a areia seca, e ficamos contemplando à nossa frente uma imensidão de mar azul sereno, limitado por um horizonte nublado e misterioso. Enquanto saboreávamos a brisa moderada massageando-nos a pele e agitando nossas roupas e cabelos, éramos inebriados pelo cheiro de maresia.

Com o olhar absorto na direção do horizonte, eu indaguei:

— Júlia, você já sofreu preconceito por ser espírita?

— Sim, já. Várias vezes, na verdade — ela respondeu, também absorta. — Principalmente porque a maioria dos meus amigos não o são.

— Eu também — afirmei. — É realmente lamentável constatar que tantas pessoas ainda possuam ideias tão preconceituosas sobre o espiritismo.

– Com certeza, meu amigo. O que me entristece ainda mais é ver tantos criticarem e julgarem a doutrina sem conhecerem absolutamente nada sobre ela.

De fato, é mesmo da natureza humana imperfeita julgar e condenar antes de ouvir ou conhecer. É realmente lamentável que tantos ainda critiquem e difamem uma doutrina com pilares tão humanos, justos, benevolentes e cristãos quanto a espírita. No entanto, hoje compreendo que não devemos tentar convencer ninguém, pois cada indivíduo tem o próprio tempo para entender muitos dos ensinamentos cristãos abordados pelo espiritismo e, principalmente, buscar a verdade no princípio da evolução espiritual.

Júlia continuou:

– Até que chegue a hora de cada um conhecer e enxergar a beleza e a grandeza da doutrina espírita, meu amigo, vamos continuar relevando as bobagens que ouvimos por aí, que não passam de "achismos" e de ideias preconceituosas.

– Ah, com certeza. Vamos continuar ouvindo que espiritismo é uma prática que envolve magia negra, que é anticristã, diabólica, que evoca espíritos do mal... Enfim, são tantas bobagens! Mas eu compreendo que é tudo por falta de conhecimento mesmo.

Ela acrescentou:

– E aquelas pessoas que se acham superiores a nós apenas porque acreditam que as religiões delas são as únicas verdadeiramente cristãs?

– Sim, sim. Não sabem que nós, espíritas, somos tão cristãos quanto elas.

– Nem que elas mesmas são também espiritualistas, assim como nós – ela completou.

– É verdade. Ainda há muita confusão nesse sentido... Bem, o que sei é que vou continuar estudando sobre essa linda doutrina – afirmei.

— Eu também...

Muitos desconhecem que o espiritualismo nada mais é do que o oposto do materialismo. Qualquer pessoa que acredite haver na espécie humana algo além da matéria é, na verdade, espiritualista. Isso vale para espíritas, católicos, hindus, budistas... O que diferencia o espiritismo de muitas outras religiões espiritualistas e cristãs, como o catolicismo, por exemplo, é o fato de acreditarmos na possibilidade de comunicação entre os mundos espiritual e terreno, e também na reencarnação.

Ficamos em silêncio por alguns instantes. Em seguida, fitando o mar, absorta, Júlia indagou:

— Renan, será que somos velhos conhecidos? — e sorriu discretamente.

— Você quer dizer... de vidas passadas?

— Sim.

— Ah, não sei — eu disse sorrindo. — Pode ser que sim, mas também pode ser que não, não é mesmo?

— Sabe, Renan, antes mesmo de eu começar a estudar sobre o espiritismo, isso dois anos atrás, eu já acreditava em reencarnação. Achava que todos aqueles por quem eu nutria simpatia teriam sido meus conhecidos ou parentes em encarnações anteriores. Mas hoje eu sei que isso não ocorre necessariamente.

— É, eu também sei que não, embora também não entenda muito bem como tudo isso funciona.

— Nem eu. Mas confesso que tenho mesmo essa curiosidade com relação a pessoas queridas que cruzam meu caminho, como você, por exemplo.

Ela lançou-me um de seus sorrisos tão encantadores e desconcertantes, que desviei o olhar para o mar.

De fato, muitos daqueles que integram nosso ciclo afetivo hoje são realmente espíritos que, por afinidade, conviveram conosco em outras experiências encarnatórias e aqui estão mais uma vez, com novos propósitos evolutivos. Porém, também existem aqueles por quem somos atraídos meramente pela afinidade espiritual.

Nesse momento, uma gaivota grasnou estridente no céu azul acima de nós. Duas crianças pequenas saíram correndo, acompanhando o percurso da ave, enquanto saltitavam e batiam os braços, imitando seu voo majestoso.

Eu e Júlia sorrimos, recordando boas lembranças da infância, que não estava tão longe. Eu observei:

— Os adolescentes e os adultos deveriam preservar essa capacidade das crianças de serem felizes com as coisas mais simples da vida.

— Verdade. Eu lembro que, embora meus pais pudessem me comprar bonecas sofisticadas, eu adorava as de papel, feitas por mim mesma. Fazia as roupinhas delas também de papel e era muito divertido trocá-las.

— Comigo foi apenas um pouco diferente — rememorei. — Durante boa parte de minha infância, meus segundos pais adotivos não tinham condições de me presentear com muitos brinquedos. Mas, assim como você, e como muitas crianças, eu amava os mais simples, como os carrinhos de lata que meu pai fazia, sabe? Amava as bolas de meia e amava, principalmente, brincar com meus pais, mesmo que não houvesse brinquedo nenhum. Curtir aqueles momentos ao lado deles me bastava. E os brinquedos? Ah, esses ficavam por conta de minha criatividade.

— Hum, estamos falando como dois adultos velhos — considerou Júlia sorrindo.

— É mesmo — concordei, também sorrindo.

Ficamos novamente alguns instantes em silêncio. Pouco depois, fitando as pequenas ondas quebrarem à beira-mar, Júlia indagou:

— Renan, você sempre foi assim?

— Assim como?

— Assim, resignado. Você me contou a sua história e ela não foi nada fácil, mas sempre me falou de você assim, como o vejo hoje: resignado, compreensivo, feliz...

– Você também é assim, muito parecida comigo – retruquei.

– Hum, nem tanto... Bem, pensando melhor, até que sim. Não há mesmo tempo ruim para mim, mas sou bem mais explosiva do que você.

Eu sorri e refutei:

– Ah, mas eu também tenho os meus defeitos, mocinha, e você é bem mais animada do que eu. Mas, respondendo à sua pergunta, confesso que, desde criança, sempre tive uma inclinação para o bem e para compreender facilmente o que se passava ao meu redor, apesar de minha pouca idade. Mesmo assim, posso dizer que o estudo do espiritismo desde cedo me ajudou bastante a ser da forma que sou hoje, mesmo ainda tendo muito o que aprender.

– Entendo.

– Pois é – continuei. – Nunca fui muito de ficar me queixando da minha sorte, assim como também era Ma... – Não completei a frase.

– A tal Maria?

– Sim, a tal Maria – confirmei sorrindo.

Eu só havia falado sobre Maria com Júlia uma única vez, mas deixei-lhe clara a importância dela em minha vida.

Júlia considerou:

– É, comigo aconteceu de forma semelhante. O espiritismo também tem ajudado bastante no meu progresso espiritual. Mas, desde criança, eu me recordo de manter o bom humor e o otimismo na maioria das situações difíceis. E, mesmo tendo perdido alguns meses de minha infância no hospital, com uma doença grave, que me deixou sequelas no olho, não me queixava disso, não.

– A questão é exatamente essa – continuei. – Diante das nossas provações, precisamos tentar nos manter positivos, felizes e na fé em Deus. Nem sempre é fácil, mas precisamos nos esforçar nesse sentido. – Ela assentiu com a cabeça e eu prossegui. –

Sabe, Júlia, muitas vezes me questiono como eu agiria hoje se tivesse sido criado com recursos sobrando, que me viessem fácil. Será que eu daria o mesmo valor à família, aos amigos e às coisas simples da vida? Pode ser que sim, mas também pode ser que não...

Muitos acreditam que somos provados apenas pela condição de pobreza, quando, na verdade, a riqueza e o poder são também provas bastante difíceis. Enquanto a pobreza incita, sobretudo, queixas e blasfêmias contra a providência divina, a riqueza e o poder impelem a todos os excessos, o que os torna uma prova ainda mais escorregadia, pois maiores serão os meios para se fazer o bem ou o mal.

É fato que muitos dos que possuem recursos os utilizam de maneira idônea e, sobretudo, atuam em ações do bem, provendo auxílio aos mais necessitados. Porém, muitos outros sucumbem a tal prova, pois, de posse da riqueza, suas necessidades aumentam de modo a nunca se julgarem saciados, tornando-se orgulhosos e egoístas.

Contudo, não retrocedemos. A cada encarnação, evoluímos um pouco mais, sempre levando conosco, para a próxima vida, o somatório de todas as experiências adquiridas nas existências anteriores. Ou seja, estando a nossa jornada terrena em meio à pobreza ou à riqueza material, o nosso nível de consciência será o mesmo, e permanecerá em constante progresso ao longo dos tempos.

CAPÍTULO 20

Mensagem inusitada

Seis meses se passaram, e minha mãe continuava aguardando que o meu padrasto conseguisse um emprego em São Paulo, onde ele tinha alguns familiares, para que pudéssemos nos mudar todos juntos para lá. Depois que eu deixei o Rio, felizmente, Fred não havia perturbado minha família. Porém, ele já tinha enviado à minha mãe três bilhetes nos quais afirmava que os meus entes queridos estariam seguros enquanto eu estivesse longe. Sem alternativa para que eu pudesse retornar à minha casa, só nos restava continuar aguardando.

Na casa de meu pai, as coisas não tinham mudado muito. Durante a semana, eu continuava frequentando a escola pela manhã, cuidando de meu irmão e da casa à tarde e estudando em meu quarto à noite. Aos finais de semana, meu pai, Eliane e Éverton continuavam saindo para passear e me deixando sozinho para os afazeres domésticos. Eu seguia sem poder comer os mimos do meu irmão e, muitas vezes, nem mesmo as refeições básicas diárias. Meu anjo Maria permanecia ao meu lado em pensamento, enquanto meu anjo que morava ao lado e sua mãe continuavam me socorrendo nos momentos mais difíceis.

As novidades eram que: a televisão da sala não possuía mais a programação fechada – a aberta não me interessava, meu irmão Éverton havia quebrado o nosso computador, e meu pai tinha cortado nosso acesso à internet. Eu também havia crescido um pouco mais, além de ter emagrecido.

Em uma tarde de terça-feira, quando meu pai e Eliane tinham saído com Éverton, eu bati à porta do apartamento de Júlia. Paula atendeu:

– Olá, meu querido! Como está?

– Estou bem, tia, e a senhora?

– Ótima! Graças a Deus! Mas e então: veio fazer o de sempre?

Eu sorri e assenti com a cabeça, e ela continuou:

– Sendo assim, entre. Entre rapidinho! Pode me passar logo o que você tiver aí, antes que eles voltem.

– Eles vão demorar um pouco mais hoje. Foram levar Éverton ao dentista e, de lá, iriam comprar roupas para ele.

– Ótimo! Assim você e Júlia poderão conversar um pouco.

– É sim, tia. Aqui está – e entreguei-lhe uma sacolinha de papel pequena, não muito cheia.

– Hum, vou guardar agora mesmo. Júlia, Renan está aqui! – Paula gritou.

Sempre que fazia aquilo, eu não deixava de admirar a semelhança entre mãe e filha.

Enquanto Júlia vinha ao meu encontro, Paula foi até a geladeira e armazenou duas bandejas de iogurte e trezentos gramas de queijo que estavam na sacola.

Minha mãe estava enviando dinheiro ao meu pai para o meu custeio, porém, ele continuava desviando parte da verba enviada, de modo que eu seguia passando necessidade alimentar, embora com menor frequência. E logo também passei a ser carente de vestimenta. Não contei à minha mãe, pois sabia que isso partiria o coração dela, de aflição e tristeza. Também, provavelmente, não iria mudar nada se ela soubesse, e ainda poderia piorar.

Desse modo, comecei a lavar alguns carros de condôminos aos finais de semana; com o dinheiro, comprava alguma comida. Da primeira vez que fiz isto, Eliane e meu pai acabaram com minha pequena compra no mesmo dia. Como não era mesquinho, não me importei. Porém, como a situação se repetia de forma acintosa, da terceira vez, Júlia e Paula sugeriram que eu guardasse os alimentos na casa delas.

Assim, sempre que eu tinha algum dinheiro, comprava comida em uma padaria perto da escola e a guardava na casa de Júlia. Sempre que estava com muita fome e tinha oportunidade de dar uma rápida escapada de casa, eu ia até lá para comer o que comprava. Claro que Paula e Júlia faziam as minhas compras "renderem", pois, sempre que a comida acabava, as duas diziam que ainda restava um pouco mais, e mais...

Eu também amava chocolate, mas tinha a consciência de que era um alimento supérfluo e caro, por isso, não o comprava. Sabendo disso, Júlia insistia em presentear-me com o doce com frequência, mesmo diante de minha relutância em aceitá-lo. Ah, mas era mesmo difícil recusar, pois, além da paixão que eu tinha por chocolates, era quase mágico comê-los ao lado dela, fosse na praia, vendo um filme ou no pátio do prédio. Era como se voltasse a ser criança e estivesse ao lado de minha Maria novamente, nos momentos em que saboreávamos juntos algo de que gostávamos. Elas eram tão diferentes fisicamente, mas tão parecidas em personalidade, que, muitas vezes, era difícil separar as duas, e, mesmo que eu tentasse evitar, meus olhos costumavam olhar para Júlia com reflexos do coração, escanteando a razão e enxergando nela Maria. Bem, em retribuição aos chocolates que ganhava, eu a presenteava com flores, colhidas nos canteiros da escola, claro.

Ah, outra coisa havia mudado. Nos dias em que não havia comida, Júlia passou a levar almoço para mim sempre que possível. Porém, quando Éverton percebeu, contou ao meu pai, e eles me proibiram de receber a ajuda, com o pretexto de que isso os envergonharia.

Então, no dia seguinte à proibição, recebi a seguinte mensagem no celular:

1 – Numa panela, coloque a medida de duas xícaras de água, sal a gosto, e ponha para ferver (não ponha as xícaras junto, óbvio).

2 – Jogue dentro da água fervendo a medida de uma xícara de arroz, mexa bem, tampe a panela e baixe o fogo (fique de olho para não queimar, nem a comida, nem o apartamento).

3 – Quando secar, desligue o fogo, deixe descansar e solte com um garfo (se ficar grudado, do tipo "unidos venceremos", coma do mesmo jeito. Lá dentro, no estômago, vai funcionar desse modo também).

Esta é a receita do arroz, óbvio.

Agora, a do feijão:

1 – Reserve uma xícara de feijão e retire os grãos estragados e as pedras (essas pequenas assassinas podem quebrar seus dentes, acredite).

2 – Junte o feijão com a medida de quatro xícaras de água e sal a gosto (gosto moderado, pois sal em excesso faz mal à saúde).

3 – Dentro da panela, pique meia cebola, dois dentes de alho, uma porção de coentro e algum pedaço de carne (se tiver, e não vale a carne do dedo, nem da cutícula, portanto, cuidado para não se machucar. O mesmo vale para as unhas; elas podem fazer você engasgar se caírem no feijão).

4 – *Tampe e deixe ferver até que os grãos fiquem molinhos (também tenha cuidado para não incendiar tudo; não quero ser responsável por um acidente de tamanha proporção).*

Pronto, você já terá arroz e feijão. Ovo, já sabe fazer bem; macarrão, é o mesmo raciocínio do arroz; e carne, basta cortar um pedaço e passar na frigideira com um pouco de óleo e sal.

Qualquer coisa que deseje cozinhar a partir de agora (tendo ingredientes para isto, óbvio), busque a receita na internet pelo celular (como não pensamos nisto antes?). Se estiver sem créditos, use meu Wi-Fi (senha: avidaebelaeeutambem).

Beijos carinhosos,
Seu anjo que mora ao lado.

Eu não era um garoto que chorava com facilidade. Porém, enquanto lia aquela longa mensagem, eu sorria silenciosamente, ao mesmo tempo em que lágrimas molhavam-me a face, em um choro sereno e emocionado, ante uma das mais lindas mensagens que recebi em toda a minha vida, mesmo que esta tenha sido as receitas de arroz e feijão.

Mais alguns meses se passaram e, como acontecia com frequência, sempre que eu não conseguia executar uma de minhas "fugas", não via Júlia nem Paula até chegar o sábado. Como eu estava agora com a senha do Wi-Fi delas, podia comunicar-me melhor com Júlia por mensagens via internet, para agendar as idas até o apartamento 306.

Assim, soube que as duas teriam dois programas naquele dia e me convidaram para acompanhá-las. O primeiro deles seria uma reunião no centro espírita em benefício de amigos e parentes dependentes de álcool. Alguns meses antes, como tínhamos combinado, nós havíamos realizado um tratamento espiritual para ajudar meu pai e Eliane a se afastarem da bebida alcoólica. Ficamos muito felizes quando pudemos constatar uma notável redução da frequência e intensidade com que bebiam comumente. Porém, pouco depois que o tratamento acabou, em não se empenhando, eles voltaram ao que eram antes.

Em casos como este, o indivíduo arraigado ao vício também precisa querer deixá-lo e, se necessário, buscar ajuda profissional médica, para que os tratamentos espirituais surtam melhores efeitos como coadjuvantes. Como não podíamos falar abertamente com eles sobre isto, tampouco convencê-los a nos acompanharem ao centro, decidimos que continuaríamos tentando ajudá-los com orações, sempre que possível.

O segundo programa agendado para aquele dia seria acompanhá-las a um hospital infantil onde um grupo de integrantes da casa espírita que frequentávamos iria realizar uma entrega de donativos. Sempre que realizava aquele trabalho, sentia-me tão bem e tão satisfeito, que eu costumava fazer de tudo para não perder nenhuma oportunidade. Daria um jeito de ir novamente.

Naquele sábado, meu pai e Eliane iriam passear com meu irmão, e isso facilitaria o meu passeio com Júlia e Paula. Assim, quando todos saíram logo após o almoço, a campainha tocou e eu fui atender. Mal abri a porta, já fui ouvindo:

– Vamos acabar logo com isso – imperou Júlia, mostrando-me sua esponja nova.

– Boa tarde para você também! – respondi sorrindo. – Entre logo, minha ajudante preferida!

Ela sorriu e espiou o interior do apartamento.

– Cadê eles? – sussurrou.

– Já saíram.

Ela continuou, já no tom normal:

— Ufa! Precisamos ser rápidos hoje, meu gato, para não perdermos a hora.

Ela entrou, eu fechei a porta e nos dirigimos juntos à cozinha.

— Sabe que eu adoro quando você me chama de "meu gato", mesmo sabendo qual é o verdadeiro sentido do termo? Sou gato borralheiro mesmo, confesso, mas também sou gato de pura e rara beleza, não acha não?

Ela explodiu em uma de suas gargalhadas estridentes e chamativas.

— Convencido, hein?

Sorrimos felizes pelo prazer de estarmos juntos, vivos e saudáveis.

— Agora, vamos deixar de conversa fiada e lavar logo esta pilha de pratos! – ela insistiu.

— Vamos sim, mas antes, eu só queria lhe mostrar um presente que ganhei do meu pai. Você não sabe como estou feliz! É algo que eu queria faz tempo!

— Sério? O que é? Me mostra?

— Claro! Olha aqui. – Apanhei o presente sobre a pia e mostrei a ela.

— Ah, que legal! Finalmente!

— Pois é. Finalmente, ganhei elas!

Eram as minhas luvas de látex para lavar pratos, pois o detergente estava me dando reações alérgicas nas mãos.

Assim, começamos o serviço em um ritmo acelerado, cada um na mesma cuba de sempre. Enquanto trabalhávamos, ela me contou como estava indo com o novo projeto de química na escola e eu lhe falei uma novidade sobre Éverton, que vinha me preocupando: ele andava vomitando sem motivos aparentes e apresentava um estranho inchaço nas pernas.

Após terminarmos a cozinha, passamos para a sala e logo finalizamos tudo. Vinte minutos depois, estávamos dentro do

QUANDO O ANJO MORA AO LADO

carro de Paula, enquanto Júlio, pai de Júlia, ficaria em casa. Desta vez, ele não tinha plantão; ia aproveitar para descansar.

O pai de Júlia costumava ler a literatura espírita, mas afirmava não se sentir preparado para ir mais além disso. Assim, nem Paula nem Júlia o forçavam a nada.

Como havíamos combinado, seguimos direto para a reunião no centro. Em seguida, participamos das ações sociais. Ao final da tarde, voltamos para nossas casas leves, serenos e muito felizes.

CAPÍTULO 21

Uma excelente notícia

Em Niterói, depois de dez anos, enfim meus primeiros pais adotivos, Marta e Rogério, haviam recebido uma ótima notícia do detetive particular.

— Ao que tudo indica, parece que agora, real e finalmente, nós os encontramos — afirmou Normando. — O menino Renan, que já não é mais um menino, claro, estava mesmo morando no Rio de Janeiro, com uma mulher chamada... — Ele conferiu suas anotações em um *tablet* e concluiu: — Vera.

— Estava? Por quê? Não está mais? — indagou Marta, friccionando as mãos, nervosa, ao lado de Rogério, que se encontrava no sofá da sala de estar.

Ao que o detetive respondeu:

— Pelo levantamento que fiz na vizinhança dele, ao que tudo indica, ele foi estudar fora durante um tempo. Parece que se envolveu em confusão com um garoto do tipo barra-pesada, e a mulher que o adotou o mandou para longe.

QUANDO O ANJO MORA AO LADO

– Para longe... onde? Fora do país? – questionou Rogério.

– Ainda não sei – respondeu Normando. – Mas, certamente, com a visita que farei à senhora Vera, descobrirei essa informação rapidinho.

– E quanto a Maria? – indagou Marta.

– Está em São Gonçalo. Ainda não tenho certeza, mas parece que ela vive... – Ele pigarreou. – Bem, ao que tudo indica, ela mora em uma espécie de república de moças... independentes.

O casal se entreolhou, e Marta exigiu:

– Se sabe de mais alguma coisa com relação a ela, por favor, seja mais específico.

O detetive esclareceu:

– Bem, não sei exatamente o que ela faz para sobreviver, mas as amigas com quem divide a república... parece que são... profissionais do sexo.

Marta levou a mão à boca.

– Não pode ser! No que se transformou nossa pequena Maria! Tudo por culpa daquela infeliz que nos tirou nossos filhinhos – e caiu em pranto.

– Acalme-se, dona Marta – pediu o detetive. – Como eu disse, não consegui descobrir no que ela trabalha. Pode ser, perfeitamente, que não exerça a mesma função que as companheiras da república. E, se o fizer, acredito que vai permitir ser resgatada dessa vida por vocês.

– É isso mesmo, Marta – consolou Rogério, acariciando a mão da esposa. – Nem tudo está perdido. Vamos trazer nossos meninos de volta.

Marta enxugou as lágrimas com um lenço e voltou-se novamente para o detetive.

– Você tem certeza de que são eles mesmo, Normando? Porque já estamos tão cansados de criarmos falsas expectativas, que não temos mais forças para nos decepcionar de novo.

O detetive refutou:

– Mas em nenhuma das ocasiões anteriores, dona Marta, os achados eram tão contundentes. Acredito que sejam eles desta vez, sim.

– Não sei... – duvidou Rogério. – Também prefiro não gerar expectativas. Além do mais, seria uma coincidência muito grande você ter encontrado os dois justamente na mesma época, depois de tanto tempo!

– Mas coincidências acontecem, doutor Rogério. De qualquer modo, vou primeiro até o Rio, tentar conversar com a mãe de Renan e...

Marta o fitou com animosidade, ao que ele retificou:

– Eu quis dizer que vou conversar com a mulher que o criou durante estes anos, pois bem sabemos que a mãe dele é a senhora, dona Marta. Depois irei até Maria.

– Faça o que for necessário. Quero reencontrar nossos filhos o quanto antes – ordenou Rogério. – Saber que eles estão vivos e ao nosso alcance nos deixa felizes, eufóricos e ansiosos.

– Sem dúvida, seu Rogério – afirmou Normando.

– Mantenha-nos informados de tudo, por favor! – pediu Marta.

– Fiquem tranquilos; vocês saberão de tudo em tempo real.

No dia seguinte, logo cedo pela manhã, Normando tomou a ponte Rio-Niterói. Em pouco mais de uma hora, estava na periferia do município do Rio de Janeiro, à porta da residência de Vera, e tocou a campainha por duas vezes. Minha mãe se dirigiu ao portão e abriu uma portinhola de ferro que havia no centro dele, deparando com a figura simpática do detetive.

– Bom dia, dona Vera.

Um tanto desconfiada, pois estava certa de nunca ter visto aquele homem antes, minha mãe respondeu:

– Bom dia. O que o senhor deseja?

– Gostaria de falar um minuto com a senhora. Pode atender-me?

– Falar comigo? Sobre o quê? – indagou, ainda mais desconfiada.

QUANDO O ANJO MORA AO LADO

– É sobre o... – Ele quase se referiu a mim como "o filho de dona Marta e seu Rogério", mas refletiu a tempo.

– Sobre o que, mesmo? – insistiu minha mãe.

– Preciso falar com a senhora sobre Renan.

Ela abriu bem os olhos, visivelmente assustada.

– O que tem o meu filho? Aconteceu alguma coisa com ele? O senhor é da polícia?

– Calma, senhora. Não trago notícias ruins de seu filho e não sou da polícia. Apenas gostaria de conversar um pouco sobre ele com a senhora.

– Não tenho nada para conversar com estranhos sobre o meu filho. Se não é da polícia, não tenho obrigação nenhuma de conversar com o senhor. Passar bem! – e fechou a portinhola, trêmula.

Estava assustada, sem saber o que pensar. Seria aquele homem um policial disfarçado que havia descoberto a adoção ilegal do filho? Ou seria ele alguém enviado pelo bandido Fred? Não poderia arriscar.

O detetive tocou a campainha novamente.

– Por favor, senhora – insistiu –, eu não sou da polícia nem pretendo fazer-lhes nenhum mal, acredite.

– Vá embora! – vociferou minha mãe do lado de dentro.

– Eu só preciso saber de Renan. Sou um detetive particular. Seu filho tem um passado, senhora Vera, e a senhora não pode negar isso a ele. Por favor, vamos conversar!

Porém, minha mãe estava irredutível. Fingiu não ouvi-lo e permaneceu em silêncio.

– Senhora? Ainda está aí? Por favor, vamos conversar. Pode ser pela portinhola mesmo! Só preciso saber de Renan.

O silêncio se manteve. Porém, o detetive não desistiu tão facilmente. Passou o resto da manhã mantendo tocaia dentro do carro, estacionado um pouco ao longe para não despertar suspeitas, na espreita do que se passava à porta da nossa casa. Percebeu que algumas mulheres entravam e saíam após alguns minutos com os cabelos mais arrumados. Então, recordou-se de que, durante a investigação que realizara na vizinhança, alguém o havia informado de que minha mãe era cabeleireira.

No horário do almoço, saiu para comer alguma coisa em um restaurante próximo dali. Durante o percurso, a imagem de Sandra veio-lhe à mente. Marta e Rogério não sabiam, mas ele havia conseguido informações sobre Renan com a ajuda da secretária do casal.

Conversando com Sandra alguns anos antes, ficara curioso para conhecer um pouco mais sobre o espiritismo. Sandra emprestara-lhe as obras clássicas da Codificação e algumas outras relacionadas, além de alguns romances espíritas também. Ele havia lido todas com muito entusiasmo e as emprestara à esposa, que também interessara-se pelo assunto.

Certa vez, pedira para acompanhar Sandra e seu esposo ao centro espírita. Assistira a uma palestra sobre família e ficara encantado. Depois, ao lado da própria esposa, tinha participado de uma reunião de oração aos enfermos e necessitados. Desde então, o casal não deixara mais de frequentar o centro, envolvendo-se em praticamente todas as atividades desenvolvidas na casa, desde palestras edificantes a mesas de orações, sessões de psicografia, ações de caridade externa e reuniões de passes.

Exatamente uma semana antes, durante uma dessas reuniões na casa espírita que frequentava, uma médium experiente psicografara uma mensagem de Túlio, meu mentor e protetor espiritual, destinada ao detetive, na qual informava-lhe onde ele poderia tomar informações sobre mim, afirmando que esse seria o início do reencontro dos filhos perdidos. A mensagem descrevia o endereço de minha mãe no Rio de Janeiro, e o detetive havia ficado maravilhado quando fora até lá e, conversando com nossos vizinhos, constatara que a informação procedia. Tinha confirmado que eu realmente vivia naquela casa, mas estava estudando fora no momento, porém, ninguém sabia dizer onde.

QUANDO O ANJO MORA AO LADO

Antes de conhecer o espiritismo, o detetive desacreditava no fenômeno da psicografia, assim como muitos que o desconhecem. Por meio do estudo da doutrina, passara a saber de alguns casos policiais em que o desfecho tinha sido auxiliado mediante a ajuda de espíritos, inclusive casos em que mensagens espirituais psicografadas tinham sido validadas como prova judicial. O que não esperava era que isso aconteceria com ele.

Embora a doutrina espírita tenha sido a única a estudar a psicografia de forma mais contundente, o fenômeno é algo intrínseco ao ser humano, evidenciado em vários povos e culturas ao longo dos séculos, independentemente de crença ou religião. Nessa concepção, a admissão dele como prova judicial não afronta a laicidade[1] do Estado brasileiro. Uma vez demonstrada a autenticidade do escrito psicografado mediante uma perícia grafotécnica, a mensagem psicografada pode ser aceita como prova judicial, desde que seu caráter científico se torne inegável e, portanto, lícito. Pelos princípios da liberdade de provas, nossa legislação não impõe limite aos meios probatórios, desde que sejam lícitos. Por tudo isso, no nosso país, a psicografia já foi algumas vezes utilizada como prova judicial lícita. E agora, mais do que nunca, Normando compreendia bem o valor dela.

Assim, após ter confirmado a veracidade da informação descrita na carta de Túlio e ter comunicado a Marta e Rogério que havia encontrado o endereço de Renan, o detetive estava de volta para conversar pessoalmente com minha mãe. Porém, ela não o havia recebido.

Enquanto comia, pensava em uma nova estratégia que viabilizasse a conversa entre eles. Finalizou a refeição e decidiu retornar à tocaia dentro do carro, desta vez, estacionado bem próximo à porta da casa da cabeleireira.

---

1 A "laicidade" designa o princípio de separação do poder político e administrativo do Estado do poder religioso. A palavra "laica" designa pessoas ou instituições que respeitam esse princípio. A laicidade, portanto, rejeita a influência da Igreja e de dogmas religiosos na esfera pública do Estado.

A um dado momento, duas moças se aproximaram da residência e tocaram a campainha. Enquanto aguardavam, conversavam animadamente. A rua era pouco movimentada, e o detetive havia aberto parte do vidro escuro da janela do motorista, de modo que pôde ouvir as jovens conversarem sem ser percebido por elas, bem como o nome de ambas. Pouco depois, o portão se abriu, e as garotas adentraram a residência. Normando deu a partida e voltou para Niterói.

Na manhã do dia seguinte, a campainha de nossa casa no Rio tocou um pouco antes do horário em que minha mãe costumava iniciar o expediente de trabalho. "Quem será? Não marquei ninguém nesse horário. Será que é aquele homem novamente?", pensou ela, e foi atender.

Abriu a portinhola e espiou. Um rosto feminino apareceu, e ela suspirou aliviada. Então, indagou:

— Pois não? O que deseja?

— Bom dia! — disse a mulher. — Sou Rosemeire e vim por indicação de Joelma. Ela me informou que a senhora é uma ótima profissional!

— Ah, bom dia. Obrigada pelo elogio! Vamos entrar, por favor — e abriu a porta, conduzindo a cliente até a varanda frontal da casa, onde ficava o discreto salão de beleza.

— Dona Rosemeire, o que pretende fazer? Pintura, escova...? — indagou minha mãe.

— Por favor, me chame apenas de Rose — pediu a cliente, sorrindo com simpatia.

— Está certo. Então, o que gostaria de fazer hoje, Rose?

— Uma escova bem caprichada — e descansou a bolsa sobre um aparador ao lado da pequena bancada espelhada.

— Ótimo! Sendo assim, sente-se aqui, por favor. — Rosemeire acomodou-se em uma cadeira acoplada a um lavatório. — Vamos começar fazendo uma boa lavagem de seus cabelos.

Enquanto passava o xampu no cabelo de Rosemeire, esta indagou:

QUANDO O ANJO MORA AO LADO

– Você trabalha aqui sozinha?

– Pela manhã, sim. Mas à tarde tenho uma ajudante – respondeu minha mãe. – Ficaria muito caro se ela trabalhasse o dia todo, entende?

– Entendo. Mas você não tem nenhuma filha que possa ajudá-la?

– Não, não. Tenho apenas dois filhos homens, e um deles, o mais velho, não está nem morando comigo no momento. Está estudando fora do Rio. O mais novo ainda é um bebê – esclareceu minha mãe.

– É mesmo? Também tenho um filho homem. Eles são cuidadosos conosco, não é mesmo?

– Ah, sim, com certeza! – exclamou minha mãe com um largo sorriso ao lembrar-se de mim. – O meu Renan sempre foi muito carinhoso, atencioso e cuidadoso comigo. O pequeno também é muito carinhoso, mas já dá mostras de que será menos do que o mais velho...

– Sei como é – respondeu Rosemeire. – E o seu mais velho, foi estudar onde?

– Está morando com o pai em João Pessoa, na Paraíba.

– Poxa! Bem longe! Não sente saudades?

– Muuita! Mas é para a própria segurança dele. Tem um rapaz aqui no bairro que estava ameaçando o meu menino de morte. Essa foi a única forma de protegê-lo.

– Você foi mesmo corajosa de mandá-lo para longe, mas teve um bom motivo para isto. Entendo perfeitamente sua atitude. Pelos nossos filhos, vale quase tudo. Não é mesmo?

– Isso mesmo. Quase tudo!

Minha mãe agora enxaguava os cabelos da cliente, que continuou:

– Você falou que seu filho se chama Renan...

– Falei?

– Sim, falou.

– E o que tem isso? – indagou minha mãe, já começando a ficar apreensiva.

– Achei interessante, porque conheço um casal que perdeu um casal de filhos quando eles ainda eram crianças, e o menino se chamava Renan e a menina, Maria.

Minha mãe estremeceu e seu coração acelerou descompassado. Meu Deus! Não pode ser coincidência!, pensou. Mas tentou conter-se e, com muito esforço, indagou:

– É mesmo? Perdeu como? As crianças faleceram?

– Não. Eles foram sequestrados por uma mulher que se dizia amiga da família. A polícia ainda descobriu que a sequestradora mentiu para as crianças, afirmando que os pais, Marta e Rogério, haviam morrido em um acidente de carro.

Ao ouvir os nomes dos meus primeiros pais, minha mãe quase teve uma síncope. O ar faltou-lhe aos pulmões e a visão tornou-se turva. Inspirou profundamente e, quando melhorou um pouco, a custo, considerou:

– Que triste história!

Rose prosseguiu:

– É mesmo triste. À época, a polícia desistiu da busca depois de algum tempo, mas o casal continuou tentando encontrar os filhos até hoje.

Desta vez, minha mãe sentiu-se tão mal que Rosemeire segurou-lhe o braço.

– Está passando mal, Vera?

– Não. Foi apenas uma tontura.

Rosemeire levantou-se e amparou minha mãe, conduzindo-a até uma cadeira, onde ela se sentou.

– Não quer um pouco de água? – indagou a cliente.

– Não. Não precisa, obrigada. Já estou melhorando.

Rosemeire puxou outra cadeira e sentou-se ao lado de minha mãe. Então, segurou as duas mãos dela e, fitando-a nos olhos, disse:

— Vera, você pode se abrir comigo, querida. Conte-me tudo o que aconteceu.

Minha mãe puxou as mãos abruptamente, fitando a outra, assustada.

— Do que você está falando? O que quer que eu lhe conte? — indagou nervosa. Antes que Rosemeire respondesse qualquer coisa, ela continuou: — Ah... aquele homem que veio ontem aqui! Vocês estão juntos, não é? Os dois me passaram a perna. Você não veio fazer nada nos cabelos! Queria apenas saber de meu Renan!

— Acalme-se, Vera, por favor. Somos amigos, não viemos aqui para fazer-lhe nenhum mal. Sou a esposa daquele homem que falou com você ontem. Ele é um detetive particular que foi contratado pelos pais adotivos de Renan e Maria. Precisamos apenas conversar, saber como você acabou adotando Renan.

Vera se levantou enrubescida, descontrolada, e vociferou:

— Saia já daqui! Não tenho nada a falar com você! Assim como também não tive ontem, quando expulsei seu marido daqui... Alias, já falei demais com uma estranha!

— Acalme-se, Vera, eu imploro!

— Não há o que implorar, simplesmente porque não tenho nada a ver com esse caso — mentiu ela.

— Por favor, precisa me ouvir — implorou Rosemeire, ao que Vera redarguiu:

— Não preciso, não quero nem vou ouvi-la. Vamos, saia de minha casa, já!

— Tudo bem. Meu esposo e eu gostaríamos de ter um conversa tranquila, racional e amigável com você, sem a necessidade de envolver a polícia nessa história. Mas...

— Polícia? — minha mãe sobressaltou-se, assustada. — Por que a polícia? Eu não sou uma criminosa! Não fiz nada de errado!

— A senhora apoderou-se de uma criança de forma ilegal, dona Vera, sem a concretização de uma adoção formal. Além disso, pelo visto, também não tentou procurar os familiares dela...

— Você não sabe de nada! – refutou.

— Sei, sim, e posso resolver isso chamando a polícia agora mesmo.

Rosemeire apanhou a bolsa que havia deixado sobre o aparador e retirou o celular de dentro dela.

— Não! Por favor, não faça isso! – pediu minha mãe, serenando os ânimos. – Aceito conversar com você.

Assim, ela contou como tudo havia acontecido. Esclareceu como Álvaro havia contatado, à época, o Juizado da Infância e do Adolescente para relatar o caso, e como eu tinha fugido do hospital e ameaçado voltar a fugir se retornasse a algum abrigo, pois queria encontrar Maria. Por fim, tentou argumentar sobre o erro dela e de Álvaro com a justificativa de que acreditavam que Marta e Rogério haviam desencarnado e que, se eles não ficassem comigo, eu não iria aceitar viver em um abrigo sem encontrar Maria, com certeza preferindo perambular pelas ruas à procura dela.

CAPÍTULO 22

O reencontro

Enquanto Rosemeire conversava com minha mãe no Rio de Janeiro, o detetive Normando batia à porta do endereço de Maria, em São Gonçalo, quando uma jovem o atendeu.

Na carta de Túlio não havia informações sobre o local onde ele poderia encontrar Maria, apenas citava-se que ela também seria encontrada. Então, diante da boa perspectiva, Normando usou mais uma vez uma estratégia que tinha falhado em todas as outras tentativas anteriores. O espiritismo lhe ensinara que na vida tudo tem seu tempo, e, encorajado pela carta, ele acreditou que daquela vez daria certo.

Assim, logo no dia seguinte ao recebimento da mensagem, anunciou novamente nos jornais do Rio de Janeiro e região metropolitana que um casal residente no município de Niterói estava à procura de uma filha desaparecida. Não citou Renan porque já sabia onde encontrá-lo. Na nota que saiu nos jornais havia informações detalhadas sobre a data de nascimento de Maria, seu nome completo, cor de pele, a marca de nascença nas costas, data e circunstâncias do desaparecimento e o contato telefônico do detetive.

Dois dias depois, para a sua alegria, como ele imaginava, uma garota o havia contatado por telefone, afirmando ser quem ele procurava. Imediatamente após o contato, o detetive investigou por telefone a vizinhança do local onde a jovem afirmara residir, quando informaram-lhe que se tratava de uma casa onde viviam moças de vida "fácil". Após um segundo contato, eles agendaram um encontro.

Uma semana depois, lá estava o detetive para conversar com ela pessoalmente.

— Bom dia! O que o senhor deseja? — indagou a garota que o recebera.

Diferente do que ele imaginava, a jovem estava vestida sem excessos de sensualidade.

— Bom dia! — respondeu Normando, com simpatia. — Gostaria de falar com uma garota chamada Maria.

— Ah, é o tal detetive do jornal? Ela avisou que o senhor viria. Entre. Vou chamá-la.

O detetive adentrou o recinto e ficou aguardando acomodado no sofá da sala de estar, observando tudo no seu entorno. Realmente, aquele lugar não se parecia em nada com o que lhe haviam informado. Era uma casa espaçosa e de decoração simples. Havia uma estante repleta de livros na sala e outros materiais de estudo espalhados sobre a mesa de seis lugares da sala de jantar ao lado. Ele poderia jurar que se tratava de uma república de estudantes. "Claro! Como a natureza preconceituosa, julgadora e caluniadora inerente ao ser humano ainda pode me surpreender desta forma?", pensou. Era óbvio que se tratava de uma república de estudantes, a qual, provavelmente, devido aos hábitos um tanto extravagantes da juventude moderna, deveria estar sendo julgada pela vizinhança, por puro preconceito, como um prostíbulo.

Não demorou muito e logo uma jovem de cabelos compridos castanho-dourados, alta e esguia, surgiu na sala. Vendo-a se aproximar, o detetive ficou de pé.

– Bom dia, detetive Normando! – disse a garota, estendendo-lhe a mão para cumprimentá-lo. – Sou Maria Aguiar. Normalmente, sou eu quem abre a porta, mas logo hoje, que o esperava, foi diferente. Muito prazer!

– Bom dia, senhorita Maria! Muito prazer! – e apertou-lhe a mão.

– Por favor, pode ficar à vontade – disse ela educadamente, apontando o sofá.

– Claro, obrigado! – O detetive sentou-se no sofá, e Maria, em uma poltrona de frente para ele.

– Bem, senhorita Maria... – começou ele.

– Pode me chamar apenas de Maria.

– Tudo bem. Então, Maria, você se julga a filha desaparecida do casal que me contratou. Porém, gostaria de lhe fazer algumas perguntas e também de ver a marca de nascença.

– Claro. Fique à vontade. O que o senhor deseja saber?

O detetive deu início ao interrogatório:

– Bem, Maria, em que circunstâncias você se perdeu de seus pais?

– Fomos sequestrados após a aula no colégio.

– Fomos? Quem estava com você? – continuou Normando.

– O meu irmãozinho de criação, Renan. A propósito, já o encontraram? Sinto tantas saudades dele até hoje...

– Sim, o encontramos – respondeu Normando.

– Que maravilha! Não vejo a hora de revê-lo!

O detetive prosseguiu:

– Maria, por que vocês não pediram a ajuda de algum adulto para tentar contatar os pais de vocês?

— Soube que nossos pais estão vivos e nos procurando apenas quando li o seu anúncio, detetive. Para mim, foi a maior surpresa do mundo! Até então, imaginava que estivessem mortos, pois foi isso que aquela mulher nos contou quando nos roubou.

— Que mulher?

— A que nos sequestrou com a ajuda do motorista. Lembro-me muito bem de tudo isso.

Ele deu continuidade à conversa:

— Mas então, Maria, o que aconteceu depois que vocês fugiram do cativeiro? Como veio parar aqui? O que você faz aqui nesta república?

— Calma, detetive. Uma pergunta de cada vez.

— Tudo bem, desculpe.

Ela lançou-lhe um sorriso compreensivo e continuou respondendo:

— Bem... Depois que fugimos, perambulamos pelas ruas do Rio de Janeiro, sem rumo e dormindo ao relento, quando a vida encontrou seus meios para nos separar um do outro e uma senhora acabou me resgatando das ruas. Ela morava sozinha e era muito humilde. Mesmo assim, me deu comida, abrigo e ficou cuidando de mim. Em troca, eu arrumava a casa quando ela saía para pedir esmola. O senhor acredita que o que ganhávamos pedindo nas ruas e nos sinais dava para nos sustentar?

Ele assentiu com a cabeça, e ela prosseguiu:

— Foi isso que aconteceu. Eu vivi com essa mulher até o ano passado. Mas continuei estudando, mesmo quando passei a ajudá-la lá nas ruas. Quando fiz trezes anos, procurei emprego em uma casa de família; mesmo sendo menor, trabalhei quase um ano como doméstica. Então, a senhora que morava comigo faleceu e eu conheci Alessandra, que fazia faculdade aqui em São Gonçalo. Ela me trouxe para cá, para morar com ela e algumas amigas universitárias. Aqui eu trabalho como doméstica e recebo moradia, comida e a metade de um salário mínimo. Mas ninguém sabe, claro, porque sou menor.

— Entendo — disse o detetive, compreensivo.

— Bem, agora preciso ver a sua marca de nascença.

— Sim, claro.

Ela se virou para ele e abaixou um pouco a blusa, expondo a marca na porção superior das costas, bem ao centro. O detetive retirou do bolso uma foto da pequena Maria, aproximou-se um pouco mais da jovem e comparou as marcas.

— Hum... Um sinal em formato grosseiro de coração, no mesmo local. Obrigado!

Maria se recompôs e indagou:

— Sendo assim, e agora? O que o senhor pretende fazer? Vai me levar para ver meus pais?

— Você poderia vir comigo já?

— Sim, posso. Já tinha avisado às meninas sobre essa possibilidade. Disse a elas que, se o senhor desejasse, eu iria no mesmo dia para a casa de meus pais. Não aguento de tanta ansiedade para revê-los.

— Faremos assim: levo você até eles para uma primeira visita e, depois disso, eles resolvem quando vêm buscá-la de uma vez por todas.

— Tudo bem.

Maria apanhou uma bolsa, despediu-se de duas garotas que estavam na república no momento e saiu na companhia do detetive.

Era horário de almoço quando Normando e Maria chegaram à casa de Marta e Rogério, de modo que ambos estavam na residência. Eles faziam questão de se reunir e realizar aquela refeição em família, ao lado de João, o filho de sete anos do casal. Três anos após o desaparecimento dos filhos adotivos, Marta, enfim, havia conseguido engravidar, renovando as forças do casal e sua alegria de viver. Mesmo assim, o sofrimento e a busca pelos filhos adotivos nunca cessaram.

A campainha tocou, e Sandra atendeu ao interfone, autorizando a entrada do detetive. A secretária apareceu eufórica à sala de estar, onde os patrões brincavam com o filho após tê-lo buscado na escola, enquanto aguardavam a refeição ser servida à mesa.

Vendo-a aproximar-se dando pulinhos e torcendo os dedos, Marta indagou:

— O que aconteceu, Sandra, para estar agindo assim? Quem era ao interfone?

— Dona Marta, seu Rogério, não vão acreditar em quem acabou de chegar!

— Experimente nos contar, Sandra, e prometo que tentarei acreditar — brincou Rogério.

— É o detetive Normando, trazendo Maria com ele!

O casal levantou-se bruscamente, com o olhar fixo na secretária.

— Está falando sério, Sandra? — indagou Marta, com os olhos já marejados.

— E a senhora acha que eu iria brincar com uma coisa dessas?

Neste mesmo instante, Normando e Maria adentraram a sala.

— Boa tarde a todos! — cumprimentou o detetive, com um largo sorriso.

— Não posso acreditar! É você mesmo, Maria? — indagou Marta, levando as mãos à boca.

— Sim, é ela — antecipou-se o detetive.

— Nossa filha! — exclamou Rogério emocionado.

O casal correu para abraçar a jovem Maria.

QUANDO O ANJO MORA AO LADO

– Ah, meus pais queridos, quanto tempo! – comentou ela enquanto os abraçava.

Após afastarem-se, sob lágrimas, Marta acariciou-lhe o rosto, observando:

– Você cresceu tanto, filha! Está uma moça linda! Como sentimos a sua falta!

– Se a visse em qualquer outro lugar, não a reconheceria, minha filha. Está mesmo muito crescida! Quantas saudades! – considerou Rogério, também com os olhos marejados.

– Ah, e vocês estão do mesmo jeito para mim! – comentou Maria.

– Sim, filha, não mudamos muito – concordou Marta entre lágrimas e sorrisos. – Mas você se lembra de que a mamãe era morena? Agora estou loira.

– Ah, sim, sim. Percebi assim que a vi. Está linda loira, mamãe!

– Obrigada, filha! Como você está mudada!

– E quanto a mim, filha? – indagou Rogério. – Percebeu algo de diferente?

Maria fitou o pai e observou:

– Está grisalho, papai.

Eles sorriram.

– Sim, estou!

– Está ainda mais lindo assim!

– Ah, minha querida, que bom que voltou para nós! Parece até um sonho – suspirou Rogério.

– Isso mesmo, querido. É essa a sensação que tenho. Parece um sonho! – corroborou Marta.

– Mamãe, mamãe! Quem é esta? – indagou João, aproximando-se dos pais.

Marta aproximou o filho da jovem e os apresentou:

– Maria, filha querida, este é seu irmão, João.

Maria fitou o garoto com um sorriso afável. Curvando-se sobre ele, disse:

– Ah, muito prazer, irmãozinho! Tudo bem? – e estendeu a mão para cumprimentá-lo.

– Tudo bem! – respondeu João, apertando a mão da jovem.

Enquanto observava emocionada o encontro da família, Sandra percebeu como o tempo realmente havia passado. Não conseguia enxergar a menina Maria naquela jovem. Era como se o tempo tivesse levado aquela menininha e trazido outra pessoa em seu lugar. Seus modos polidos e contidos, sua voz e sorriso discretos, em nada lembravam o jeito extravagante e espontâneo da Maria que ela havia conhecido. "Certamente, a vida e a puberdade a mudaram muito", pensou.

De súbito, Marta puxou Sandra pelo braço e, fitando a filha, indagou:

– E então, minha querida, lembra quem é esta?

Maria olhou fixamente para a secretária, cerrando os olhos, como que esforçando-se para lembrar.

– Sandra? – indagou.

– Sim! Sou eu, Sandra, minha menina! – disse a secretária sorrindo. – Você e seu irmão eram muito apegados a mim! Quantas saudades eu senti dos dois – e seus olhos marejaram.

As duas se abraçaram. Após se afastarem, Sandra fitou a patroa e informou:

– Dona Marta, já mandei a Francisca pôr a mesa para o almoço. Vou pedir para botar outro prato, porque nossa menina vai almoçar conosco, não vai?

– Sim, fez muito bem, Sandra! Claro que ela vai – antecipou-se Marta. – E ponha um prato para o detetive e outro para você também.

– Para mim?

– Claro! Você é como se fosse da família. Não come ao nosso lado com frequência porque não quer. Mas hoje não irá recusar nosso convite.

– Eu endosso as palavras de Marta, Sandra – considerou Rogério.

QUANDO O ANJO MORA AO LADO

– E eu agradeço o convite – disse o detetive.

Sandra se emocionou.

– Eu também agradeço. Mas agora me deem licença, que vou até a cozinha ajudar Francisca.

Poucos minutos depois, a família estava reunida à mesa: o casal de pais e os dois filhos, na companhia de Sandra e do detetive. Enquanto saboreavam a deliciosa refeição, conversavam felizes e animados, bombardeando Maria de perguntas.

A um dado momento, Rogério fitou Normando e indagou:

– E quanto a Renan, detetive? Sua esposa conseguiu falar com a tal mulher?

– Sim, doutor Rogério. Graças a Deus, deu tudo certo! Quando estava no caminho de São Gonçalo até aqui, ela me ligou e disse que conseguiu a história completa com a senhora que adotou Renan.

– Que bom, detetive! O senhor está mesmo de parabéns! – elogiou Rogério. – Finalmente, mesmo depois de tanto tempo, conseguimos encontrar nossos dois filhos!

– Estou tão feliz por tudo isso! – exclamou Marta. – Também o parabenizo e agradeço demais, detetive.

O detetive agradeceu e relanceou para Sandra, como que pedindo a opinião dela para decidir se contava ou não que ele havia recebido ajuda espiritual para desvendar aquele caso.

Gesticulando rapidamente com a cabeça, a secretária opinou que ele não deveria se pronunciar, ao que ele entendeu como se talvez a ocasião não fosse apropriada.

CAPÍTULO 23

A hora da verdade

— A minha mãe vai voltar logo? — indagou Éverton à enfermeira, sentado no leito de hospital, recostado sobre travesseiros.

— Sim, meu querido — respondeu a simpática enfermeira. — Ela e seu pai estão conversando com o doutor Olavo, mas já, já estarão de volta, está bem?

— Eu vou voltar para casa hoje? — Éverton perguntou.

— Bem, quanto a isso, não tenho como saber — esclareceu a enfermeira. — Vamos aguardar até que eles voltem e logo saberemos. Está certo assim?

— Está bem. Só espero que não demorem muito.

Dentro do consultório, o pediatra conversava com os pais de Éverton:

— Bem, seu Álvaro, dona Eliane... — começou o médico. — Após a realização dessa bateria de exames e de uma criteriosa avaliação clínica do nosso pequeno Éverton, eu já tenho um diagnóstico fechado... – Ele fez uma pausa, olhando para os exames que embalava às mãos.

– Doutor Olavo, por favor, nos diga de uma vez – pediu Eliane.

– Sim, sim – respondeu o médico, enchendo-se de coragem, embora estivesse habituado a situações como aquela. – Bem, Éverton tem um problema sério nos rins.

– Sério? Sério como? Quão sério? – indagou Eliane, já torcendo os dedos de tanta aflição.

– Nos rins? – questionou Álvaro. – Do que se trata?

– Por favor, vocês precisam tentar manter a calma, para que eu possa continuar.

Eliane abraçou fortemente o esposo, como que buscando forças no aconchego de seus braços. Álvaro acariciou-lhe os cabelos, mostrando-lhe que estavam juntos para enfrentar o que quer que fosse.

– Tudo bem. Fale, doutor – pediu Álvaro.

O médico voltou-se para a secretária eletrônica sobre a mesa, disposta ao seu lado esquerdo, apertou-lhe um botão e pediu à sua secretária particular que trouxesse água. Em seguida, prosseguiu:

– Bem, como eu ia dizendo, o problema nos rins é realmente sério. Ele está com uma insuficiência renal crônica terminal.

– Terminal?! – vociferou Eliane, assustada. – Como assim, terminal? O nosso menino vai morrer?

Com tranquilidade, o médico explicou:

– Eu não disse que ele iria morrer.

Nesse momento, a secretária bateu à porta e adentrou a sala. Serviu água a todos e se retirou. Então, o dr. Olavo continuou:

– Bem, vou tentar explicar a vocês de uma forma simples. Quando os nossos rins não conseguem mais funcionar normalmente, dizemos que eles estão insuficientes, ou seja, desenvolvemos uma insuficiência renal, que pode ter várias causas, desde orgânicas a acidentais. Quando essa insuficiência ocorre de forma aguda, com sintomas bem visíveis, fica mais fácil de ser detectada e, consequentemente, de ser tratada. Porém, no caso de Éverton, a doença se desenvolveu de forma lenta e silenciosa, atingindo seu estágio mais grave, que é o nível cinco. Por isso, ele foi diagnosticado com uma insuficiência renal crônica terminal, porque se refere ao último grau da doença.

— Mas como ele pegou isso, doutor? — indagou Álvaro, ao que Olavo esclareceu:

— Veja bem, seu Álvaro, o nosso pequeno Éverton não "pegou" essa doença, porque ela não é contagiosa. O que gerou tudo isso foi uma má-formação, de nascença, de algumas das estruturas do aparelho urinário dele. Com o passar do tempo, essa alteração acabou sobrecarregando os rins de Éverton até chegar ao grau de insuficiência em que ele está hoje.

— Mas isso tem cura, doutor? — indagou Eliane, já soluçando.

— Calma, querida, tem que haver uma saída — consolou Álvaro.

— O problema dele tem jeito, não tem, doutor?

O médico apoiou os cotovelos sobre a mesa, com as mãos unidas, fitou o casal com seriedade e respondeu:

— Sim, há. Vejam bem, os rins de Éverton não conseguem mais trabalhar na sua função normal e não há medicamento que possa reverter esta situação. Porém, há uma saída para que ele possa voltar a ter uma vida praticamente normal... que é o transplante.

— Transplante?! — indagou o casal, assustado.

— Mas não há outra alternativa? — questionou Álvaro.

— E quanto a essa tal de hemodiálise, que filtra o sangue fora do corpo, que ele fez aqui durante esses dias em que ficou internado para os exames? — indagou Eliane.

O médico esclareceu:

— Bem, em muitos casos, as pessoas que apresentam problemas renais podem sobreviver vários anos realizando hemodiálise periodicamente. Porém, além de não substituir por completo a função dos rins, o que pode acarretar alguns problemas de saúde, esse procedimento é bastante sofrido para o paciente, limitando muito a sua qualidade de vida. No caso de Éverton, o transplante será capaz de devolver a ele uma vida mais próxima do normal. Entendem?

– Mas como funciona essa questão da doação? Teremos que esperar alguém morrer para doar um rim ao meu filho? – questionou Álvaro.

Eliane acrescentou:

– Não existe uma história de fila de espera?

O dr. Olavo seguiu com as explicações:

– Bem, diferente de órgãos como o coração, os rins podem ser doados por doadores vivos. Isso é possível porque um único rim é capaz de realizar as funções necessárias à manutenção da vida, sem nenhum problema para a pessoa. Ou seja, o doador doa um rim e sobrevive normalmente com o outro.

– Então, eu poderia doar um rim ao meu filho? – indagou Eliane, esperançosa.

– Sim, poderia – respondeu o médico. – A doação entre parentes consanguíneos, como irmãos, mãe, pai, tios e outros, sendo de primeiro até quarto graus, é mesmo a que possui a maior probabilidade de sucesso, devido ao maior percentual de chances de haver compatibilidade com o receptor, reduzindo assim o risco de rejeição do órgão recebido. Essa compatibilidade diz respeito ao tipo sanguíneo e a outros fatores relacionados à imunidade entre o doador e o receptor. Se a senhora se apresentar com compatibilidade aceitável, poderá doar, sim.

Álvaro coçou a cabeça. Depois, questionou:

– Mas e se ela ou eu doarmos e viermos a ter algum problema futuramente no único rim que restou, doutor?

– Muitas pessoas fazem esse questionamento, seu Álvaro – considerou o médico. – Mas veja bem: geralmente, as complicações renais sérias acometem os dois rins. Então, não fará diferença se o indivíduo tiver apenas um ou os dois órgãos. A menos que o problema seja do tipo mecânico, como um esmagamento, por exemplo, que pode ocorrer em acidentes automobilísticos ou outro qualquer, e que, nesse caso, pode atingir apenas um rim. Mas esses são casos realmente eventuais. Fazem parte dos riscos da doação em vida, que são de fato bem pequenos.

– Que bom. Vamos fazer os testes, meu bem – considerou Álvaro. – Certamente, um de nós dois será compatível com o nosso filho.

– Sim. Há grandes chances – reafirmou o médico. – Contudo, caso isso não ocorra, e como Éverton não possui irmãos consanguíneos, ainda poderemos tentar outros parentes. Apenas de último caso, se não houver nenhum, ele será cadastrado em um banco nacional de pacientes que estão à espera de um doador cadáver compatível.

– Mas eu serei compatível, tenho certeza! – afirmou Eliane, esperançosa.

– E quanto à questão da rejeição? – questionou Álvaro. – Se um de nós for compatível e o transplante se realizar, não haverá mais o perigo da rejeição, haverá?

O médico respondeu:

– Bem, mesmo nesse caso, e mesmo que os medicamentos usados para evitar a rejeição sejam atualmente muito eficientes, eu preciso ser sincero e informar que, ainda assim, há um risco de rejeição. Porém, precisamos pensar positivamente...

Àquela época, devido à doença de meu irmão, eu viria a compreender muitos aspectos médicos referentes à doação de órgãos para transplantes. Porém, hoje eu entendo o assunto também no âmbito espiritual.

Para o espiritismo, a doação de órgãos para transplantes – seja em vida ou após a morte do corpo físico – não consiste em uma prática contrária às leis naturais, e sim uma conduta justa e perfeitamente legítima. Ela concede oportunidade de prosseguimento da existência física, na condição de morada do espírito, àqueles que necessitem continuar sua jornada terrena. No âmbito espiritual e evolutivo, os procedimentos de transplantes estão intimamente relacionados ao ato supremo das doações, de modo que surgiram para testar nossas virtudes de solidariedade humana, entre elas, a generosidade, o altruísmo, a piedade, a compaixão, a bondade, a misericórdia, a grandeza de alma, bem como o espírito humanitário, de socorro, de amparo, auxílio e amor ao próximo.

Contudo, não podemos esquecer que a Lei moral de Causa e Efeito preside inteira e invariavelmente os acontecimentos marcantes da trajetória dos espíritos, sejam eles encarnados ou desencarnados, e, assim, pelas "leis da vida", apenas os transplantes que nelas se enquadrarem prosperarão. Quanto aos demais, seguirão para o fracasso do procedimento médico-científico, que em geral se sucede por meio da rejeição do órgão transplantado.

No dia seguinte, Éverton teve alta hospitalar e retornou para casa na companhia dos pais. Quando eu cheguei da escola, recebi a triste notícia da condição de meu irmão.

Eliane deu-lhe um banho revigorante e o levou para o quarto dela e de meu pai, acomodando-o sobre a cama do casal. Pouco depois, estávamos os três reunidos em torno de Éverton. Eliane e meu pai estavam extasiados com as sonoras gargalhadas que ele dava ao me ver fazendo mímicas de animais. Só então perceberam como meu irmão e eu nos dávamos bem, muito embora, com frequência, eu precisasse ser bastante paciente e compreensivo com ele ante muitas de suas atitudes rebeldes, reflexas de uma educação deficitária e de seu precário nível de consciência evolutiva.

Alguns dias depois, Eliane, meu pai e Éverton retornaram ao hospital. Enquanto meu irmão realizava uma nova sessão de hemodiálise, o médico conversava com os pais do paciente sobre o resultado dos exames.

— Bem, dona Eliane, seu Álvaro... — começou o dr. Olavo. — Infelizmente, as notícias que tenho não são as que eu gostaria de lhes dar.

— O que foi, doutor? Eu não sou compatível? — antecipou-se Eliane, aflita.

O dr. Olavo inspirou profundamente, como costumava fazer em situações como aquela. Após um breve tempo, prosseguiu:

— Infelizmente, tenho que informá-los de que nenhum dos dois possui um nível de compatibilidade seguro para o transplante.

— Como assim?! — esbravejou Eliane. — Não é possível que nenhum de nós dois possa salvar a vida de nosso filho! Isso não pode ser possível!

O médico, pacientemente, respondeu:

— Dona Eliane, a incompatibilidade de pais consanguíneos é possível, sim, como eu já havia falado antes, mesmo que as chances da compatibilidade sejam altas. Infelizmente, os senhores não poderão doar o órgão ao nosso pequeno Éverton.

Eliane e Álvaro se abraçaram e caíram em pranto.

— Por favor, não podemos perder as esperanças — tentou consolar o médico. — O transplante ainda pode ser realizado. Ainda poderemos encontrar um doador dentro da própria família, sem que Éverton precise entrar na lista de espera. Ele possui outros parentes consanguíneos, não? Tios, primos...

— Temos poucos parentes, doutor — afirmou Eliane.

— Mesmo assim, acho que vocês devem conversar com todos os que tiverem, sem exceção.

QUANDO O ANJO MORA AO LADO

– Podemos fazer isso, sim, doutor. Mas confesso que não espero um retorno positivo – considerou Álvaro. – Não é todo mundo que aceita sair por aí doando um órgão ainda em vida. O senhor não acha?

O dr. Olavo ainda sugeriu:

– Eu entendo, mas vocês também podem conversar com amigos, pessoas próximas da família... mesmo que não possuam consanguinidade. Nunca sabemos ao certo onde o doador estará: se ao lado da pessoa que necessita do órgão, como já tivemos casos de doação entre cônjuges, ou se do outro lado do país, ou mesmo do outro lado do mundo.

– Tudo bem. Iremos tentar com todos – afirmou Eliane, esperançosa. – Mas e se não conseguirmos?

O médico pendeu a cabeça para o lado e considerou:

– Bem, ainda há a alternativa de uma técnica nova, realizada com o órgão de um doador incompatível. Porém, trata-se de um procedimento novo e mais arriscado para o paciente, e também bastante caro, embora algumas pessoas o tenham preferido a continuarem com as hemodiálises. Alguma outra pergunta? – indagou solícito.

– Só mais uma – respondeu Eliane.

– Fique à vontade, dona Eliane.

– Eu ouvi dizer que a cirurgia para a retirada do rim do doador é realizada com um corte muito grande na lateral do abdômen. É isso mesmo, doutor Olavo? Porque, se for... aí será ainda mais difícil de encontrar alguém que aceite ajudar o nosso menino.

O médico respondeu:

– Confesso que ainda são feitas cirurgias assim, dona Eliane, pela técnica tradicional. Porém, muitos já usam uma técnica nova, minimamente invasiva, em que a extração do rim é realizada por laparoscopia. Ou seja, são feitas apenas pequenas incisões na pele do abdômen do doador, por onde passam os instrumentos cirúrgicos e as microcâmeras.

– É muito bom saber disso... – concluiu Eliane.

CAPÍTULO 24

A visita dos meus sonhos

Mais um tempo se passou, e eu acordei com o som de mensagem no celular. Ainda sonolento, torci o corpo para a direita, esticando-me ao máximo até conseguir apanhar o aparelho sobre a escrivaninha. Então, li a seguinte mensagem de Júlia:

Gato,
Antes de ir para a escola hoje, passe aqui em casa, okay? É
urgente!

Fiquei um tanto preocupado e fiz como Júlia me pediu.

Após chegar à sua porta e tocar a campainha, ela logo apareceu, dizendo:

— Entre rápido, venha!

Assim que botei os pés na sala, o som das vozes de Júlia, Paula, Júlio e da pequena Jane ecoaram em uníssono uma animada canção de "Parabéns"!

Eu sorri feliz, percebendo que havia saído tão preocupado de casa, que nem me dera conta de que era meu aniversário.

— Mas como você sabia, se eu não tinha te falado? – questionei.

— Esqueceu que tenho o contato de sua mãe? Ela me avisou.

Após eu receber os cumprimentos de todos e agradecer pela surpresa, Júlia entregou-me um presente.

— Eu não consegui pensar em outra coisa – comentou ela, sorrindo.

— Perfeita! Eu adorei! Muito obrigado!

E sorrimos juntos.

Era uma linda e farta cesta de café da manhã, com alguns chocolates de sobremesa.

Em seguida, também agradeci feliz a camisa e a bermuda novas que ganhei de Paula e Júlio.

Após fazermos uma rápida refeição juntos, agradeci e me despedi de todos. Antes de ir, ao vão da porta, Júlia sugeriu:

— Hoje sei que não dará, mas, como amanhã é sábado, vamos marcar algo legal para fazer? Como está a sua agenda no "borralho"?

Sorrindo, eu respondi:

— Amanhã à tarde vou ficar estudando para uma prova na segunda. Mas, à noite, meu pai e Eliane pretendem ir a um aniversário de um amigo e eu vou ficar cuidando de Éverton. Poderíamos ver um filme juntos. O que acha? Eles saem por volta das sete da noite.

— Combinado! Vou levar a pipoca. Agora vá, antes que venham aqui puxar você pelos cabelos.

Sorrimos novamente, e eu deixei o apartamento de Júlia feliz e sereno. Tive a sensação de que gostaria de ter dito mais coisas a ela, além de vários "obrigados". Também achei que ela queria me falar algo mais.

Pouco depois, minha querida mãe me ligou para felicitar-me.

No dia seguinte, às dezoito horas, a campainha de nosso apartamento tocou e meu pai atendeu. Eu estava em meu quarto e logo pensei: "Será que Júlia antecipou-se? Ou entendeu errado o horário marcado?"

Porém, não se tratava dela.

– Pois não? – indagou meu pai, fitando um casal de meia-idade e uma jovem adolescente, muito bem-vestidos e elegantes.

– Aqui é a residência do seu Álvaro? – quis saber Rogério.

– Quem são vocês? – indagou meu pai, apreensivo.

– Somos os pais de Renan e viemos visitá-lo – respondeu Marta.

– Pais?! – Álvaro levou a mão ao peito após o coração disparar de susto. – Como assim, pais?

– Podemos entrar, senhor? – indagou Rogério. – Assim, conversaremos melhor.

Eles entraram, e meu pai os convidou a sentar, no mesmo instante em que eu saí do quarto e fui até a sala.

– Boa noite! – cumprimentei os três, enquanto fingia ir pegar água na geladeira para sondar quem eram.

– Renan, volte aqui, por favor – pediu meu pai.

– Meu Deus, é ele, Rogério! É o nosso menino! – exclamou Marta, levantando-se imediatamente e vindo em minha direção.

Eu recuei e logo os três estavam em torno de mim, no meio da sala: Marta, acariciando meu rosto, enquanto Rogério e Maria me fitavam como se eu fosse um artista internacional. Claro que, de imediato, não entendi nada do que acontecia ali.

– Meu querido, você não se lembra de nós? – indagou Marta, me olhando entre lágrimas.

Então, o meu cérebro foi rapidamente processando aquelas feições. Não podia acreditar no que estava começando a entender.

– Somos os seus pais, Renan – acrescentou Rogério, com os olhos marejados. – Como pode ver, não morremos, como lhe disseram; estamos vivos e procurando por você há muito tempo!

– E eu sou Maria – disse a bela jovem de cabelos compridos e dourados ao meu lado.

Eu a fitei com os olhos ainda mais arregalados. Por alguns instantes, cheguei a duvidar de se aquilo tudo estava realmente acontecendo, se não era o produto de minha imaginação ou alguma espécie de delírio ou sonho. Senti a sala girar e o estomago embrulhar; uma sensação de que iria desmaiar.

Por fim, disse algo:

– Não posso acreditar. Isso não é verdade. Os meus pais, que eu acreditava estarem mortos, e a minha Maria, a quem tanto busquei por anos? Juntos, aqui ao meu lado? Não pode ser verdade! Só pode ser alguma brincadeira de mau gosto!

– Não, filho, nada disso! Somos nós mesmo! – confirmou Marta.

Então, com o coração descompassado, em um dos momentos mais emocionantes de minha vida, eu chorei. Chorei como uma criança, abraçando e beijando os três com todo o amor e a saudade reprimidos por anos em meu peito e em minha alma. Ficamos os quatro ali, abraçados, imersos em um mar de emoções, choro e felicidade, durante alguns instantes.

Quando serenamos, sentamo-nos à sala, Eliane e Álvaro se juntaram a nós, e nossas visitas esclareceram tudo. Contaram que depois de um bom tempo procurando por mim e por Maria, com a ajuda da polícia, sem obterem êxito, como acontece com muitas famílias em todo o mundo, a polícia encerrou as investigações e eles contrataram um detetive particular, que nos encontrou depois de tanto tempo. Relataram sobre os vários momentos de tristeza, desespero e solidão que experimentaram durante todo esse período à nossa procura, e eu desabafei as minhas dores pela ausência dos três.

Depois foi a vez de acertarem as contas com o meu pai. Assim como fizeram com a minha mãe Vera, Marta e Rogério também recriminaram Álvaro por ele não ter insistido em me entregar às autoridades competentes, o que poderia ter facilitado o meu resgate, ao que ele se defendeu com os mesmos argumentos de Vera.

Em seguida, reservei um momento especialmente para Maria. Eu a abracei e beijei seu rosto delicado com muita intensidade e sentimento, desabafando com lágrimas toda a saudade, as lembranças adormecidas e sufocadas na alma. Revê-la era a realização de meu maior sonho de vida. Contudo, apesar de toda a emoção que experimentava em reencontrá-la, percebi que muito nela havia mudado. Fisicamente, lembrava-me a pequena Maria, porém, sua presença marcante, os modos espontâneos e extravagantes já não estavam mais lá. Definitivamente, os anos a haviam mudado bastante, mas eu estava imensamente feliz em reencontrá-la.

A campainha tocou mais uma vez às dezenove e trinta, quando meu pai atendeu novamente. Desta vez, tratava-se mesmo de Júlia.

"Ai, eles ainda não saíram. Eu deveria ter perguntado a Renan antes de vir", pensou ela.

Mas, antes que dissesse qualquer coisa, meu pai antecipou-se:

— Olá, Júlia. Renan está ocupado agora. Vocês podem se falar depois. Tudo bem?

Do vão da porta, eu vi quando Júlia relanceou para o interior do apartamento e seus olhos esbarraram em mim, sentado no sofá, ao lado de uma bela jovem. Ela então voltou-se novamente para Álvaro e respondeu:

— Tudo bem, seu Álvaro. Não sabia que vocês tinham visitas. Desculpe ter incomodado.

Eu me levantei abruptamente, dizendo:

— Não! Espere, Júlia!

QUANDO O ANJO MORA AO LADO

– Você vai mesmo deixar as visitas esperando, filho? – indagou meu pai, vendo que eu me aproximava de Júlia.

– É só um minuto, pai. – Voltei-me para a minha família sentada na sala. – Com licença a todos, eu volto já.

– Pode ir, filho, nós aguardaremos aqui – apoiou-me Marta.

Segurei na mão de Júlia e a conduzi até o corredor.

– O que houve? Seus pais desistiram da festa? – ela indagou.

Eu a fitei um tanto eufórico e contei-lhe a novidade. Ela expandiu o cenho, visivelmente surpresa.

– Não acredito! Eles estão vivos? Até sua Maria está aí?

– Sim, sim! Vivíssimos! Todos juntos! Parece um sonho, não parece? Nem caiu a ficha pra mim ainda. Acho que vou acordar a qualquer momento!

– Sim, claro! Ah, estou tão feliz por você, meu amigo! – considerou Júlia, dando-me um abraço forte em seguida.

Após nos separarmos, ela indagou:

– Mas como foi que isso aconteceu, Renan? Como eles chegaram até você?

Eu expliquei sucintamente sobre as buscas do detetive e relatei quão emocionante fora o nosso reencontro. Por fim, convidei-a:

– Não quer vir comigo conhecê-los?

– Não, não. Acho que esse momento deve ser exclusivamente de vocês, que têm muito o que conversar.

Eu não insisti, pois sabia como Júlia era sensata e decidida.

– Tudo bem. Desculpe pelo nosso filme. Podemos marcar algo para amanhã, com minha família e a sua reunidas. Gostaria que eles conhecessem vocês todos. São muito importantes para mim.

– Obrigada, meu amigo! Vamos ver... – Júlia me deu outro forte abraço. – Estou mesmo muito feliz por você. Agora volte para lá, eles estão esperando você.

Nós nos despedimos e eu retornei à sala.

O clima entre Marta, Rogério e Álvaro já estava mais amigável. Pouco depois, Álvaro e Eliane pediram licença e se ausentaram, com o argumento de que tinham um compromisso inadiável.

Recordo-me saudoso como aquela noite fora maravilhosa. Pedimos um jantar pelo telefone, comemos juntos e conversamos bastante, em meio a sorrisos, carinhos e muita animação, enquanto matávamos uma saudade reprimida ao longo de anos.

Após aquele momento único, minha família retornou ao hotel onde estava hospedada, e eu segui para o quarto de meu irmão. Desde o dia em que Éverton iniciara os tratamentos medicamentosos e as sessões de hemodiálise, que o mantinham vivo, comecei a dormir no quarto dele, sobre um colchão no chão ao lado da cama, pois seu sono passou a ser muito conturbado. Acordava algumas vezes no meio da noite chorando ou gritando, e eu o consolava. Naquela noite, Álvaro e Eliane só retornaram no meio da madrugada.

CAPÍTULO 25

A maior de todas as surpresas

O domingo amanheceu ainda mais brilhante e alegre, pois Marta, Rogério e Maria haviam combinado de passarem o dia inteiro comigo, se meu pai e Eliane permitissem, claro. Tão logo acordei, ainda bem cedo, liguei, a cobrar, para a minha mãe Vera. Contei-lhe tudo o que havia acontecido no dia anterior, e ela ficou feliz por me ver feliz, embora no fundo estivesse temendo pelo nosso futuro. Receava ser processada por Marta e Rogério por ter me criado como filho sem a adoção legal e também que eu voltasse a viver ao lado deles. Porém, ela nada me disse. Eu apenas "senti" seus medos no modo de falar, pois a conhecia muito bem, e confirmei minhas impressões algum tempo depois. Conversamos mais um pouco e desligamos.

Depois de falar com minha mãe, enviei a seguinte mensagem a Júlia:

Está acordada? Se não, me responda assim que acordar, por favor. Ontem à noite foi muito legal e hoje, se meu pai Álvaro permitir, porque Vera já concordou, passarei o dia com Marta, Rogério e Maria. Gostaria que viesse conosco, como lhe falei ontem.

Beijos! E acorde logo, sua dorminhoca!
Seu gato

Feito isto, levantei da cama, tomei um banho rápido, segui para a cozinha e preparei o café da manhã. Aguardei até que todos acordassem e fizemos o desjejum juntos. Aproveitei a ocasião para pedir autorização a Álvaro para sair com a minha "outra família".

— Claro que você pode passar o dia com eles, filho! – respondeu meu pai, parecendo animado. Ele fitou Eliane e continuou: — Estamos muito felizes pelo seu reencontro com sua família, não é mesmo, meu bem?

— Sim, claro... Muito felizes! Pode ir tranquilo, Renan; vamos ficar com nosso filho hoje, passear, ver um filminho no cinema... — Ela estava com uma simpatia e boa vontade pouco convencionais, que me causaram estranheza.

Contudo, agradeci a ambos.

— Filho – retomou meu pai –, quando estiver com o seu Rogério, tente reforçar o que eu falei ontem para ele, que, por sinal, foi o mesmo que Vera já havia falado aos dois. Diga que, se agimos fora da lei, foi pelo seu bem, foi pensando no melhor para você, pois não sabíamos que eles estavam vivos, assim como você também não sabia.

— Pode deixar, pai – respondi, enquanto tomava um pouco de café. — Eu amo Marta e Rogério; eles foram e serão sempre muito importantes para mim e para Maria, mas você e minha mãe me criaram e educaram com muito amor e carinho. Não vou deixar que nada de ruim aconteça a nenhum dos dois, fique tranquilo.

— Por que não toma um pouco de iogurte antes de ir, Renan? – indagou Eliane.

Eu e Éverton a fitamos surpresos.

— O iogurte não é meu, mamãe? – questionou Éverton, sisudo.

Eu recusei:

— Não é necessário, Eliane. Obrigado. Agora, mais do que nunca, Éverton está precisando de uma alimentação mais reforçada, além de mimos e regalias também.

Álvaro rebateu:

— Ah, filho, mas agora é diferente. Se nunca lhe demos o melhor antes, é porque não ganhamos suficientemente bem para isto, e sua mãe também nunca pôde colaborar com muito para o seu custeio. Mas seus outros pais, não. Esses são ricos. Enquanto você estiver morando conosco, com certeza não vão deixar que lhe falte nada dentro desta casa. Entende, filho?

Eu não sabia o que dizer, portanto, não disse nada, e eles se entreolharam. Apenas continuei tomando o meu café com pão e margarina, porque nunca houvera nenhum bilhete sobre eles, e eu era grato por isso.

Marta e Rogério haviam combinado de me pegarem no apartamento às onze da manhã. Eram dez e meia, e Júlia ainda não havia respondido à minha mensagem. Terminei de comer e olhei o celular novamente, sem retorno. Assim, segui para a cozinha lavar os pratos. Poucos minutos depois, ouvi o som de mensagem. Com rapidez, sequei uma das mãos e tirei o telefone do bolso. Era ela. Júlia havia recusado passear conosco, com o pretexto de que precisava estudar para uma prova na segunda-feira.

Terminei com os pratos dez minutos depois. Tomei um banho "relâmpago" e arrumei-me com a bermuda e a blusa novas que havia ganhado dos pais de Júlia. Finalmente, estava variando da única combinação que sempre usava quando saía para passear, pois faziam meses que minhas roupas não me serviam mais, nem meu pai comprava-me outras. Para dizer a verdade, ainda possuía aquela combinação porque também a havia ganhado de Júlia meses antes. Quando alguns colegas perguntavam se eu só tinha aquela roupa para sair, eu simplesmente respondia que sim e dava de ombros.

Faltavam dez minutos para as onze da manhã quando toquei a campainha do 306 e seu Júlio atendeu.

— Bom dia, Renan! Que surpresa boa ver você por aqui!

— Bom dia, seu Júlio!

— Nem precisa dizer a que veio. Vou chamar Júlia. Entre e espere só um minuto.

— Obrigado, seu Júlio, mas vou esperar aqui fora mesmo.

Pouco depois, Júlia apareceu e eu me antecipei, não lhe dando chances de recusa:

— Não aceito não como resposta, Júlia. Pode pedir logo autorização aos seus pais para vir conosco e convide eles também, por favor. Aposto que não irão se opor. Se for o caso, eu mesmo falo com os dois. Ou, se achar melhor, peço que Marta e Rogério falem.

Ela sorriu com satisfação e considerou:

— Fico lisonjeada por perceber que somos tão importantes para você, amigo. Mas não vai dar para irmos, não. Meus pais têm compromisso para hoje. Agradeço em nome de todos nós.

— Ah, é uma pena! Mas então venha você conosco, por favor! — insisti.

— Obrigada, meu gato, mas não vai dar mesmo. Fica para uma próxima vez, tá? Tenho prova amanhã, vou ficar estudando. Além disso, vocês precisam de privacidade para aproveitar melhor os momentos juntos, depois de tanto tempo separados.

Eu rebati:

— Não vem com essa não, Júlia. Eu bem sei que você já sabe de tudo sobre essa prova de amanhã, tanto que marcamos o filme ontem à noite. Essa desculpa não cola, sabidinha.

— Tá, eu já sei mesmo, mas preciso repassar o conteúdo.

— Você faz isso quando chegarmos. Eu te ajudo. Vamos, por favor!

— Mas você é insistente, viu?

Então, eu me ajoelhei à frente dela, com as palmas das mãos unidas, e implorei:

— Por favor, por favor, por favor, venha conosco!

— Para com isso, garoto! Levanta, vai — e puxou-me pelo braço, tentando me erguer.

Porém, nos desequilibramos e caímos: eu, deitado de costas, e ela, sobre mim, apoiando as palmas das mãos no chão. Começamos a sorrir como crianças, até que meus olhos encontraram os dela. Pela primeira vez, percebi um brilho diferente em seu olhar ao esbarrar no meu...

— Mas o que está acontecendo aqui? — indagou Maria, ao surgir no corredor na companhia de Marta e Rogério.

Rapidamente, eu e Júlia nos recompusemos, ficamos de pé, e eu esclareci:

— Esbarramos um no outro e caímos.

— Deve ter sido bem divertido mesmo, pois vocês estavam sorrindo feito crianças — comentou Maria, parecendo um tanto enciumada.

— É. Foi divertido, sim — respondeu Júlia, reagindo com altivez.

— Já está pronto, filho? — indagou Marta. — Ah, não vai nos apresentar sua amiga?

— Sim, estou pronto. Esta é Júlia, minha grande amiga, que esteve no apartamento ontem e eu acabei não apresentando a vocês, mas falei dela.

— Imaginei, querido – disse Marta, aproximando-se de Júlia.

Após os cumprimentos, solicitei:

— Eu gostaria muito que ela viesse conosco, o senhor e a senhora se incomodam?

— De forma alguma – afirmou Rogério.

— Se ela é sua amiga, meu bem, é nossa amiga também – acrescentou Marta. – Então, vamos?

Eu voltei-me na direção de Júlia e, com a fisionomia arteira, encurralei-a de uma vez:

— Então, vamos?

Ela fitou Maria, e senti certa antipatia entre as duas. Júlia empinou o nariz e respondeu:

— Claro, Renan. Vou apenas pegar minha bolsa. Só um instante. Com licença.

Júlia entrou e não demorou a retornar, com um batom vinho nos lábios e uma bolsa em jeans a tiracolo.

Dentro do carro, íamos conversando:

— Renan, querido, o que você nos sugere para passarmos um dia bastante agradável e divertido? – indagou Marta. – Praias maravilhosas já sei que não faltam por aqui.

— Talvez sua amiga tenha boas sugestões também. Não é mesmo, Júlia? – indagou Rogério, dirigindo um carro alugado.

No banco traseiro, eu estava sentado entre Maria e Júlia, e esta antecipou-se em responder com desenvoltura, como lhe era peculiar:

— Ah, sim, tio Rogério, temos muitas opções excelentes por aqui. Acho que vocês vão gostar. As águas geralmente são mansas e mornas, uma delícia para quem aprecia o banho, claro. – Ela relanceou para mim.

Eu sabia que Júlia pouco usufruía das praias paradisíacas da região, pois não sabia nadar nem se interessava em aprender; contentava-se em apenas apreciá-las, mas nada comentei. Ela continuou:

— Também temos ótimos restaurantes de comida típica nordestina e de frutos do mar.

— Hum, já vi que teremos um dia maravilhoso! — observou Marta.

— Ah, opções não faltam mesmo por aqui — retomou Júlia. — E na região metropolitana também temos lindas praias. Já ouviram falar em Tambaba, uma famosa praia naturista aqui da Paraíba?

— Sim. Já ouvi falar — afirmou Rogério.

— Naturista? Aquelas onde se praticam o nudismo? — interrompeu Maria, mostrando-se surpresa. — Puxa, Renan, sua amiga é bem moderninha!

Júlia rebateu imediatamente:

— Sabe que eu sou mesmo moderninha, Maria? Adoro a praia de Tambaba! Nela eu me sinto como se estivesse em um paraíso, porque é uma das mais belas dessa região e do país. Sabia disso?

— Ah, é mesmo? Não sabia. Não me interesso por esse tipo de distração tão... liberal — respondeu Maria, com ironia.

Ai, que vontade de dizer uns desaforos a essa garota atrevida!, pensou Júlia, mas se conteve. E, esboçando um sorriso forçado, continuou:

— Ah, querida, então você também não deve saber que, além da área restrita ao nudismo, em Tambaba existe uma área alternativa, para pessoas que preferem usar roupa de banho, assim como eu. Muito embora eu não recrimine quem aprecia a prática naturalista, pois costumo respeitar a diversidade de gostos e culturas, sabe?

— Ah, tá! — comentou Maria, dando apenas um sorrisinho de canto de boca.

Eu não tive mais dúvidas: definitivamente, Júlia e Maria não haviam simpatizado uma com a outra.

Júlia ignorou as alfinetadas de Maria e continuou falando animada e espontaneamente sobre as belezas naturais da região.

Até que, de comum acordo, combinamos de passar o dia nas praias do distrito de Jacumã, cerca de trinta quilômetros ao sul da capital, e voltaríamos pela praia do Jacaré, no município de Cabedelo, para apreciar seu famoso pôr do sol, assistido ao som do *Bolero de Ravel*.

Ao chegarmos a Jacumã, visitamos algumas praias e, finalmente, paramos para almoçar em um restaurante típico na região de Carapibus. Conversamos animadamente e, como era de esperar, Júlia havia conquistado com facilidade Marta e Rogério, com sua simpatia e espontaneidade habituais.

Depois de algum tempo em silêncio, apenas observando como Júlia tornara-se o centro das atenções, sobretudo quando começou a relatar nossas aventuras juntos, Maria, que estava sentada do meu lado direito, de frente para Júlia, comentou:

— Eu gostaria de dizer como estou feliz por estar aqui agora, ao lado de todos vocês!

Ela segurou minha mão entre as dela, eu voltei-me em sua direção e respondi:

— Minha querida Maria, imagine eu! Como eu disse ontem a todos, você era a única que ainda tinha esperanças de reencontrar. Não sabe como sonhei com isso durante todos esses anos! Cheguei a ver você em cada moça que eu conhecia.

Ela sorriu com satisfação.

— E vocês dois agora já sabem como lutamos para reencontrá-los e como sonhamos com esse momento. Não é mesmo, meu bem? – desabafou Marta, fitando o esposo.

QUANDO O ANJO MORA AO LADO

– Sim, meus queridos, foram anos de pesadelos, de sonhos esperançosos e de muitos momentos de aflição – ajuntou Rogério.

Nesse momento, o garçom aproximou-se com o nosso almoço, e a conversa foi interrompida. Durante a refeição, pouco falamos; enquanto saboreávamos um delicioso prato de frutos do mar, apreciávamos a paisagem suntuosa à nossa frente.

Alguns minutos depois de finalizarmos o almoço, resolvemos caminhar um pouco pela areia branca e brilhante. Maria segurou minha mão e seguimos a caminhada de mãos dadas. Embora ela estivesse muito diferente, recordei-me de como costumávamos andar daquela forma quando éramos crianças, e um calor suave aqueceu meu peito. No entanto, percebi certo ciúme em Júlia, que tentou disfarçar.

Após voltarmos da breve caminhada, paramos próximo ao restaurante e resolvemos tomar um banho de mar juntos. Júlia preferiu não entrar, mas eu insisti:

– Vamos, eu cuido de você – cochichei ao ouvido dela.

Maria nos fitou e puxou a minha mão.

– Vem logo, Renan! – disse manhosa.

– Pode ir com eles. Não se preocupe comigo. Fico aqui catando conchinhas – decidiu Júlia.

– Tem certeza? – insisti. Aproximei-me de seu ouvido novamente e continuei: – Não há quase perigo aqui, você sabe. Ainda mais se eu estiver ao seu lado para protegê-la.

E ela cochichou de volta:

– Mesmo assim, não me sinto bem. Você também sabe disso. Vá tranquilo, amigo. Fico aqui e espero vocês.

– Está bem. Não vamos demorar – aquiesci, finalmente.

Entrei no mar ainda de mãos dadas com Maria, ao lado de meus pais, e acabei contando a ela que Júlia não se sentia bem na água por não saber nadar.

O banho foi delicioso e refrescante. Com a maré baixa, as águas formavam piscinas naturais, cristalinas e com temperatura amena. Nós quatro apreciamos bastante aquele momento.

Pouco depois, retornamos ao restaurante, que já havia esvaziado bastante. Tomamos um banho de chuveiro para lavar a água salgada e voltamos a nos sentar à mesa.

– Júlia, você não gosta de banho de mar? – indagou Marta, envolta em seu felpudo roupão de banho.

– Não curto não, tia Marta. Prefiro admirá-lo. Costuma ser um de nossos programas preferidos, meu e de Renan: sentar à beira da praia e apreciar juntos a exuberância daquele mar perfeito!

– Sim, amamos fazer isto! Principalmente nos finais de tarde – afirmei.

– Mas não vai, ao menos, tomar um banho de piscina? – indagou Rogério. – Realmente, está muito calor!

– Não, tio. Estou bem. Daqui a pouco vou ali naquele chuveirão me refrescar um pouco.

– Ah, eu amei o banho de chuveiro daqui! Uma delícia! – encorajou Maria.

Pouco depois, Júlia pediu licença e se retirou em direção à área da piscina, onde ficava o chuveirão de banho. Chegando lá, despiu-se da saída de praia e entrou debaixo daquela água forte e refrescante apenas de biquíni.

Alguns segundos depois, Maria também pediu licença e se levantou para ir ao toalete. Passou pela área da piscina e fitou Júlia tomando banho. Admirou-se de sua beleza e sentiu ainda mais despeito dela, cerrando os dentes.

Após o banho, Júlia aproximou-se um pouco da enorme piscina, para secar-se ao sol. Havia apenas duas crianças tomando banho do lado oposto, o mais raso, e ainda assim usavam boias. Enquanto sentia o calor do sol secar-lhe a pele, chegou ainda mais perto, admirando aquela imensa coleção de água azul e cristalina que refletia os raios de sol. Assim como no mar, também gostaria de estar ali imersa se soubesse nadar. Decidiu que faria aulas de natação em breve.

Pouco depois, Maria retornou à nossa mesa, mas Júlia estava se demorando. Então, indaguei:

– Maria, você viu se Júlia ainda está no chuveiro?

– Ela estava lá, sim, quando fui ao banheiro. Não se preocupe, meu querido, sua amiga já é bem grandinha. Deixe-a banhar-se à vontade – respondeu a jovem com tranquilidade, e começou a pentear os cabelos molhados.

Porém, senti um forte aperto no peito e decidi procurar por Júlia.

– Vocês me dão licença? Vou ver por onde se meteu a Júlia.

– Toda, filho – disse Rogério.

Levantei-me apreensivo e fui direto para a área da piscina. Quando lá cheguei, Júlia lutava desesperadamente pela vida, enquanto as crianças brincavam do lado oposto, alheias ao seu desespero. O restaurante estava com poucos clientes, mas mesmo assim gritei por socorro e precipitei-me piscina adentro. Porém, como qualquer pessoa inexperiente em salvamento aquático, logo eu também corria risco de vida, pois, em seu desespero, Júlia havia agarrado o meu pescoço e agora nós dois nos afogávamos.

Senti que morreríamos os dois ali, juntos. Um filme de minha vida passou com rapidez pela minha mente, o que costuma acontecer com muitos em situações como aquela. Porém, felizmente, eu estava errado, pois Rogério e outras pessoas haviam escutado meus gritos de socorro.

Sem demora, Rogério e dois rapazes pularam na piscina. Depois disso, tudo aconteceu muito rápido.

A um dado momento, quando um dos homens me erguia por trás, e meu pai e outro rapaz tentavam salvar a vida de Júlia, fazendo-a emergir da água, ela ficou de costas para mim. Então, eu a vi. Não estava na região superior de suas costas, mas um pouco abaixo, levemente acima da altura da cintura. A marca em formato grosseiro de coração estava lá, bem diante de meus olhos! Era exatamente igual à marca de Maria quando criança. Notei também uma cicatriz imediatamente acima dela.

"Mas como pode ser?", pensei atordoado, entre o desespero da ideia de perder Júlia e o dilema da presença daquela marca em suas costas. Nunca tínhamos falado sobre isto antes. E quanto a Maria, que estava agora ao lado de Marta à borda da piscina, ambas observando tudo aflitas? Ela também tinha a mesma marca nas costas! Como poderia haver duas garotas praticamente com o mesmo sinal de nascença, que, por si só, era tão atípico? Todos esses questionamentos bombardearam-me a mente enquanto eu e Júlia éramos retirados da piscina. Eu, vomitando água, porém ainda consciente, ela, já desfalecida.

CAPÍTULO 26

Momentos de desespero

Júlia estava agora deitada e desacordada sobre o chão do pequeno tablado no canto esquerdo do restaurante, que era destinado aos shows de música ao vivo. Em torno dela estavam: eu, Maria, Marta, Rogério, os dois rapazes que tinham se jogado na água em nosso socorro e os demais clientes que ainda restavam no estabelecimento. Um dos rapazes antecipou-se e aproximou o rosto à boca e ao nariz de Júlia, para averiguar se ela respirava. Em seguida, encostou o ouvido sobre seu tórax. Depois, aflito, vociferou:

— Ela precisa urgentemente de uma respiração boca a boca com massagem cardíaca! Alguém sabe fazer? Eu não sei fazer isso muito bem!

Mas ninguém sabia. Então, implorei:

— Pelo amor de Deus, moço, faça o que souber, mas salve a vida dela!

Sem alternativas, o rapaz aventurou-se. Inflou o peito e soprou todo o ar dentro da boca de Júlia. Em seguida, iniciou uma série de massagens cardíacas, jogando o peso de seu corpo sobre as mãos, uma sobre a outra, comprimindo o tórax dela e soltando a cada repetição.

Nesse instante, ouvi alguém sussurrar ao meu ouvido direito:

— *Ele está fazendo errado...*

Virei a cabeça com rapidez para conferir quem tinha dito aquilo, mas não havia ninguém além de minha família, fitando Júlia com aflição. A "voz" continuou:

— *Felizmente, ela não chegou a ter uma parada cardíaca, apenas uma parada respiratória isolada. Assuma o lugar dele, rápido. Vou orientá-lo a fazer do modo correto.*

Era Túlio que estava ao meu lado, o meu protetor espiritual, embora até ali eu ainda não soubesse disso.

Sem perder tempo, pedi licença e assumi o lugar do rapaz. Assim, seguindo as orientações de Túlio, executei a manobra com maestria. A princípio, inclinei o queixo de Júlia para cima, de modo a facilitar a passagem do ar pelas vias aéreas. Depois, pincei o seu nariz usando o indicador e o polegar da mão direita e iniciei a ventilação boca a boca. Inspirei profundamente e soprei todo o ar inspirado dentro da boca de minha amiga, até seu tórax expandir. Parei para visualizar o tórax voltando ao normal, o que significava que ela expirava o ar inserido e, com isso, realizava as trocas gasosas necessárias à manutenção da vida. Repeti a manobra mais duas vezes, quando ela reagiu com uma tosse leve, mas continuou desacordada e sem respirar sozinha. Então, meu desespero e o medo de perdê-la aumentaram ainda mais.

— *Acalme-se e continue* — orientou Túlio.

E eu continuei. Durante aqueles intermináveis minutos em que executava a manobra, o medo de perder Júlia aumentava a cada instante.

De repente, tive uma forte sensação de que já havia passado por aquela situação antes. Então, a imagem de uma garotinha desacordada sobre uma cama, comigo ao seu lado, em prantos e temendo pela sua vida, surgiu-me à mente em uma espécie de *flashback*. Os medos se misturaram e pareciam ser um só. Naquele momento, não consegui compreender o que se passava comigo e fiquei ainda mais confuso. Experimentava uma vaga lembrança de nossa encarnação anterior, quando tínhamos vivido como Gianz e Dornela.

"Por favor, não morra! Por favor, não morra!", eu dizia em pensamento, e logo falava também em voz alta.

Alguns minutos se passaram, e Júlia não voltava a respirar sozinha. Continuei realizando essa função por ela, de modo artificial.

— Não está adiantando! — exclamei em voz alta.

Túlio refutou:

— *Se você parar, ela poderá evoluir para uma parada cardiorrespiratória, o que será ainda mais sério e de difícil reversão. Continue.*

Continuei mais um pouco, até que, de repente, Túlio voltou a falar:

— *Não precisa mais continuar, Renan, ela não vai resistir.*

— Nãããoo!!! — gritei. — Ela vai viver, sim!!

— *Precisa ser forte agora. Ela está desencarnando.*

Desabei a chorar copiosamente, em um pranto desesperado. Ainda esmurrei o peito de Júlia por duas vezes, mas fui contido por Rogério, que me abraçou fortemente, amparando a minha dor.

— Seja forte, filho. Fizemos o que pudemos para salvá-la...

Eu sabia que Júlia era muito importante para mim, mas ainda não tinha me dado conta do quanto ela já era parte de mim. Ela havia conseguido preencher o vazio que a ausência de Maria me causara durante anos. E mesmo agora, com Maria de volta, sentia que Júlia era a minha verdadeira metade. E, logo quando havia descoberto isso, eu a tinha perdido. Minha Júlia tinha partido, e a dor experimentada fora exatamente igual àquela sofrida pela perda de Maria. Maria? Recordei-me da marca nas costas de Júlia e indaguei ao meu íntimo: "Afinal, quem é Maria?" Já não sabia mais... Também, isso já não importava mais, pois a minha Júlia já não era mais minha...

De repente, senti mãos suaves tocarem o meu rosto e um burburinho aumentando de forma gradativa. Então, percebi que estava deitado sobre o tablado e me perguntei se também teria desencarnado. Abri os olhos abruptamente e fui ao encontro do olhar de alívio de Rogério, que me fitava preocupado.

– Filho! Você está bem? – ele indagou, mas não respondi. Estava completamente atordoado.

Ouvi o som de tosse e girei a cabeça para o lado. Era Júlia que, sentada, tossia bastante e expelia água pela boca e pelas narinas, tendo Marta à frente dela, prestando-lhe assistência.

– Júlia! – gritei, e saltei sobre ela, abraçando-a com força. – Graças a Deus! Graças a Deus você está viva! – exclamei aliviado.

– E você, meu filho, está bem? Ficamos preocupados com você também – indagou Marta, enquanto acariciava os cabelos de Júlia.

– Estou ótimo!

Júlia continuou tossindo e vomitando água. Estava ofegante, pois os pulmões ainda funcionavam com dificuldade; mesmo assim, também me abraçou fortemente.

– Graças a Deus você não se foi, meu anjo! Graças a Deus! Graças a Deus! – sussurrei-lhe ao ouvido.

– Foi el... – Júlia murmurou.

Eu a interrompi:

– Calma, Júlia. Não fale nada agora.

Eu continuava sem entender o que estava acontecendo, mas não dei a mínima para isto. Tudo o que importava naquele instante era que a minha Júlia estava viva!

Após ela serenar dos acessos de tosse, voltamos à mesa, quando Marta nos esclareceu que eu havia salvado a vida de

Júlia com a manobra respiratória e desmaiado logo em seguida, devido ao esforço empregado. Eu só recordava que tinha falhado e que a minha amiga havia desencarnado, mas essa parte não passara de um breve devaneio, que estaria refletindo o meu medo mais íntimo.

Depois dos esclarecimentos, já sentindo-se melhor, Júlia olhou em nosso entorno e indagou:

— Cadê ela? Onde está Maria?

Nós fizemos o mesmo e percebemos que Maria havia sumido.

— De fato, onde nossa menina se meteu? — indagou Marta.

Júlia voltou a falar:

— Vocês todos vão me perdoar, mas essa garota, no mínimo, tem um caráter duvidoso. Foi ela quem me empurrou na piscina.

— O quê?! — indaguei surpreso. — Eu falei para ela que você não sabia nadar!

— Então estou enganada — acrescentou Júlia. — Ela não é apenas mau-caráter, é também uma criminosa!

— Calma, meninos, por favor — pediu Marta. — Vamos ter cuidado com o que falamos, principalmente se a pessoa não estiver presente para se defender.

Eu a fitei e retruquei:

— Marta, eu e Júlia não costumamos falar mal dos outros, muito menos pelas costas. Mas o que Maria fez foi muito sério! — Voltei-me na direção de Júlia e indaguei: — Como foi que aconteceu?

Júlia respondeu:

— Eu estava próximo à borda da piscina, me secando ao sol após o banho de chuveiro. Quando percebi a sombra de alguém se aproximando por trás, me virei rapidamente. Daí, ela disse: "Então é você? Não vou permitir!", e me empurrou. Não entendi o que ela quis dizer; achei apenas que era uma brincadeira de mau gosto. Mas, se o Renan está dizendo que ela sabia que não sei nadar... a coisa muda de figura.

Agora tudo fazia sentido. Eu sabia o significado daquelas palavras proferidas por Maria, mas nada comentei. Acariciei os cabelos de Júlia e assegurei:

— Fique tranquila, Júlia. Não vou deixar que ninguém lhe faça mal.

— Meu filho, vocês devem estar exagerando — considerou Marta.

— Concordo com você, minha querida — endossou Rogério. — Deve haver algum engano nessa história toda.

Eu fitei os dois e considerei:

— Está mesmo ocorrendo um engano aqui. — Voltei-me para o lado e indaguei: — Júlia, você está se sentindo bem? — Ela assentiu com a cabeça, e eu continuei: — Então, nos dê licença só um instante.

Levantei da cadeira, fitei Marta e Rogério e solicitei:

— Por favor, vocês podem vir comigo um instante? Será rápido.

Eles se entreolharam, estranhando a situação.

— Mas e quanto à sua irmã, filho? Estou preocupada com ela — observou Marta.

— Ela deve estar bem, não se preocupem — opinei. — Por favor, venham comigo um instante.

Eles me acompanharam. Júlia permaneceu sentada, achando tudo aquilo muito esquisito.

Um pouco à frente, com a certeza de que minha amiga não nos escutaria, eu, Marta e Rogério paramos para conversar. Eu comecei:

— Não me perguntem como isso é possível, mas, quando estávamos dentro da piscina tentando salvar Júlia, eu vi nas costas dela a mesma marca de nascença de Maria.

— Como assim, filho? — indagou Marta, surpresa. — Não pode ser a mesma marca. Com certeza se trata de uma parecida, apenas.

— Posso afirmar que não. O contorno era exatamente igual à de Maria, com a forma grosseira de um coração.

Rogério considerou:

QUANDO O ANJO MORA AO LADO

– Só pode ser uma grande coincidência.

– Pois eu não acho – afirmei. – Acho que Júlia pode ser a nossa verdadeira Maria, e não a outra que acabou de sumir.

Marta refutou:

– Filho, sabemos que você gosta muito da Júlia, mas, desculpe, acho que está confundindo as coisas.

Continuei redarguindo:

– Percebam que o que essa garota fez foi muito sério. Eu tinha contado a ela que Júlia não sabia nadar e, mesmo assim, ela a empurrou na piscina, e no lado mais fundo! A minha Maria jamais faria uma barbaridade dessas! Na verdade, nenhuma pessoa que eu conheça seria capaz de fazer isso.

– Meu querido – Marta recomeçou –, de fato, a atitude de Maria foi inconsequente, mas, certamente, não deve ter passado de uma brincadeira de mau gosto de adolescente. Ela não é mais aquela criança com quem convivemos. Não sabemos o quanto a vida a transformou.

Rogério prosseguiu:

– Concordo com sua mãe novamente, filho. E tem outro ponto nessa questão: Júlia tem uma mãe, um pai... Tem um passado completamente diferente do de nossa Maria.

– Eu sei de tudo isso – rebati –, mas vamos analisar os fatos. Lembram o que Júlia acabou de nos contar, sobre o que a suposta Maria falou quando a encontrou de costas à borda da piscina "Então é você? Não vou permitir!"? E a empurrou logo em seguida. Certamente, ela viu a marca, porque Júlia estava de biquíni, e julgou que ela fosse a verdadeira Maria, por isso quis tirá-la da "jogada". Foi uma atitude criminosa! Percebem? Trata-se de uma impostora perigosa. A propósito, onde ela está neste exato momento? Sumiu! E, sinceramente, acho que não vai voltar.

Rogério e Marta se entreolharam, analisando a minha argumentação.

– É, considerando o que ela falou, parece coerente – comentou Marta.

Segui argumentando:

– Eu conheci Maria melhor do que ninguém e vocês sabem disso. Desde ontem, observava aquela garota com atenção, e em nenhum momento consegui enxergar nela a minha Maria. Mesmo que o tempo a tivesse mudado, posso afirmar que não há absolutamente nada em comum entre a personalidade dela e a da verdadeira Maria. Mesmo assim, eu estava aceitando os fatos, diante das circunstâncias, e ignorando a minha intuição. Já com relação a Júlia, vejo o oposto. Desde o primeiro dia em que a conheci, eu a achei muito parecida com Maria, não fisicamente, mas em personalidade. Ela cresceu, claro, o cabelo escureceu, o físico encorpou, mas o restante é muito igual. Júlia gosta das mesmas coisas que Maria gostava, pensa e age como ela agia. Até por química ela é apaixonada, acreditam? Além do mais, repito, se aquela garota fugiu mesmo, como eu imagino, é porque se trata de uma impostora.

Rogério opinou:

– Tudo bem, filho. As coisas parecem mesmo fazer sentido. A garota deve ter visto o anúncio nos jornais e arquitetou um plano para nos enganar, fingindo ser a nossa filha desaparecida. Até uma tatuagem da marca de nascença ela pode ter feito para forjar a falsa identidade. Típico de uma estelionatária. Porém, ela sabia de muitas coisas sobre nós.

– Alguém pode ter falado tudo para ela – sugeri. – Isso pode ter sido um plano entre ela e alguém que conhecia nossa família.

Marta retomou a fala:

– Tudo bem. Vamos acreditar nessa hipótese. Mas como pode Júlia não se recordar de nada? Até o fato de ter vindo parar tão longe é compreensível. Mas e quanto a todo o resto que não bate? Será que perdeu a memória no acidente?

– É o que penso – concordei. – Ela pode ter perdido a memória, como facilmente acontece todos os dias. Mas tudo bem, também posso estar enganado. Vamos fazer o seguinte: não vamos comentar nada com Júlia agora, está bem? Vou tentar ter uma conversa a sós com tia Paula. Veremos no que dará.

Eles concordaram e retornamos à mesa.

– E aí, encontraram aquela insana? – indagou Júlia tão logo nos viu.

– Acho que ela não vai voltar depois do que fez, Júlia – respondi, sentando ao seu lado. – Agora chegue aqui, que você ainda está precisando dos meus cuidados. – Puxei a cadeira dela para bem perto e a envolvi em meus braços.

– Ah, seu bobo... Eu estou bem – resmungou sorrindo, apreciando o meu carinho.

Enquanto nos abraçávamos, meu coração palpitava frenético, rememorando a marca nas costas dela. Tem de ser ela!, insisti para mim mesmo em pensamento.

– Bem, acho que não temos mais clima para continuarmos aqui – considerou Rogério. – Vamos embora?

– Não podemos ir sem Maria! – refutou Marta.

– Concordo com Renan, querida. Acho que ela não vai voltar.

– E como vai se virar por aqui, em uma cidade onde não conhece nada nem ninguém? – questionou Marta.

– Acho que ela saberá dar um jeito – respondi.

– Também acho – comentou Júlia.

– E eu também – considerou Rogério.

Ele solicitou a conta, e, quando o garçom chegou com ela, Marta observou:

– Não estou encontrando a sua carteira, que tínhamos guardado aqui, querido – disse Marta, vasculhando os pertences dentro da bolsa. E continuou procurando.

– Você nunca encontra nada de primeira, meu bem, com tanta coisa dentro dessa bolsa.

– É sério, Rogério. – Marta agora estava visivelmente aflita. – Não está aqui! Pior, a minha também não!

— Me dê isso aqui – disse Rogério, puxando a bolsa da esposa, nervoso.

Vasculhou tudo dentro dela e exclamou:

— Desgraçada! Ela nos roubou, Marta! Levou todo o nosso dinheiro e os cartões de crédito.

— Meu Deus! E agora? – disse Marta, levando as mãos à boca.

— Calma, gente! Vamos manter a calma – pedi, enquanto Júlia conferia, ansiosa, a própria bolsa.

— Achei! – afirmou meu anjo, aliviada. – Pelo menos a conta do restaurante poderemos pagar, porque o meu cartão de crédito aquela infeliz não levou; estava bem escondidinho aqui dentro.

— E nem a minha carteira, porque só tem os meus documentos e papeis velhos – ajuntei.

Pagamos a conta, deixamos o restaurante e seguimos direto para uma delegacia de plantão, onde um boletim de ocorrência foi aberto. Depois partimos de volta à capital.

Abraçado à Júlia no banco traseiro do carro, tendo a cabeça dela acomodada sobre o meu peito, a um dado momento do percurso, ela comentou baixinho:

— Estava pensando, Renan... – Ela fez uma pausa.

— Sim?

— Se não tivéssemos o meu cartão de crédito para pagarmos a conta, ninguém melhor do que nós dois lavaria a pilha de pratos do restaurante para quitar nossa dívida. Não acha, meu gato?

Sorrimos juntos, como sempre acontecia...

CAPÍTULO 27

A revelação

No dia seguinte, após o turno da escola, Marta e Rogério foram até o apartamento e me comunicaram que iriam adiar a volta para casa, pois gostariam de retornar apenas após a minha conversa com Paula sobre Júlia. Estavam desolados com o engano em relação ao encontro de Maria, de modo que começaram a alimentar esperanças sobre a minha hipótese.

A tarefa seria difícil, pois mãe e filha costumavam estar sempre juntas, e eu precisava falar a sós com Paula. Nesse sentido, precisei da ajuda de Marta e de Rogério. Combinei com os dois de convidar Júlia para irmos todos ao cinema. Marcamos de nos encontrar no apartamento às cinco e meia da tarde, quando Eliane já estivesse de volta para cuidar de Éverton. Paula também costumava retornar do trabalho nesse horário.

Júlia chegou pontualmente e foi recebida por Marta, pois Eliane estava tomando banho e Álvaro ainda não havia chegado do trabalho.

– Boa tarde, minha querida – disse Marta, abraçando-a carinhosamente. – Sente-se um pouco, logo sairemos.

– E quanto a Renan e ao tio Rogério, por onde andam? – indagou Júlia.

Marta respondeu:

– Ah, meu bem, Renan acompanhou Rogério até a farmácia, mas não vão demorar. Incomoda-se de aguardar um pouco? Podemos conversar enquanto esperamos...

– Sem problemas, tia. Será um prazer!

Rogério estava escondido dentro do carro alugado, e eu me dirigi ao apartamento de Júlia.

– Olá, querido! O que faz aqui? Júlia acabou de sair para encontrar com vocês – comunicou Paula após abrir a porta.

Eu entrei e esclareci:

– Tia, preciso conversar com a senhora a sós. Quero dizer, sem Júlia por perto.

Paula franziu o cenho, um pouco apreensiva, tentando imaginar que conversa eu poderia ter com ela na ausência da filha.

– Claro, vamos sentar.

Sentamos no sofá.

– Pode falar – disse Paula.

Eu a preveni:

– Talvez não seja uma conversa fácil, tia, mas a senhora precisa ser muito verdadeira comigo.

– Renan, já estou ficando assustada... Fale de uma vez, por favor, querido.

Então, inspirei profundamente, enchendo-me de coragem, e indaguei de forma direta e objetiva:

– Assim como Jane, Júlia também foi adotada?

Paula sobressaltou-se. Não esperava aquela pergunta, pois todos "sabiam" que Júlia era filha legítima do casal. Refletiu um instante e depois respondeu:

– Meu querido, você sabe que não – articulou as palavras, totalmente desconfortável.

QUANDO O ANJO MORA AO LADO

Eu retruquei:

— Tia, não se trata de uma curiosidade qualquer. Eu preciso saber a verdade. Por favor, prometo que não contarei nada a ninguém se a senhora não quiser.

— E por que essa informação seria tão importante para você? Faria alguma diferença se ela tivesse sido adotada ou se fosse filha legítima?

— A senhora bem sabe que não.

Paula me fitou em silêncio, analisando a situação, sentindo-se acuada, indecisa e insegura.

— Por favor, tia — insisti.

Ela me olhou com fisionomia ainda mais séria e observou:

— Confesso que não imagino por que deseja saber isto, Renan.

Suas respostas soavam como uma confissão. Ela prosseguiu, enigmática, averiguando a situação:

— Alguma coisa aconteceu para lhe despertar curiosidades sobre o passado de Júlia?

— Sim. Ontem, durante aquele infame incidente na piscina, vi nas costas dela uma marca de nascença que havia em Maria, minha irmã adotiva desaparecida. Mas nunca tinha falado sobre isso com Júlia.

Paula empalideceu. Com o olhar vitrificado, balbuciou:

— Verdade?

— Sim.

— Bem... Ah, não sei o que dizer, Renan... Pode ser uma coin-cidência! Marcas de nascença são bem comuns, sabia?

— Desculpe, tia, mas não penso que uma marca como aquela seja vista facilmente por aí — refutei.

Com a voz embargada, Paula não conseguiu dizer mais nada, caindo em um pranto sentido. Eu a abracei e a confortei, afa-gando-lhe os cabelos.

— Calma, tia. Não estou acusando a senhora de nada. Queria apenas entender.

Entre soluços, ela voltou a falar:

– Júlia não sabe de nada... Como você bem sabe, Renan, não temos problema algum com relação à adoção; nossa pequena Jane está aí para comprovar...

– Sim, eu sei. Todo mundo que conhece a sua linda família sabe disso.

– Mas com Júlia foi diferente...

Ela fez uma pausa, se recompôs, secou as lágrimas com as mãos e recomeçou a falar:

– Eu e Júlio tínhamos poucos anos de casados, quando tentamos sem êxito ter um filho biológico. Não demoramos a nos decidir pela adoção. Nenhum de nós dois tinha problemas com isso. Porém, antes de iniciarmos um processo de adoção, surgiu um curso de aperfeiçoamento na área de odontologia, que Júlio fez questão de realizar. Esse curso seria no Rio de Janeiro e tinha a duração de dez dias. Então, tirei férias à mesma época e fomos juntos.

"Júlio tinha aulas apenas pela manhã, o que nos permitia usar o restante do tempo para passear e conhecer a cidade, como em uma segunda lua de mel. Um de nossos amigos dentista também levou a esposa com ele, Solange, de modo que fazíamos companhia uma à outra durante as horas de aula.

"Veja como Deus age em nossas vidas, Renan. No segundo dia do curso, eu e Solange estávamos conhecendo as lojinhas do centro da cidade, quando ela torceu o pé e fomos juntas a um hospital de emergência. Enquanto eu aguardava na sala de espera, uma equipe de profissionais de saúde adentrou o hospital trazendo uma menininha desacordada sobre uma maca. Eu me levantei da cadeira e ouvi quando um deles disse que se tratava de um caso de atropelamento. Acompanhei aquele rostinho delicado e angelical até onde meus olhos conseguiram enxergá-lo.

"Solange retornou pouco depois, com o tornozelo enfaixado. Não havia fraturado nenhum osso e ficamos felizes com isso. Tratava-se apenas de uma luxação.

QUANDO O ANJO MORA AO LADO

"– Vamos embora agora, amiga? – disse Solange, aliviada. E continuou: – Renato acabou de me ligar; eles já estão no hotel. Contei o que tinha ocorrido e pedi que avisasse Júlio.

"– Obrigada, Solange – respondi. – Vou ficar mais um pouco.

"Ela olhou-me surpresa e questionou:

"– O quê? Vai ficar mais um pouco fazendo exatamente o que aqui, meu bem?

"– Acabei de ver uma menininha que foi atropelada dando entrada no hospital. Queria saber como ela está.

"– Entendo, amiga. Por que não pega o número do hospital, vamos embora, e depois você liga para cá para saber sobre o estado de saúde dela? – Solange sugeriu.

"– É, vou fazer isso – disse, acatando a sugestão.

"Então, retornamos ao hotel e, de lá, liguei à tarde para o hospital, onde me informaram que a menina estava viva, porém, em coma induzido, pois a forte pancada sofrida na cabeça tinha-lhe gerado um edema cerebral. Os médicos disseram que a indução do coma era um procedimento comumente realizado naqueles casos, para facilitar o tratamento e a recuperação do paciente. No mais, havia fraturado duas costelas e um braço, e tinha um ferimento na testa e outro mais extenso nas costas. Seu rostinho ensanguentado não me saía da memória. Mesmo assim, segui minha rotina normalmente, ligando para o hospital todos os dias e orando por aquela criança.

"Três dias depois, soubemos que o edema cerebral havia sido completamente revertido, e ela já estava acordada e consciente. Como sequela, havia perdido a memória e grande parte da visão de um olho, mas se recuperava muito bem e rápido. No final daquela mesma tarde, no horário de visitas, fui visitá-la e pedi que Júlio me acompanhasse.

"De frente para ela, sentadinha sobre o leito, recostada em um travesseiro, nos encantamos de imediato pelo seu sorriso.

"– Olá! Quem são vocês? Meus pais? – indagou, com um largo e lindo sorriso, assim que nos aproximamos. Éramos sua única visita.

"De imediato, tomamos um susto, mas logo lembramos que ela tinha perdido a memória.

"– Como você está, pequena? – indaguei, com os olhos marejados. Algo naquela menininha frágil e indefesa me tocava a alma de forma especial. Então, imaginei que poderíamos ser conhecidas de outrora, ou talvez tudo não passasse de um reflexo do desejo de ser mãe.

"– Estou bem, mas não me lembro de nada! Vocês são meus pais? – ela repetiu.

"Eu e Júlio nos entreolhamos apreensivos, e ao mesmo tempo sorrindo com a insistência da pequena. Uma menina atropelada na rua, sem adultos por perto, que não lembrava o próprio nome nem quem era... O prognóstico não era nada bom. Não queríamos decepcioná-la, mas também não poderíamos criar-lhe falsas esperanças. Sendo assim, tentamos nos desvencilhar daquela situação da melhor maneira possível.

"– Minha querida, do que você consegue se lembrar? – indaguei.

"– De nada – ela respondeu sorrindo. – Mas não tem problema, porque a tia enfermeira disse que eu logo vou me lembrar de tudo.

"Eu continuei:

"– Então, vamos combinar o seguinte: vamos esperar até que você se recorde de alguma coisa. Quando isso acontecer, nós lhe contaremos quem somos, está bem?

"– Como se fosse um jogo de adivinhar? – ela indagou.

"– Isso mesmo, pequena esperta! – elogiou Júlio, sorrindo encantado. – Como se fosse um jogo."

– A luz que aquela pequena criança emanava com seu sorriso era contagiante. Como é até hoje, e como você bem sabe, Renan – considerou Paula.

– Sei bem, tia – concordei.

Paula seguiu com a narrativa:

– Mais dois dias se passaram e ninguém apareceu para reclamar a menina. Àquela altura, nossos corações já torciam para

QUANDO O ANJO MORA AO LADO

que isso não acontecesse, embora a razão desejasse o contrário. Em poucos dias, ela havia nos conquistado como se há muito a conhecêssemos.

"Dois dias depois, quando não pudemos ir visitá-la e ligamos para lá, informaram-nos de que ela havia fugido do hospital naquela tarde, após saber que iria para um orfanato. Ficamos em pânico! Além da gravidade de uma criança perambular sozinha pelas ruas de uma cidade grande, ainda havia a condição de saúde dela, que estava em recuperação. Imediatamente, tomamos um táxi e seguimos para procurá-la nas imediações do hospital, orando sem parar para que Deus nos ajudasse a encontrá-la."

Nesse momento da narrativa, eu me lembrei de mim mesmo, que também havia fugido do hospital, só que para procurar a minha pequena Maria.

Marta prosseguiu:

– Duas horas depois, rondando por aquelas quadras, parando e procurando em diversos locais, o próprio taxista nos desencorajou. Já começava a escurecer, e as esperanças esvaíam-se de nós a cada segundo. Porém, quando decidimos retornar ao hotel, senti uma forte intuição de que deveria procurá-la apenas mais um pouco. Logo imaginei que amigos espirituais estariam nos auxiliando naquela tarefa, pois aqueles minutos em que continuamos a procurá-la foram decisivos em nossas vidas. Avistamos Júlia caminhando pela calçada de uma igreja, já um pouco distante do hospital. O táxi parou, descemos rapidamente e corremos até ela.

"Ofegante, eu me abaixei e a abordei:

"– Minha querida... que bom que a encontramos!

"Ela nos fitou com os olhinhos brilhando de alegria e disse:

"– Papai, mamãe! Eu continuo sem me lembrar de nada, mas sei que são vocês! Que bom que vieram me buscar, pois as tias do hospital queriam me levar para um lugar onde ficam as crianças sem casa e sem pais. Mas eu sei que tenho pais e que são vocês.

"Eu e Júlio nos entreolhamos, e foi inevitável que as lágrimas nos viessem aos olhos. Abraçamo-la calorosamente e a levamos para o hotel conosco. No dia seguinte, comunicamos imediatamente a situação dela à Justiça da Infância e da Juventude. Não sabíamos como daríamos a notícia de que precisávamos deixá-la em um abrigo, mas não foi preciso. Júlia desmaiou em nossos braços e voltou para o hospital, onde permaneceu em coma por mais seis meses, desta vez, não mais induzido, mas por complicações de saúde.

"Durante todo esse tempo, eu e Júlio viajamos para o Rio com frequência. Orávamos por ela todos os dias, para que saísse do coma, enquanto acompanhávamos os esforços dos assistentes sociais para encontrar algum parente da nossa pequena. Mas ninguém foi localizado e, mesmo sem a certeza de se ela sairia daquele estado, recebemos autorização para entrarmos com o pedido de adoção legal. A providência divina é maravilhosa! Conseguimos a adoção legal de nossa menina uma semana antes de ela, finalmente, acordar de seu longo 'sono'. Então, eu e Júlio decidimos poupá-la da verdade até o dia em que ela se recordasse de algum fato de seu passado. Mas isso não ocorreu até hoje."

Lágrimas escorriam de meus olhos, ininterruptas, ao ouvir a história de minha Maria, que também lembrava a minha, de certa forma.

Paula prosseguiu, concluindo a narrativa:

— Como ela não recordava nem do próprio nome, nós a batizamos de Júlia e fomos formando um passado para ela. Contamos que havia tido uma doença séria e ficado internada por algum tempo; falamos das peripécias que fazia quando ainda era um bebê, e de como todas as nossas fotos de sua primeira infância haviam sido perdidas em um pequeno incêndio. Poderíamos ter lhe contado toda a verdade desde o início, mas, como não sabíamos nada sobre o passado dela, optamos por presenteá-la com um passado novo, cheio de momentos felizes, ainda que ela não se recordasse dele. Assim, ela cresceu acreditando que era nossa filha biológica e que havia tido uma séria doença na primeira infância, o que justificou o período em que passou no hospital e do qual se recorda. Depois veio a pequena Jane, completando a felicidade de nossa linda e amada família. E foi isso, Renan...

Abraçamo-nos e choramos juntos durante alguns instantes. Quando serenamos, quis saber de apenas mais um detalhe.

— Tia Paula, além do sinal de nascença de Júlia, há também uma cicatriz nas costas dela. Foi devido ao ferimento que a senhora mencionou há pouco?

— Sim, querido. Foi devido ao ferimento durante o acidente. Ela perdeu uma porção de pele por isso.

— Entendo. Eu imaginava, tia. Por isso a marca de nascença está bem mais embaixo: porque a pele foi puxada.

— Sim, sim. Por isso também ela não costuma usar roupas que mostrem as costas totalmente, nem ficar de biquíni na frente das pessoas.

— Hum... entendo.

— Bem, Renan, meu querido, neste momento eu posso dizer que estou em maus lençóis. Agora que sei quem é a verdadeira família de nossa Júlia, sinceramente, não sei o que fazer.

Tomei suas mãos entre as minhas, olhando-a nos olhos, e considerei:

— Tia, a verdadeira família dela agora são vocês. Da mesma forma que meu lugar é ao lado de minha mãe Vera e de meu irmãozinho. Amo Marta e Rogério. Eles sempre serão os meus primeiros pais, que me acolheram, me amaram e educaram, mesmo que por pouco tempo. Mas, diferente do que eles imaginam e desejam, eu não conseguiria deixar minha mãe e meu irmão para voltar a morar com eles. Ainda não disse isso a nenhum dos dois, porque estou vendo se Deus me ajuda a resolver tudo isso de uma forma pacífica, sem sofrimento para ninguém.

– Eu o entendo, Renan. Mas, mesmo que Júlia não queira nos deixar, assim como você não pretende deixar sua atual família, ainda assim, está chegando a hora de todo esse segredo ser revelado. Mesmo conhecendo bem a minha filha, confesso que não sei como ela vai reagir a tudo isso. A propósito, Marta e Rogério já sabem sobre ela?

– Desculpe, tia, mas eu plantei essa ideia na cabeça deles quando vi a marca de nascença dela.

– Pois é. É disto que estou falando. Não há mais como fugir. Tudo precisa ser esclarecido. Além do mais, se a situação chegou até aqui, se a vida nos reuniu desta forma, da maneira mais improvável possível, é porque, com certeza, está exigindo algo de nós. Está exigindo que tudo seja esclarecido, porque é chegado o momento, mesmo que Marta e Rogério recorram à justiça pela guarda de vocês.

– Eles podem fazer isso? – indaguei assustado.

– Sim, meu querido. Eles podem. Bem, agora preciso procurar um advogado. Minha sensação é de que o mundo está caindo sobre minhas costas. Mas preciso ser forte e enfrentar tudo com fé em Deus!

– Isso mesmo! Sei que vamos resolver toda essa história da melhor maneira possível, com a ajuda de Deus!

– Vamos, sim – Paula afirmou, já mais animada.

– Mas e quanto a Marta e Rogério, tia, o que faço? Conto a eles sobre a nossa conversa?

– Não podemos mais esconder isso deles, Renan. Por gentileza, faça isto, sim. Conte-lhes tudo, com a minha autorização. Mas peço que nenhum de vocês fale nada ainda para Júlia. Essa conversa deverá ser apenas entre mim, Júlio e ela. Agradeço o favor, querido.

Neste instante, Júlio chegou, e eu o cumprimentei. Em seguida, nos despedimos e retornei ao apartamento de meu pai, onde me juntei a Júlia, Marta e Rogério, e fomos ao cinema.

CAPÍTULO 28

Banquete de comemoração

Eu havia passado quase todo o filme pensando em Júlia e na revelação de Paula sobre ela. Finalmente, a minha hipótese havia sido confirmada e eu não estava cabendo em mim de tanta felicidade. Meu coração estava em festa, desta vez, de uma forma plena.

Após retornarmos do cinema e Júlia voltar à casa dela, foi com emoção que Marta e Rogério receberam a notícia de que ela era mesmo a nossa Maria. De início, eles relutaram em não falar nada para ela, mas logo acabaram cedendo aos meus apelos.

Dois dias se passaram, e Paula ainda não havia conversado com Júlia. Mesmo assim, Marta e Rogério precisavam retornar para Niterói, pois há muito já estavam longe do pequeno João. Porém, antes de partirem, deixaram claro que pretendiam nos levar de volta para morarmos com eles. Contudo, a razão e a fé em Deus me permitiram manter-me sereno, acreditando que

Ele faz tudo certo. Sentia forte intuição de que deveria haver uma solução pacífica para aquela situação...

Já em Niterói, Marta e Rogério receberam a visita do detetive, que confirmou a farsa da garota que havia se passado por Maria. Em uma investigação realizada nesse sentido, descobriu que tudo havia sido um plano entre um antigo jardineiro do casal, que, por inveja e rancor, aproveitara a oportunidade para armar tudo com uma sobrinha, ambos estelionatários.

Marta confidenciou a Sandra tudo o que havia ocorrido durante a viagem a João Pessoa e as novidades recém-informadas pelo detetive, deixando a secretária embasbacada com o relato. Por fim, contou-lhe sobre os planos que tinha em mente.

— Mas, dona Marta, a senhora acha mesmo que esses meninos vão querer voltar a morar aqui depois de tanto tempo vivendo com essas novas famílias? — questionou Sandra, servindo um café à patroa na cozinha.

Marta argumentou:

— Sei que eles devem, realmente, estar completamente adaptados às novas famílias, Sandra, mas são nossos filhos. São nossos meninos queridos, por quem nos apaixonamos naquele orfanato, tendo sedimentado esse amor durante os meses que conviveram no seio de nossa família. Foi sonhando com esse momento que passamos os últimos dez anos de nossas vidas e não podemos abrir mão disso agora. Quando voltarem para cá, vão sentir saudades das atuais famílias, eu sei, mas isso passará rápido. Além do mais, poderão visitá-los nas férias. E também há os recursos tecnológicos: internet, celular e computador com câmeras... Ora, eles poderão se ver e se falar com frequência!

— E se eles ficarem zangados com a senhora e com o doutor Rogério por obrigá-los a voltar a viver aqui contra a vontade deles?

— Bobagem, Sandra! A zanga passará rápido. Está decidido. Hoje mesmo acionaremos nossos advogados. Queremos nossos

QUANDO O ANJO MORA AO LADO

filhos de volta, por bem ou com a ajuda da justiça. Temos esse direito. Sou grata a Deus por ter permitido que nossos filhos tenham encontrado novos pais adotivos que cuidaram bem deles durante todo esse tempo. Mas agora é nosso dever retomar o papel de pais. Eles ainda são quase crianças. Logo estarão adaptados novamente conosco, como aconteceu da primeira vez.

Sandra a fitou em silêncio, calculando se deveria ou não contar-lhe o que ia em seu pensamento. Por fim, decidiu falar.

— Dona Marta, eu estava pensando... Antes de os senhores procurarem um advogado e começarem essa guerra judicial, que pode ser muito desgastante e até trazer consequências ruins para todos, por que a senhora não me acompanha amanhã até o centro espírita?

Sandra não sabia, mas Neusa havia lhe inspirado a sugestão, pois, ao lado de Túlio, ela continuava trabalhando ativamente em nosso benefício e, em decorrência, no de nossos círculos familiares.

Marta fitou a secretária com surpresa e indagou:

— E no que você acha que uma visita ao centro poderia nos ajudar, Sandra?

— Ah, não sei bem, dona Marta... Quem sabe uma das administradoras de lá nos dá um bom conselho e...

— Desculpe, querida, mas não haverá conselho que nos demova da ideia de tentar reaver nossos filhos.

— Entendo. Mesmo assim, a senhora poderia me acompanhar apenas para assistir a uma palestra que haverá depois de amanhã à noite, sobre o amor no seio familiar. Dizem que é maravilhosa!

— Bem, confesso que aprecio bastante as palestras que assisto no centro. Mesmo assim, vou pensar no caso...

No dia seguinte, logo bem cedo, Marta foi até a casa de minha mãe Vera, no Rio de Janeiro, e contou-lhe tudo o que havia se passado em João Pessoa. Por fim, deixou claro que, se eu não voltasse a morar em Niterói, eles iriam acionar a justiça para nos obrigar a isto legalmente. Desesperada, minha mãe ajoelhou-se aos seus pés, implorando para que não me tirassem dela:

— Pelo amor de Deus, dona Marta, não faça isso! Renan é meu amado filho do coração, a alegria de minha vida! Estamos apenas aguardando até que meu esposo arrume um novo emprego em São Paulo, que já está quase conseguindo, para nos mudar para lá e meu filho poder voltar para casa.

— Sentimos muito a sua dor, Vera — respondeu Marta —, mas já sofremos demais a ausência dele. Não mudaremos de ideia, desculpe. Mas não se preocupe; permitiremos que vocês se vejam e se falem com frequência.

Ela se despediu e se retirou, deixando minha mãe aos prantos.

Ao chegar a casa, ligou também para o celular de Paula e teve a mesma conversa com ela, deixando-a igualmente destruída.

Dois dias depois, no apartamento de meu pai, tive uma surpresa boa tão logo acordei, a caminho da cozinha para preparar o café da manhã. Havia um verdadeiro banquete posto à mesa, e, de pé ao lado dela, Eliane e meu pai me sorriam.

— Bom dia, filho! — cumprimentou-me meu pai, visivelmente feliz.

Eliane fez o mesmo:

— Bom dia, Renan! Pode sentar e comer o que quiser!

— Bom dia, pai, Eliane! O que aconteceu? Marta e Rogério deixaram tanto dinheiro assim para as nossas refeições? — indaguei fitando a mesa, surpreso.

Eliane abriu outro sorriso e se antecipou em responder:

— Não, querido! Não deixou dinheiro algum.

— Então, o que se passa? — insisti.

— Sente-se. Vamos comer – repetiu Eliane.

Puxei a cadeira e sentei.

— Coma à vontade, filho. Precisa ficar bastante forte – considerou meu pai. – Vamos lhe fazer companhia.

Eles se sentaram à mesa e iniciamos a refeição juntos. Éverton acordou e juntou-se a nós.

— Por que isso hoje? – indagou meu irmão.

— Isso o que, filho? – questionou Eliane, fazendo-se de desentendida.

E ele respondeu:

— Toda essa comida. Vocês vivem dizendo que não têm muito dinheiro para comprar comida e por isso Renan não pode comer as minhas coisas...

— Hoje é um dia diferente, meu filho – justificou meu pai. – Estamos em festa.

— É aniversário de quem? – perguntou Éverton.

Eliane sorriu e afagou-lhe os cabelos, dizendo:

— Não é aniversário de ninguém, meu bem. Mas estamos comemorando o primeiro passo para a continuidade da vida.

— Não entendi – resmungou meu irmão.

Meu pai esclareceu-lhe:

— É que hoje, meu querido, estamos comemorando o fato de termos encontrado um doador para você. O médico nos ligou logo bem cedo, muito satisfeito, para nos comunicar a ótima notícia.

— Que maravilha, pai! – exclamei, contente, e desarrumei os cabelos de meu irmão.

— Já sabe que não gosto disso – ele me repreendeu.

— Desculpe, irmão. É que fiquei muito feliz com a notícia.

— Tudo bem – ele relevou.

Eu retomei a fala:

— Sendo assim, este banquete tem uma ótima razão de ser! E viva a vida!

– Viva, meu filho!

– Viva! – repetiu Eliane.

Dei uma mordida em um biscoito e indaguei:

– Mas de onde é o doador?

Meu pai e Eliane se entreolharam. Ela gesticulou-lhe, como que lhe ordenando a esclarecer-me a pergunta.

Assim, meu pai respondeu:

– Filho, como você sabe, o médico de seu irmão havia nos orientado a pedir o auxílio de todas as pessoas que estivessem dispostas a nos ajudar a salvar a vida de seu irmão. Por isso, levamos você ao hospital semana passada...

– Sim, pai, eu sei. Para fazer os testes de compatibilidade.

– Isso mesmo. E, assim como você, conseguimos levar também a sua prima, filha de minha irmã, que, com muita boa vontade e Deus no coração, resolveu fazer os testes também. Além de vocês dois, não conseguimos mais ninguém. Nossa esperança era nela, na minha sobrinha, que é parente consanguínea de Éverton. Porém... – Meu pai fez uma pausa.

– Continue, pai, por favor – encorajei-o.

Ele remexeu-se na cadeira e prosseguiu:

– Como eu ia dizendo... Tínhamos esperança de que minha sobrinha pudesse ser a doadora. Porém, os exames acusaram compatibilidade com você, Renan. Você, filho, que nem irmão de sangue dele é. Já pensou em uma coisa dessas? Isso só pode ser a mão de Deus, filho! Um milagre! Ele não vai precisar entrar em nenhuma fila de espera!

– Sério?! – indaguei surpreso.

– Sério, filho!

Ele pendeu o corpo para o lado e, como estava sentado, deu-me o que posso definir como um "meio abraço".

– Porém, existe um detalhe, não é, querido? – interrompeu Eliane, instigando o esposo a continuar.

E meu pai assim o fez:

– É, Renan. Existe uma questão nesta situação. Pessoas menores de idade, como você, não podem doar órgãos em vida, a menos que os pais – pai e mãe, eu quero dizer – autorizem o procedimento.

Eliane voltou a falar:

– Isto significa que, agora que seus pais legítimos o encontraram e vão legalizar a sua guarda, precisaremos da autorização deles.

– Entendo – respondi. – Mas acho que isso não será um problema, gente. Afinal, não é todo dia que temos a oportunidade de salvar a vida de alguém. Eu estou muito feliz por isso! Muito mesmo! Acho que Marta e Rogério vão autorizar, sim. Agora precisamos todos fazer uma prece a Deus agradecendo por essa bênção!

Meu pai e Eliane se entreolharam, admirados com as minhas concepções sobre o assunto, pois não estavam habituados com tal postura no círculo social do qual faziam parte.

– Sendo assim, filho – continuou meu pai –, você poderia ligar para eles hoje mesmo e pedir a autorização, que deverá ser por escrito e registrada em cartório, claro.

– Sim, sim, pai. Assim que retornar da escola, farei isso.

– Obrigado, meu filho! – Ele me deu outro "meio abraço".

– Também agradeço muito, Renan – acrescentou Eliane.

Demos as mãos e eu proferi uma prece de agradecimento. Após finalizarmos a refeição, meu pai nos levou ao colégio.

Depois da aula, quando retornava para casa, eu e Júlia nos encontramos no corredor do nosso andar. Eu a abracei com tanta força que ela reclamou. Estava matando mais um pouquinho das saudades de minha Maria.

– Você anda tão carente de mim esses dias, meu gato! Assim, vou ficar convencida.

– Pode ficar mesmo. Não consigo mais esconder que não sei mais viver sem te dar esses abraços apertados, sua "doidinha".

– Hum... Muito agradecida pelo carinho tosco. Quase me deixa sem ar.

Sorrimos juntos.

– Vamos dar um pulinho na praia à tardinha, quando o sol baixar? Quero lhe contar a novidade – eu a convidei.

– Que novidade? Ah, não deveria ter dito isso, querido. Não sabe que mulheres são curiosas? Já quero saber agora. Se não me contar, sou capaz de ter urticária de tanta curiosidade.

Eu sorri e respondi:

– Eu te conto agora, mas vamos à praia mais tarde mesmo assim. Combinado?

– Combinado. Mas e seu pai? Liberou para você ir?

– Sim! Ele está muito feliz...

Após saber das novidades, Júlia ficou absorta por um instante. Pouco depois, sugeriu:

– Renan, por que você não aproveita a oportunidade para impor uma condição para esse transplante?

– Impor condição? Ah, Júlia, eu não faria isso, você me conhece...

– Estou falando de uma condição especial...

Após me contar sua ideia, eu opinei:

– Hum... Ótima ideia! Só poderia ter vindo de você mesmo!

Eu a abracei novamente e beijei-lhe a bochecha.

– Assim vou ficar mal-acostumada com tanto beijo e abraço.

Sorrimos juntos mais uma vez, e eu sugeri:

– Agora que meu pai está mais liberal comigo, se quiser, virei aqui todos os dias para isto: encher você de beijos e abraços.

Ela me olhou pelo canto do olho e brincou:

– Vá almoçar, que a fome já está lhe afetando o juízo. Mas, antes que saia daqui chorando, confesso que gosto de todo esse dengo.

Rimos novamente e eu tasquei-lhe outro beijo estalado na bochecha, ao que ela retribuiu de igual maneira, e cada qual seguiu para o seu apartamento.

Júlia não tinha dimensão do quanto eu a amava. Amava-a por ser Júlia e também por ser Maria, de modo que, somando o que sentia por cada uma delas separadamente, meu amor agora se duplicara e era muito intenso. Desejava estar com ela como antes; queria que voltasse a fazer parte de meus dias. Depois de tanto tempo separados e sonhando em poder reencontrá-la algum dia, estava difícil aceitar me manter longe dela. Pensava nela a todo instante, e aquele sentimento intenso me deixava confuso. Porém, estava gostando muito de tudo aquilo.

Segui para casa contente e sereno. Quando adentrei o apartamento, a mesa estava novamente posta, com um almoço apetitoso. Uma senhora simpática surgiu da cozinha e apresentou-se como a nova secretária do lar. Então, após um banho revigorante, eu e Éverton almoçamos juntos. Confesso que me fartei naquele dia como há muito não fazia.

Após o almoço, liguei para Marta e contei-lhe sobre o resultado dos exames e a necessidade da autorização judicial para que eu pudesse ser o doador de meu irmão. Ela foi categórica em afirmar que se negava a assinar qualquer autorização nesse sentido, pois jamais se perdoaria se algo de ruim me acontecesse como consequência dessa cirurgia. Temia que eu viesse a precisar do rim doado, ou que a cirurgia me trouxesse alguma sequela, ou mesmo que eu viesse a ter complicações durante o procedimento. Argumentei contra todas as suas dúvidas, pois, desde que soubera da doença de Éverton, passara a pesquisar sobre o assunto. Porém, ela continuava relutante.

Ao final do dia, após meu pai e Eliane retornarem do trabalho, sentamos no sofá da sala para conversar, quando eles receberam a notícia com muita tristeza. Então, aproveitei para pôr a ideia de Júlia em prática.

— Contudo, não podemos esmorecer — afirmei. — Tenho fé em Deus que conseguirei convencer Marta a voltar atrás nessa decisão e, se ela aceitar, acredito que com Rogério será mais fácil.

— Você acha, filho? Faça isso, por favor — pediu meu pai.

— Faça isso, Renan, e eu lhe serei eternamente grata — acrescentou Eliane.

— Sim, farei com satisfação. Porém, tenho uma condição.

Claro que jamais deixaria de tentar salvar a vida de meu irmão se Álvaro e Eliane não cumprissem o acordo que eu pretendia fazer com eles, mas eu precisava, ao menos, tentar.

— Condição? — exclamaram juntos, surpresos.

— Como você pode querer impor uma condição para salvar a vida de seu irmão? — questionou meu pai, visivelmente surpreso e contrariado.

— Eu também não posso acreditar em uma coisa dessas! — ajuntou Eliane, aborrecida. — O que o fez surgir com uma condição assim de repente? Não tinha falado nada disso antes...

— É que eu pensei melhor e estou certo de que preciso fazer isto.

— Ah, Renan, diga logo o que quer! — Eliane quase gritou.

Eu fui direto ao ponto:

— Quero que, a partir de hoje, vocês parem com a bebida.

— O quê? — indagou meu pai, perplexo. — Como pode exigir isso de nós?

— Acha que é muito sacrifício evitar algo tão nefasto à saúde quanto o álcool, em troca da vida de seu filho, pai?

Meu pai não respondeu de imediato e fitou Eliane com os olhos vitrificados. Ficaram se olhando em silêncio durante alguns instantes. Então, Eliane se pronunciou:

— Ele tem razão, Álvaro. Eu daria um rim ao meu filho se fosse possível; não vai me custar mais parar de beber.

— Mas nem um copinho vez ou outra? — Álvaro quis barganhar.

Nem precisei responder, pois Eliane o fez de imediato.

— Você sabe muito bem que se começarmos não conseguiremos parar. Sendo assim, o melhor será nos abster totalmente. Além do mais, hoje o nosso filho está precisando de um rim e, se continuarmos como estamos, corremos o sério risco de sermos os próximos, só que precisando de um fígado! Você quer isso para a nossa família, Álvaro?

Meu pai baixou a cabeça. Era a primeira vez que eu ouvia algo tão sensato ser proferido por Eliane. Ela me fitou e afirmou:

– Nós concordamos, Renan. Para ser sincera, precisávamos mesmo de um estímulo como esse para conseguirmos nos livrar desse vício, que estava nos consumindo. Havia manhãs em que já acordávamos com vontade de beber! Veja a que ponto chegamos! Se isso continuar, repito, com certeza não vai dar em coisa boa. Eu lhe agradeço.

Fitei meu pai, esperando sua posição, mesmo que Eliane houvesse falado pelos dois.

– Só posso concordar com ela, filho, e agradecer a você pela iniciativa também.

– Confesso que a ideia foi de Júlia, eu apenas a coloquei em prática.

– Pois agradecemos aos dois – observou Eliane. – Agradeça a ela por nós também.

– Farei isso, podem deixar. Só mais uma coisa. – Eles me fitaram com atenção, e eu prossegui: – Queria avisar que vocês devem procurar um médico para ajudá-los com esse processo de parar com a bebida...

Eles concordaram, e eu estava infinitamente feliz com o resultado da proposta idealizada por Júlia. Desejava profundamente que Deus ajudasse meu pai e Eliane a seguirem com a mesma força de vontade ali demonstrada; sobretudo Eliane, que era quem ditava as ordens entre o casal. Fiquei igualmente feliz ao perceber que seu coração de mãe havia falado mais alto.

Porém, os dias foram passando, e eu não conseguia demover Marta e Rogério das decisões deles: obrigar-nos a voltar a morar com eles e não autorizar a minha doação de rim a Everton.

Éverton havia sido internado e estava muito mal de saúde. Devido à urgência de seu estado, ele tinha entrado na fila nacional de espera por um rim à frente de vários outros pacientes. Os médicos acreditavam que ele não resistiria por muito mais tempo se não surgisse logo um doador compatível. Eliane e meu pai choravam a todo instante e se revezavam para não saírem de perto de meu irmão desde que ele entrara no hospital. Eu, Júlia e Paula estávamos em constante oração, tanto pela saúde dele quanto por Marta e Rogério, para que fossem tocados pelo amor divino e abrandassem seus corações.

CAPÍTULO 29

Psicografias

Ao final do expediente, Sandra retornou com rapidez para casa, preparou o jantar da família e fizeram a refeição como de costume, todos juntos reunidos à mesa, em uma atmosfera de muita paz e harmonia.

Após brincar um pouco com o filho e ajudá-lo na tarefa da escola, ela se aprontou e telefonou para a patroa, que acabou aceitando acompanhá-la até o centro espírita naquela noite. Estava mesmo precisando serenar o coração ouvindo palavras de amor e de conforto.

Pouco tempo depois, estavam sentadas na plateia, sorvendo o conteúdo edificante oferecido na palestra do dia. O evento havia durado apenas cerca de trinta minutos, o suficiente para deixar Marta e Sandra sentindo-se maravilhadas e com as energias renovadas. Como de costume, agradeceram a Deus pela oportunidade de terem estado ali.

Após deixarem o pequeno auditório em direção à saída, Sandra segurou o braço da patroa e disse:

— Dona Marta, preciso lhe falar uma coisa.

— Pode falar, Sandra.

— É que ontem foram abertas as inscrições para a sessão de psicografia que ocorre uma vez por semana na casa.

— Certo, querida. Mas por que está me dizendo isto?

Sandra pigarreou, contudo prosseguiu logo em seguida:

— É que, durante a inscrição, nós damos o nome de alguém já desencarnado, para ver se conseguimos receber alguma mensagem dessa pessoa através de uma carta psicografada.

— Sei. E você deixou o nome de qual parente ou amigo seu?

— Não foi de ninguém ligado a mim, não, e sim, à senhora.

— A mim? Deixou o nome de alguém ligado a mim que já desencarnou? De quem? Com que intuito, Sandra?

— Deixei o nome de seu falecido pai, porque ele costumava orientar a senhora em momentos difíceis e em situações de indecisão.

— Tudo bem, eu entendo você e agradeço a sua preocupação. Mas, se está tentando arranjar um meio de me fazer desistir de lutar pelos meus filhos...

— Calma, dona Marta. Eu só queria ajudar.

— Está certo. Não há mesmo problema algum nisso. Podemos ir embora agora?

— Bem, é que a reunião vai ocorrer daqui a cinco minutos. Eu gostaria muito de participar com a senhora. Quem sabe seu pai não entra em contato?

Marta fitou Sandra com fisionomia sisuda e redarguiu:

— Sandra, querida, meu paizinho já se foi há um bom tempo e, embora eu sinta muitas saudades dele, pretendo continuar deixando-o em paz onde quer que ele esteja. Apenas oro por ele com frequência e pronto.

QUANDO O ANJO MORA AO LADO

– Tudo bem, dona Marta. Mas tem também outra coisa. Esta semana eu sonhei com seu pai, e ele me disse que precisava falar com a senhora e me pediu que a trouxesse aqui. Então, achei que a sessão de psicografia poderia ser uma ótima oportunidade para trazer a senhora. Já que estamos aqui, não nos custa nada assistirmos um pouco, nem que seja para a senhora ver como essas cartas são importantes e funcionam como um bálsamo para os familiares e amigos daqueles que ficam.

Por fim, Marta acabou cedendo novamente aos apelos da secretária. Embora não lhe tivesse confessado, no fundo, estava curiosa sobre o recado do pai no sonho. Tinha muitas dúvidas quanto a fatos como aquele.

Cinco minutos depois, estavam sentadas de novo, desta vez em uma sala menor, de frente a uma mesa à qual um conhecido médium da cidade abriu a sessão com uma breve oração. Em seguida, ele explicou a dinâmica da reunião. Após psicografar cada carta, ela seria lida em voz alta e, por fim, seria entregue ao destinatário que estivesse na plateia.

Então, o médium tomou papel e lápis e deu início às psicografias. Escreveu durante alguns poucos minutos e parou. Bebeu um pouco de água e iniciou a leitura da primeira mensagem, durante a qual foram ouvidos os soluços do choro contido de uma senhora sentada à plateia. Após o término da leitura, secando as lágrimas com um lenço, a mulher se dirigiu à mesa, onde se identificou como a destinatária da mensagem. Em seguida, sob os olhares atentos de todos, recebeu a carta das mãos do médium, agradeceu com fervor e, emocionada, retirou-se do recinto.

A sessão continuou. Uma nova mensagem foi escrita, lida e entregue ao seu destinatário. A terceira carta seguiu uma dinâmica diferente, pois o médium apenas a psicografou, por um período bem mais longo do que as demais, preenchendo várias folhas de papel consecutivas. Porém, quando a finalizou, não a leu nem a entregou a ninguém.

Após outras três mensagens escritas e entregues, a sessão foi encerrada.

Enquanto se levantavam, Marta confidenciou a Sandra que, mesmo experimentando uma pequena frustração, no íntimo, não acreditava que seu pai fosse lhe escrever. Sandra a confortou informando-lhe que dificilmente se consegue um contato na primeira tentativa, pois o trabalho da psicografia depende de vários fatores, entre eles, as condições do médium para receber a mensagem, como também do desencarnado para transmiti-la.

Porém, quando elas se aproximavam da porta, foram abordadas pelo médium:

– Dona Marta?

Elas se viraram.

– Pois não? – indagou Marta.

– Isto é para a senhora – e entregou-lhe um volume de algumas folhas de papel dobradas ao meio.

– Obrigada! – agradeceu Marta, tomando a encomenda nas mãos.

Imaginou que poderia ser a carta psicografada e não lida. Mas nada disse.

– Trata-se de uma mensagem de seu pai – esclareceu o médium serenamente.

Os olhos de Marta e de Sandra brilharam de surpresa e emoção. O médium continuou:

– Sugiro que a leia em casa, na reclusão de seus aposentos. Vão com Deus!

– Agradeço mais uma vez! – disse Marta.

– Não há de quê.

Após o casal se recolher, enquanto Rogério assistia a um filme na televisão antes de dormir, sentada na cama ao seu lado, Marta embalava a carta às mãos, preparando-se emocionalmente para abri-la.

– O que é isso, querida? – indagou o esposo.

– Uma carta. Depois lhe mostro.

– Tudo bem – e Rogério voltou a se concentrar no filme.

Após alguns instantes, quando se julgou preparada, Marta enfim abriu a carta e começou a lê-la:

Querida Martinha,

Antes de tudo, gostaria de expressar a minha satisfação e felicidade em vê-la, finalmente, aceitando a existência de Deus, sobretudo, tendo consciência da presença Dele em sua vida. Deus abençoe você e sua família, minha querida!

Comigo está tudo muito bem, e dou graças a Ele e aos muitos amigos espirituais que tenho! Na colônia onde moro e trabalho, sou muito útil, e isso me deixa muito feliz. Por favor, filha, peço-lhe que transmita um abraço meu à sua mãe e diga-lhe o quão feliz estou por aqui, aguardando até o sagrado momento de nosso reencontro, porque ele ocorrerá, pois somos espíritos com profundos laços de afinidades e caminharemos juntos na jornada evolutiva por várias encarnações. A Rogério, transmita o meu sincero agradecimento pelo amor e cuidado a você devotados. Também agradeça a Sandra pelo empenho em levá-la ao centro, pois você poderia ter recebido esta carta sem ter estado lá, mas, indo até lá, constatou com seus próprios olhos como ela foi escrita. Também presenciou outras mensagens iguais a esta, sedimentando em seu coração a certeza da legitimidade do fenômeno da psicografia.

Bem, minha filha, agora preciso contar-lhe uma história muito importante, a qual fui incumbido de revelar-lhe, com o nobre propósito de beneficiar a todos nela envolvidos.

No ano de 1791, em meio à Revolução Francesa, na cidade de Orleans, França, vivia um garotinho chamado Gianz e uma menininha chamada Dornela, ambos negros libertos e contando nove anos de idade. O menino morava na propriedade do casal de fazendeiros Armand e Desiré Lamartine, e vivia aos cuidados de sua mãe Adele, uma ex-escrava ainda jovem e solteira, que o amava infinitamente. Por ser filho – concebido em segredo – do sr. Lamartine, o pequeno Gianz, que era conhecido como Negrinho, gozava de certos privilégios ao lado da mãe e acreditava que o pai os havia abandonado. A sra. Desiré nunca teve a certeza da traição do esposo, que tinha chantageado a jovem Adele para conseguir uma noite de amor com ela. A menina Dornela vivia com os pais, também ex-escravos, na fazenda do sr. Jean e da sra. Micheline Burnier.

O casal de crianças era esperto, cheio de vida, inteligente, sagaz, alegre e bem-humorado. Munidos de uma amizade verdadeira e possuindo muitas afinidades entre eles, Gianz e Dornela sempre davam um jeito de compartilhar bons e maus momentos juntos, somando suas alegrias e dividindo as tristezas. Chegaram até a desfrutar da amizade pessoal do célebre cientista Antoine Lavoisier.

O tempo passou, e as crianças seguiram inseparáveis, crescendo juntas e cada vez mais unidas. Como sabe, a Revolução Francesa chegou ao fim em 1799, quando Napoleão Bonaparte, com um golpe militar, tomou o poder na França. A essa época, a menina franzina e desgrenhada havia se transformado em uma bela jovem de dezessete anos, vaidosa e sempre bem apresentável, com curvas que povoavam o imaginário masculino. Isso despertou ciúmes na sra. Micheline, cujo esposo passara a cobiçar a jovem.

QUANDO O ANJO MORA AO LADO

Mais três anos se passaram, e o amor de infância se consolidou em um amor de adultos entre o então homem, Gianz, e a agora mulher, Dornela. Como haviam prometido um ao outro ainda na infância, eles se casaram legalmente em 1803, pouco depois de completarem vinte e um anos de idade. Micheline esforçou-se para ajudar o casal nessa empreitada, pois desejava afastar Dornela do alvo de seu marido, que continuava a desejá-la silenciosamente, mesmo ciente do compromisso da jovem com o Negrinho. Atendendo a um pedido pessoal de Adele, o sr. Armand Lamartine empregou a recém-esposa do filho em sua fazenda, possibilitando que o casal morasse e trabalhasse ao lado da mãe de Gianz.

O esposo de Micheline ficou furioso quando informado da situação. Porém, Dornela fazia questão de visitar os pais na fazenda dos Burnier com frequência, sempre na ausência do ex-patrão. Com isso, Micheline percebeu que não havia se livrado da bela jovem como imaginava, e que ela continuava a incitar os desejos do esposo.

Certa vez, estando na propriedade na ocasião da visita de Dornela aos pais, o sr. Jean tomou coragem e precipitou-se sobre a jovem, tomando-a à força entre seus braços. A esposa surgiu no exato momento em que o marido investiu um beijo apaixonado sobre os lábios carnudos da jovem, impedindo que o pior se sucedesse. Dornela repeliu Jean com um forte empurrão e cuspiu sobre a face dele, gritando-lhe que não era sua propriedade. Porém, o fazendeiro acabou plantando na esposa a ideia de que a jovem havia sido a verdadeira culpada por tudo, pois o havia enfeitiçado exibindo suas curvas sob vestidos decotados e bem caídos sobre o corpo exuberante.

Assim, a senhora e o senhor Burnier guardaram uma forte mágoa de Dornela, cada qual por um motivo próprio, com a certeza de que se vingariam da jovem na primeira oportunidade que tivessem.

Mais dois anos se passaram, e o jovem casal apaixonado esperava ansioso a chegada do primeiro filho. No entanto, foram agraciados com dois deles, sendo um menino de olhos verdes, como os do pai, e uma menina desgrenhadinha, como a mãe. Ainda que fossem empregados, negros e filhos de ex-escravos, continuavam sendo tratados com relativa dignidade e respeito. Assim, a vida da família seguia tranquila, dentro da rotina laboral habitual, acrescida dos cuidados de dois bebês, que também eram realizados com a ajuda de Adele. Desiré e Armand estavam apreciando a chegada daquelas crianças à fazenda, de modo que, vez ou outra, até se distraíam com as peripécias do casalzinho.

Porém, quando os bebês completaram um pouco mais de dois anos de idade e seus pais os levaram ao centro da cidade para visitarem um médico, a carruagem que havia sido cedida por Armand foi interceptada por uma segunda carruagem. Ambas pararam abruptamente e, em frações de segundo, dois homens encapuzados invadiram a cabine onde Dornela e Gianz carregavam os bebês no colo, arrancando-os de seus braços com brutalidade. Em seguida, entraram novamente na carruagem de onde tinham saído. O cocheiro estalou o chicote no ar com vigor, e os cavalos dispararam velozes. As crianças foram roubadas a mando de Micheline e Jean, e entregues para um casal de negros livres que residia na capital francesa e não conseguia ter filhos. Dornela e Gianz quase enlouqueceram quando perderam seus bebês, e o sofrimento da avó Adele também não foi menor. Até mesmo Desiré e Armand se compadeceram da situação.

Com isso, o casal iniciou uma busca incansável para tentar encontrar e reaver os filhos roubados. Assim, os anos foram passando, e, embora Gianz e Dornela fossem pessoas otimistas e alegres, que nunca perdiam a fé em Deus, seria inevitável que

QUANDO O ANJO MORA AO LADO

a falta de êxito em encontrar os filhos fosse lhes roubando o brilho do olhar e o sorriso fácil dos lábios.

Oito anos depois, os negócios na fazenda de Armand começaram a enfraquecer. Desgostosos e temendo perderem tudo, ele e Desiré se entregaram ao vício da bebida alcoólica, o que piorou ainda mais a situação. Desse modo, quando Armand constatou que não era mais capaz de se manter com os rendimentos da fazenda, venderam tudo e se mudaram para a capital, levando apenas seus três empregados: Adele, Dornela e Gianz, pois os demais haviam sido dispensados em Orleans.

Em Paris, o casal de fazendeiros abriu um comércio de especiarias e passou a ter uma vida bem menos glamorosa. Com o trabalho árduo dos três fiéis empregados, o negócio prosperou. Porém, já era tarde demais para Desiré e Armand, pois ambos estavam com uma doença hepática em estado avançado devido ao consumo exacerbado de bebidas alcoólicas. Pouco depois, eles desencarnaram, deixando tudo o que tinham para os três empregados.

Um total de dez anos havia se passado, e os filhos primogênitos de Gianz e Dornela estavam agora com doze. Embora o casal tivesse sido agraciado com outros dois filhos, nunca desistiriam dos gêmeos. Então, certo dia, receberam uma carta anônima relatando onde poderiam encontrá-los. No mesmo dia, seguiram para o endereço descrito na carta, com o coração inundado de esperanças. Chegando lá, uma residência humilde, porém limpa e organizada, foram recebidos pela mãe adotiva de seus filhos. Sobre a parede da sala havia uma linda pintura retratando um casal de crianças, a quem eles, com os olhos marejados, julgaram ser os filhos roubados.

Após uma conversa séria entre os três adultos, a mãe adotiva, sob lágrimas, encaminhou os pais biológicos ao quarto das crianças, onde elas jaziam moribundas sobre seus leitos. O médico que as examinara não havia lhes dado esperanças,

*sentenciando que logo desencarnariam. Gianz e Dornela preci-
pitaram-se sobre os filhos e os inundaram com seu amor e suas
lágrimas, afirmando em voz alta que eles não poderiam partir,
sobretudo agora, que os tinham reencontrado.*

*A partir daquele dia, passaram a se dedicar com afinco aos
gêmeos e, com os recursos deixados pelos patrões, conseguiram custear o tratamento dos filhos. E assim, com a força do
amor e da fé em Deus, eles sobreviveram. Desde então, as duas
famílias passaram a conviver harmoniosamente.*

*Embora os anos perdidos longe dos primogênitos jamais
pudessem ser recuperados, Gianz e Dornela teriam a oportunidade de acompanhá-los dali para frente, participando de seus
momentos felizes e tristes, fáceis e difíceis, em meio a muito
amor e compreensão, até o final de seus dias terrenos.*

*Após o desencarne, Jean e Micheline sofreram muito durante
o período em que vagaram pelas zonas umbralinas, repensando
dia a dia sobre os maus atos cometidos quando encarnados.
Jamais tinham imaginado que a vida seria eterna e que os mortos pudessem sofrer, e experimentavam justamente o contrário.
Após anos de sofrimento, profundamente arrependidos por
todo o mal que haviam cometido, enfim decidiram pedir ajuda
e foram resgatados pelos trabalhadores do bem, que auxiliam
sofredores no umbral. Desejavam mudar a forma de viver e pro-
meteram que se esforçariam para isto. Após um período em um
dos postos de socorro do umbral, o casal foi levado a uma colônia, onde cumpriu com a promessa de mudança, estudando e
trabalhando arduamente no bem.*

*Chegado o momento em que estavam preparados para reen-
carnar, pediram para vivenciar o mesmo sofrimento que outrora
haviam impelido ao jovem casal, quando roubaram-lhe os filhos. Assim, querida filha, Micheline e Jean reencarnaram como
Marta e Rogério, respectivamente, você e meu estimado genro.
Contudo, confiando na capacidade de amar, perdoar e ensinar*

QUANDO O ANJO MORA AO LADO

de Gianz e Dornela, Deus permitiu que, enquanto experimentariam provações que acelerariam o próprio progresso evolutivo, eles iriam auxiliar Jean e Micheline na nova empreitada. Desse modo, Gianz e Dornela reencarnaram como Renan e Maria.

O casal Armand e Desiré também experimentou um sofrimento que lhe pareceu eterno, pois, além de ter levado uma vida de ostentações, más condutas e humilhações aos subordinados, também enveredou no nefasto caminho do alcoolismo, danificando o sagrado corpo físico, instrumento que Deus nos concede para que possamos realizar nosso trabalho na terra. Após serem socorridos das zonas umbralinas, compreenderam que a satisfação das paixões brutais acarreta consequências deploráveis. Assim, decidiram reencarnar em condições de trabalho árduo, privações financeiras e em um meio de exposição à tentação do álcool, como prova a ser vencida pelo mérito da resistência. Além disso, teriam um filho com deformidade de órgãos internos, o que lhes mostraria a importância do divino instrumento de morada terrena do espírito. Então, voltaram em uma nova vida como Álvaro e Eliane.

Porém, antes de desencarnarem como Desiré e Armand, no século XVIII, eles realizaram uma nobre ação aos seus últimos empregados, quando deixaram para eles o novo comércio em Paris e todo o dinheiro que ainda possuíam, o que permitiu a realização do tratamento dos primogênitos de Gianz e Dornela. Em gratidão, juntos, Gianz e Dornela desejaram auxiliá-los na nova jornada de provações e expiações terrenas. E, assim, Renan e Maria têm cumprido esse propósito auxiliando Álvaro e Eliane como podem.

Unidos pelos laços do amor e da afinidade espiritual, a outrora mãe dedicada e amorosa de Gianz voltaria a cuidar dele como sua mãe adotiva, renascendo como Vera. O mesmo se passaria com os amorosos pais de Dornela, que renasceram como Paula e Júlio, e a adotaram na pele de Maria, exemplificando o que, sob *a luz da reencarnação, Allan Kardec elucida: "Não são os da consanguinidade os verdadeiros laços de família, e sim os da simpatia e da comunhão de ideais".*

Por fim, agradeço mais uma vez a Ele pela missão a mim confiada de revelar todo o conteúdo exposto nestas longas linhas, com a certeza de que este vai auxiliá-la nas difíceis decisões a serem tomadas.

Agora me despeço afirmando que a amo, minha filha, assim como à sua mãe e a todos os nossos que na terra ficaram. Vocês seguirão em meu coração e em minhas orações. Deus esteja convosco.

Um grade beijo de luz,

Seu paizinho.

As lágrimas rolavam ininterruptas sobre a face de Marta, enquanto Rogério já dormia ao seu lado. Mesmo sentindo-se envergonhada por tomar conhecimento dos atos cometidos no passado, e saudosa pela ausência física do pai, estava feliz e serena, com o coração acalentado por tudo o que lhe havia sido revelado. Ela compreendeu perfeitamente quando seu pai afirmou que a carta a auxiliaria na tomada de decisões, pois, com a ajuda de Deus, agora sabia como deveria agir.

Assim, guardou a carta na gaveta do criado-mudo e concentrou-se em uma oração com muito sentimento, na qual agradeceu profundamente à misericórdia divina e rogou por todos os seus. Adormeceu com a certeza de que faria a coisa certa.

CAPÍTULO 30

E o tempo passou...

No dia seguinte, logo pela manhã, Paula e Júlio tiveram a séria e inevitável conversa com Júlia, na qual ela ficou sabendo de toda a verdade sobre o seu passado. Júlia chorou bastante ao longo de toda a narrativa dos pais, mas logo compreendeu a situação, até porque já conhecia de perto a minha história. Ela ficou sabendo também da decisão de Marta e Rogério de reaverem como pais a nossa guarda legal.

Ao final daquele dia, quando eu estava no apartamento de Júlia, reunido com ela e Paula em oração pelo meu irmão e por nossa situação delicada, o celular de Paula tocou. Ela atendeu e começou a conversar. Poucos minutos depois, lágrimas desciam-lhe pela face, e logo ela estava chorando copiosamente. Desligou o telefone e nós a abraçamos.

— O que foi, mamãe? — indagou Júlia, muito preocupada.

— Foi alguma coisa com Éverton? Ele desencarnou? — eu indaguei apavorado.

Entre soluços, ela murmurou:

— Acalmem-se... É um choro de alegria e desabafo! – e voltou a chorar.

Aguardamos até que seu pranto serenasse. Então, ela nos explicou que era Marta ao telefone, informando que havia desistido de solicitar na justiça a nossa guarda; exigia apenas que eu e Júlia continuássemos mantendo contato frequente com eles. Nós pulamos e gritamos de alegria, abraçando-nos fortemente.

Logo após nosso festejo, liguei para minha mãe Vera e contei-lhe a novidade, ao que ela, também chorando aliviada, agradeceu a Deus pela bênção.

Mais alguns minutos depois, e tivemos outra grande surpresa. Marta me ligou informando que iria autorizar a doação para o transplante, mas que acompanharia tudo de perto. Também falou da carta do pai e prometeu que logo a mostraria a todos nós. Contou que era tão reveladora que havia até abalado as crenças de Rogério. Ele começara a se questionar sobre se estivera enganado durante todo esse tempo, enquanto ela e Sandra estariam certas em afirmar que a vida do espírito era eterna. Já era um bom começo.

Agradeci a Marta imensamente por tudo, mandei beijos a ela, a Rogério e a Sandra, e após desligamos.

Alguns dias depois, eu havia dado entrada no hospital para a realização do transplante. Ao meu lado, estavam minha mãe Vera, Marta, Rogério, Júlia, Paula e Júlio. Eles me transmitiram palavras de força e fé, e asseguraram que estariam orando pelo procedimento médico-cirúrgico a que eu e Éverton seríamos submetidos.

Minutos antes de darmos entrada no centro cirúrgico, Júlia aproximou-se de mim e sussurrou-me ao ouvido algo que eu não esperava:

— Se você prometer que vai sair muito bem dessa, meu gato, eu prometo que te peço em namoro.

Eu sorri surpreso e imensamente feliz, mesmo não sabendo se ela falava a verdade ou se estava apenas brincando.

Então, indaguei:

— Sério, Júlia? Está falando sério?

— Claro, querido. Acha que eu iria brincar em uma hora dessas? — respondeu com olhar arteiro.

Mantive o tom da conversa, e falei algo que há muito desejava:

— Pois saiba que vamos sair ótimos dessa, e você vai ter que cumprir a palavra!

Algumas horas depois, tudo estava terminado. A cirurgia havia sido um sucesso, e os médicos estavam muito confiantes a respeito de nossa recuperação.

Uma semana depois, eu havia recebido alta e voltado para o apartamento de meu pai. Éverton ainda ficaria internado mais alguns dias. Marta e Rogério tinham ficado ao meu lado durante os três primeiros dias do pós-operatório no hospital, ocasião em que puderam mostrar a carta a todos nós, quando conseguimos compreender que o passado se reencontrava com o presente, esclarecendo tudo o que tínhamos vivido até ali. Depois disso, precisaram retornar para Niterói, enquanto Vera seguiu comigo para o apartamento. Ela havia fechado o salão de beleza no Rio de Janeiro durante algum tempo, exclusivamente para poder cuidar de minha recuperação na casa de meu pai.

No mesmo dia em que voltei para casa, Júlia foi me visitar. Minha mãe estava na cozinha preparando um lanche para nós, enquanto conversávamos no quarto:

— Sabe, Renan, eu só lamento não me recordar de nada que vivemos juntos na infância — lastimou-se Júlia, sentada na outra extremidade de minha cama.

— Vamos tentar juntos, Júlia. Posso falar de detalhes de nosso passado, refazer certas coisas juntos... – sugeri.

— Pode ser. Não nos custa nada tentar – ela concordou.

— Mas espere aí, meu anjo, você não está se esquecendo de nada? – indaguei.

— De quê?

— De uma certa promessa que me fez no hospital...

— Ah, claro que não, seu bobo!

— Então quer dizer que...

Ela me interrompeu:

— Pare de falar, garoto, e me deixe cumprir a minha palavra. Quer namorar comigo?

Eu a fitei sorrindo e observei:

— Sabe que em uma coisa aquela Maria farsante estava certa?

— É? Em quê?

— Você é mesmo muito moderninha, porque...

Júlia interrompeu-me novamente, desta vez, com um beijo na boca, fazendo com que me sentisse o garoto mais feliz do mundo. Além disso, foi tudo meio mágico, pois mais uma vez senti como se aquilo já tivesse acontecido antes. Nesse momento, recordei-me da carta. "Claro, Gianz e Dornela", pensei, enquanto sentia a maciez dos lábios de Júlia e seu perfume delicado, em um momento sublime e único.

A cada dia que Júlia ia me visitar, eu relatava para ela os momentos mais marcantes que tínhamos vivenciado juntos na infância e que ainda permaneciam vívidos em minha memória, pois muito de nosso passado havia se dissipado com o tempo.

Depois de quinze dias, pedi a minha mãe que reunisse o material necessário para a confecção do doce de cristais de açúcar.

QUANDO O ANJO MORA AO LADO

Ele pode ser feito incolor ou com qualquer cor, mas pedi que comprasse o corante azul, pois fora o que havíamos usado na infância.

Então, com tudo à mão, eu e Júlia fomos para a cozinha e começamos a preparar o doce. Quando a solução saturada de açúcar ficou pronta, eu disse:

— Agora, ajudante, pode imergir este barbante empanado de açúcar dentro da solução.

No momento em que ela suspendeu o barbante, seus olhos o fitaram absortos durante alguns instantes. Depois ela me olhou e, sorrindo, disse:

— Renan, eu sei como isso vai ficar daqui a alguns dias, com vários cristais grandes aderidos ao barbante, não é?

— Isso mesmo, Júlia! Você se lembrou de nosso experimento, meu amor!

Abraçamo-nos, e eu a beijei com carinho. Depois disso, Júlia conseguiu se lembrar de alguns poucos episódios nossos, o que já nos felicitou imensamente, embora nunca tivesse conseguido recordar por completo quem fora.

Durante o período em que minha mãe cuidou de mim no pós-operatório, ela e Paula tornaram-se grandes amigas. Minha mãe contou-lhe que o esposo trabalhava como motorista de ônibus no Rio de Janeiro, mas que possuía um curso técnico de segurança do trabalho e que pleiteava um novo emprego nessa área, fora do Rio. Paula conhecia muito bem o motivo pelo qual eles pretendiam se mudar. Como ela e Júlio eram pessoas muito bem relacionadas, com um amplo círculo social, conseguiram um bom emprego para o esposo de minha mãe em uma renomada construtora da capital paraibana, onde ele passou a exercer a função desejada. Além disso, também haviam conseguido um emprego para minha mãe em um salão de beleza local, até que ela pudesse voltar a ter o próprio negócio.

Desta forma, nossa felicidade estava completa, pois minha família formada por Vera, meu padrasto, meu irmãozinho e até meus avós, que eram aposentados, mudara-se para João Pessoa seis meses depois da cirurgia, quando completei dezoito anos.

E, assim, o tempo foi passando...

Álvaro e Eliane continuaram cumprindo a promessa de não mais ingerirem bebidas alcoólicas. Éverton levava uma vida praticamente normal, tomando apenas algumas medicações e tendo alguns cuidados com a saúde. Paula e Júlio tornaram-se grandes amigos de minha mãe e de meu padrasto, assim como o meu irmãozinho de Jane. Marta, Rogério e o filhinho deles nos visitavam com frequência, assim como eu e Júlia a eles. Estavam presentes em todos os momentos especiais de nossas vidas, e nós da deles. Por falar em nós dois, eu e Júlia seguimos namorando. Éramos todos agora uma grande família, unida pelos laços do amor e da afinidade.

O tempo passou um pouco mais...

Júlia e eu entramos juntos na faculdade de engenharia química, como não poderia deixar de ser. A festa de nossa formatura foi realmente linda, com momentos inesquecíveis de festejos ao lado de nossos amigos e familiares. Nossos pais, incluindo Marta e Rogério, estavam imensamente felizes e orgulhosos de nós dois, e a felicidade foi ainda maior quando conseguimos o primeiro emprego como profissionais da química, enquanto seguíamos estudando nas horas vagas. Pouco tempo depois, fomos aprovados em um mesmo concurso em nossa área, ocasião em que reunimos as nossas famílias para comemorar a conquista. Como sempre acontecia, Marta, Rogério, e até Sandra, estiveram presentes.

A um dado momento do festejo, eu solicitei a atenção de todos. Então, realizei um misto de experimento químico com um "show" de ilusionismo, que me lembrou o dia em que conhecemos Marta e Rogério no abrigo de tia Geralda – que, a propósito, continuávamos a visitar sempre que íamos a Niterói. Em um béquer de plástico, misturei algumas substâncias químicas que, ao reagirem entre si, geraram uma pequena nuvem de

QUANDO O ANJO MORA AO LADO

"fumaça" química, emergindo do recipiente como a lava de um vulcão. Os convidados assistiam ao número com atenção, perguntando-se o que eu pretendia com aquilo. Então, sob o olhar atento de todos, a nuvem branca foi se dissipando lentamente, até que todos puderam enxergar algo no fundo do recipiente, imerso no restante de líquido não evaporado.

Estiquei o braço na direção de Júlia e disse:

– Ajudante, poderia retirar essa pequena caixa daqui de dentro, por gentileza?

Sorridente e curiosa, ela enfiou a mão dentro do béquer e retirou o objeto de lá.

– Agora poderia abri-la para mim, por gentileza? – solicitei.

Minha amada abriu a caixinha com cautela, temendo que algo explosivo ou saltitante emergisse de lá de dentro, pregando-lhe um susto. Mas nada disso aconteceu. Após abrir a tampa e fitar o interior da caixa, seus olhos brilharam ao enxergarem um lindo par de alianças douradas. Ela então soltou uma de suas sonoras gargalhadas, como era de esperar, e indagou, sorrindo radiante:

– Meu Deus, o que você está aprontando, meu gato?

Nesse momento, eu ajoelhei-me à sua frente e fiz o pedido:

– Minha amada Maria Júlia..., sim, porque você é a minha Maria e a minha Júlia ao mesmo tempo. – Ela sorriu discretamente desta vez, com os olhos marejados, e eu continuei: – A senhorita me daria a honra de ser a minha esposa, para que possamos seguir juntinhos até o resto de nossas vidas?

Júlia abriu um largo sorriso e duas lágrimas escorreram de seus olhos. Ela as enxugou com as mãos e respondeu:

– Claro que sim, né, seu cientista bobinho!

Beijamo-nos sob os aplausos e sorrisos dos nossos estimados parentes e amigos.

Dois anos depois do nosso noivado à "moda química", quando estávamos com pouco mais de vinte e cinco anos, foi a vez de nosso casamento. Em uma cerimônia simples, porém muito bonita, com a presença de um juiz de paz, oficializamos a nossa união civil. Mais uma vez, tivemos o prazer da presença de todos aqueles que amávamos. E, como acontecia em muitas outras ocasiões de nossas vidas, pude sentir a presença de Túlio e de Neusa, que acompanhavam a tudo emocionados e satisfeitos.

Mais dois anos se passaram e compramos a nossa residência, quando chegou um dos momentos mais especiais e emocionantes de nossas vidas: o nascimento dos gêmeos. A bolsa estourou enquanto Júlia e eu participávamos de uma entrega de donativos na periferia da cidade. Felizmente, Paula e minha mãe estavam conosco e nos levaram ao hospital, pois eu me encontrava sem condições psicológicas para dirigir.

Nossos filhos nasceram fortes e saudáveis, com a graça de Deus! Os primeiros dias foram difíceis, como costuma ser para todos os pais, sobretudo para aqueles de "primeira viagem" e, mais ainda, para pais de gêmeos. Felizmente, pudemos contar com a preciosa ajuda de nossas mães.

Como eu nunca poderia imaginar, Júlia aprendeu a conter o tom da voz. Esse feito ocorreu a partir do momento em que, após passarmos uma hora ninando os bebês até que adormecessem, ela falou comigo em seu tom habitual de voz, e eles acordaram de imediato, aos prantos.

A vida seguiu o seu rumo natural. Compartilhamos unidos as incontáveis trocas de fraldas, diurnas e noturnas, e as muitas madrugadas acordados, por diversos motivos. Sorrimos com as primeiras gracinhas, os primeiros dentinhos incisivos e os primeiros passinhos de nossos filhos, e choramos com os primeiros pré-molares e as infinitas febres, altas e baixas, oriundas das muitas viroses que tiveram.

Como qualquer casal que se ama e se respeita, tivemos incontáveis momentos maravilhosos, assim como momentos difíceis, mas que foram vividos da melhor maneira possível, pois seguíamos munidos de nossa fé e bom humor inabaláveis, além de compartilharmos muito amor e respeito com todo o nosso círculo afetivo de pessoas queridas.

O tempo continuou passando e nos agraciando com novas emoções e responsabilidades a cada nova fase de nossas vidas. Emocionamo-nos com a entrada de nossos filhos na escola – época em que adotamos mais um casal de crianças – e, anos depois, na faculdade. O tempo passou também a deixar suas marcas em nossos rostos e corpos.

Depois vieram os netos... e a vida se renovou em um divino e sábio ciclo vital.

O tempo passou rápido, mas a velhice não chegou para nós. Éramos idosos jovens, não velhos, pois as nossas rugas, que nos tornavam mais bonitos a cada dia, haviam sido vincadas em meio a muitos sorrisos. Enquanto velhos viciam sua miopia para viver das sobras do passado e lamentar as perdas, idosos jovens como nós costumam exaltar o melhor que nos acontece e seguir fitando o horizonte, apreciando o despontar do sol a iluminar cada novo dia, renovando assim a esperança no amanhã, com a certeza de uma vida eterna pela frente.

Quando percebemos que o tempo havia passado ainda mais, estávamos com noventa e cinco anos de idade e um caminho de ladrilhos reluzentes construído em nosso encalço. Sentados de mãos dadas à varanda de nosso apartamento, apreciando ao longe o horizonte iluminado refletindo os raios de sol sobre o mar azul e cristalino, conversávamos com a voz rouca e trêmula.

– Meu anjo, como o tempo passou rápido! – observei.

– Verdade, meu gato – Júlia concordou.

Eu continuei:

– Tanta vida experimentamos juntos! Tantos momentos bons, de muito amor, companheirismo e muitos sorrisos...

– Tudo isso é o que realmente importa nesta vida, meu querido.

– Exato, meu bem – concordei. – Mas isso não quer dizer que não passamos por momentos difíceis, de provações e expiações, em meio a tristezas e desapontamentos, porque todos passam por isso, mas nunca perdemos o sorriso fácil, o bom humor e a fé em Deus.

– Verdade, querido – observou Júlia. – Os seres humanos experimentam situações semelhantes enquanto encarnados na terra, porém, possuem reações tão diferentes às mesmas circunstâncias.

Eu prossegui:

– É, minha querida. E isto ocorre porque muitos ainda não entendem que não são as adversidades que nos fazem sofrer nem roubam a nossa paz, mas sim a nossa forma de reagirmos a elas. Não podemos controlar o que nos acontece diariamente, mas podemos refletir sobre qual a melhor maneira de reagirmos aos acontecimentos.

– Certamente, meu bem – ela concordou mais uma vez. – Ao invés de nos concentrarmos em reclamar daquilo que não temos, precisamos agradecer pelo que temos. Ao invés de nos desesperarmos, devemos orar e ter fé...

Eu acrescentei:

– Ao invés de nos sentarmos à roda dos escarnecedores para julgar e condenar, devemos silenciar, compreender, perdoar e nos concentrar nos próprios erros, buscando aprender e acertar.

– É, meu bem... É preciso saber viver... – concluiu ela.

Inspirei profundamente, forçando uma respiração que já encontrava dificuldades para ser realizada normalmente. Então, comentei:

– Minha querida, estou me sentindo tão cansado... Acho que vou deitar um pouco. Você vem comigo?

– Claro, meu amor. Também estou bastante cansada. Esses nossos pulmões já não trabalham como antigamente, mas nada que algumas horas de sono não resolvam, para nos deixar novos de novo.

Sorrimos juntos mais uma vez.

Assim, levantamo-nos com cuidado e caminhamos lentamente até o nosso quarto, onde deitamos sobre a cama, o nosso ninho de amor. Como se tivessem vontade própria, nossas mãos se encontraram, como sempre acontecia.

– Tenho tanto sono, meu bem... – comentei.

– E eu também, meu querido. Eu te amo muito, meu Renan! Meu eterno gato...

– E eu te amo tanto, minha Maria Júlia! Meu eterno anjo...

Fechamos os olhos lentamente e, naquele momento, permanecendo de mãos unidas, como fomos em vida, desencarnamos juntos. O desligamento de nosso espírito foi indolor e tranquilo.

Algumas horas depois, fomos acordando devagar, como se despertássemos de um sono profundo. A primeira pessoa que vimos foi um ao outro. Estávamos deitados em leitos brancos em um quarto muito claro, limpo e com odor de flores. Poucos minutos depois, recebemos a visita de Túlio e Neusa, que ficaram imensamente felizes com a nossa presença.

Alguns anos depois vivendo naquela colônia, eu e minha querida Maria Júlia desenvolvemos um hábito muito frequente de leitura. E, quando rememoramos a nossa encarnação passada, despertou em nós, também, o desejo de escrevermos a nossa história. Túlio nos sugeriu, então, que realizássemos o curso para escritores. E foi assim que fomos morar na colônia A Casa do Escritor, onde a história deste livro começou. Porém, antes de ela terminar, ainda há um detalhe a ser relatado.

Após sentar-me à frente da escrivaninha e realizar a oração de agradecimento a Deus, quando comecei a escrever a história de minha própria existência, senti um forte puxão nas minhas vestes. Quando o puxão se repetiu, fui despertando lentamente.

– Papai, papai, acorda, papai! – dizia nosso filho de cinco anos, puxando o meu pijama.

– Mamãe, mamãe, acorda! – Foi a vez de nossa filha, gêmea do menino, puxando as vestes de Júlia, que estava deitada ao meu lado.

Ainda sonolentos, fitamos os nossos filhos sorrindo para nós e sorrimos de volta.

– O que estes dois peraltas estão fazendo aqui, acordando mamãe e papai uma hora dessas, hein? – Júlia indagou carinhosamente.

Eram seis e meia da manhã.

– Porque hoje é o dia em que vamos buscar nossos irmãozinhos no abrigo e não podemos nos atrasar – respondeu o menino.

– Não se preocupe, meu querido – eu o tranquilizei. – Ainda é bastante cedo, não vamos nos atrasar. Prometo.

As crianças se entreolharam com aquele ar arteiro.

– Sendo assim... – disse a menina.

– Vamos! – o menino deu o sinal.

E os dois pularam sobre nós, nos agarrando e beijando, em um emaranhado de braços e pernas, beijos e abraços.

– Ai, que delícia acordar assim, com estes pequenos sobre nós! – exclamou Júlia, feliz.

– É mesmo maravilhoso, meu amor – e fiz cócegas nos nossos filhos, fazendo-os sorrir gostosamente.

Quando as crianças serenaram e começaram a brincar com os travesseiros, eu fitei a minha querida esposa e disse:

– Sabe que eu tive um sonho excepcional?

– Mesmo? Como foi?

– Sonhei que estávamos morando na colônia A Casa do Escritor algum tempo depois de desencarnarmos juntos, bem velhinhos. Após nos formarmos no curso para escritores, eu começava a escrever um livro sobre a nossa linda história de amor e de vida.

– Que lindo, Renan! Isso deve ser um sinal para que você escreva mesmo esse livro, divulgando a nossa linda história e a edificante doutrina espírita.

– Mas não foi só isso. Durante o desdobramento, além de relembrar toda a nossa história nesta encarnação, eu também rememorei detalhes de nossa encarnação como Gianz e Dornela, comprovando o que o pai de Marta revelou na psicografia. Foi como se eu assistisse a um filme de nossas vidas de uma forma onipresente.

— Ai, que maravilha! Quero saber de tudo!

— Vou lhe contar, meu amor, com certeza — prometi. — Recordo-me de quase tudo e agora estou certo de que vou mesmo escrever um livro contando nossa história desde a nossa encarnação anterior. E quero a sua ajuda. Vou precisar estudar muito para isto.

Nesse instante, nossos filhos começaram a pular sobre a cama, usando-a como se fosse um pula-pula, o que era bastante frequente entre eles.

Então, minha linda esposa observou:

— Antônio, cuidado para não cair, meu filho!

— Lavoisier, mamãe — reclamou o nosso pequeno. — A senhora esqueceu que meu nome todo é Antônio Lavoisier? Não gosto que esqueça o Lavoisier.

— Tá bem, filho. Desculpa — concordou Júlia.

Nós sorrimos, e eu acrescentei:

— Maria Ane, o mesmo serve para você! Tenha cuidado para não cair.

— Essas crianças são muito levadas! E damos graças a Deus! Isso só mostra como são saudáveis e felizes — observou Júlia, ainda sorrindo.

— Com toda certeza, meu amor — eu afirmei, igualmente sorrindo.

Nós havíamos batizado nossos filhos em homenagem ao célebre casal de cientistas Antoine Lavoisier e Marie Anne, tanto pela paixão que tínhamos pela química quanto por eles terem sido citados como nossos amigos de outrora na carta destinada a Marta.

Fitei Júlia e considerei:

— Minha querida, depois que eu lhe contar como foi a nossa amizade com Lavoisier e Marie Anne no século XVIII, verá que a nossa homenagem a eles foi mais do que justa!

— Ah, estou tão curiosa para saber de tudo!

— E eu estou ansioso para começar a escrever o livro. Você vai me ajudar, hein, repito.

— Com todo o prazer!

Segurei o queixo de minha esposa, puxando-o delicadamente na minha direção, e beijei-lhe os lábios com amor, festejando aquele momento juntos, reunidos em um seio familiar feliz, que logo mais iria crescer com a chegada de mais dois filhos, desta vez, adotivos. Tínhamos muito a agradecer a Deus, mas agradeci, em especial, pela nossa vida, saúde e amor.

A um canto do quarto, Túlio e Neusa sorriam com satisfação, felizes pelo dever cumprido até ali. Porém, as nossas vidas apenas começavam, e eles ainda teriam muito trabalho pela frente.

Quando nos afastamos, nossos filhos pularam sobre nós de novo e, mais uma vez, nos misturamos entre braços e pernas, muito amor e sorrisos.

— Beija de novo, papai — pediu Lavoisier.

— Beija, mamãe — repetiu Maria Ane.

E, sob os olhares brilhantes daquela digníssima "plateia", beijamo-nos novamente, enquanto éramos aplaudidos por eles.

Após nos afastarmos, Júlia me fitou curiosa e indagou:

— Já pensou em um título para o livro, querido? Ou vai fazer isso depois?

— Sim. Acabou de me vir um título perfeito à mente — respondi.

— Então, qual será?

Eu a fitei com um sorriso sagaz no canto da boca e respondi:

— *Quando o anjo mora ao lado!*

Nossos olhos marejaram e nos beijamos uma vez mais.

Vivemos... e fomos felizes pela eternidade...

Av. Porto Ferreira, 1.031 | Parque Iracema
Catanduva/SP | CEP 15809-020
Fone: 17 3531.4444
www.petit.com.br | petit@petit.com.br
www.boanova.net | boanova@boanova.net